中国语言文学文库·典藏文库

吴承学　彭玉平　主编

顾颉刚中山大学时期民俗学论集

顾颉刚　著

王霄冰　黄媛　选编

中山大学出版社
·广州·

版权所有　翻印必究

图书在版编目（CIP）数据

顾颉刚中山大学时期民俗学论集/顾颉刚著；王霄冰，黄嫒选编.—广州：中山大学出版社，2018.12

（中国语言文学文库·典藏文库/吴承学，彭玉平主编）

ISBN 978-7-306-06486-8

Ⅰ.①顾…　Ⅱ.①顾…②王…③黄…　Ⅲ.①民俗学—文集　Ⅳ.①K890-53

中国版本图书馆CIP数据核字（2018）第274568号

出 版 人：王天琪
策划编辑：嵇春霞
责任编辑：王延红
封面设计：曾　斌
责任校对：麦晓慧
责任技编：何雅涛
出版发行：中山大学出版社
电　　话：编辑部 020-84110283，84111996，84111997，84113349
　　　　　发行部 020-84111998，84111981，84111160
地　　址：广州市新港西路135号
邮　　编：510275　传　真：020-84036565
网　　址：http://www.zsup.com.cn　E-mail：zdcbs@mail.sysu.edu.cn
印 刷 者：佛山市浩文彩色印刷有限公司
规　　格：787mm×1092mm　1/16　15.375印张　260千字
版次印次：2018年12月第1版　2018年12月第1次印刷
定　　价：66.00元

如发现本书因印装质量影响阅读，请与出版社发行部联系调换。

顾颉刚在中山大学。(1928年6月,施爱东供图)

民俗学传习班结业同人合影。前排右起：陈锡襄、顾颉刚、杨成志、刘奇峰、钟敬文、戴季陶、崔载阳、刘万章、马太玄、庄泽宣、何思敬；后排右起：余永梁、容肇祖，以及学生6人。(1928年6月10日，施爱东供图)

中山大学语言历史学研究所同人合影。前排左起：余永梁、商承祚、顾颉刚、沈鹏飞、黄仲琴、容肇祖；后排为事务员和助理员。(1928年12月，施爱东供图)

中山大学民俗学会同人合影。左起：余永梁、商承祚、陈锡襄、庄泽宣、沈鹏飞、顾颉刚、刘万章、崔载阳、容肇祖、黄仲琴、佚名。(1928年12月，施爱东供图)

中山大学考古学会同人合影。左起：容肇祖、黄仲琴、沈鹏飞、商承祚、顾颉刚、余永梁、佚名。(1928年12月，施爱东供图)

顾颉刚故居"适庐"近影(2018年,黄媛摄)

《民俗》周刊书影

《妙峰山》书影(黄嫒摄)

妙峰山回香阁（2018年5月22日，黄媛摄）

妙峰山塔及舞狮圣会献艺（2017年5月7日，程浩芯摄）

妙峰山香会打知(2018年5月22日,黄嫒摄)

妙峰山庙会之文会(善会)(2018年5月22日,黄嫒摄)

妙峰山香会会启（2018年5月20日，林海聪摄）

中国语言文学文库

##

主　编　吴承学　彭玉平

编　委（按姓氏笔画排序）

　　　　王　坤　王霄冰　庄初升

　　　　何诗海　陈伟武　陈斯鹏

　　　　林　岗　黄仕忠　谢有顺

总　序

吴承学　彭玉平

中山大学建校将近百年了。1924年，孙中山先生在万方多难之际，手创国立广东大学。先生逝世后，学校于1926年定名为国立中山大学。虽然中山大学并不是国内建校历史最长的大学，且僻于岭南一地，但是，她的建立与中国现代政治、文化、教育关系之密切，却罕有其匹。缘于此，也成就了独具一格的中山大学人文学科。

人文学科传承着人类的精神与文化，其重要性已超越学术本身。在中国大学的人文学科中，中国语言文学学科的设置更具普遍性。一所没有中文系的综合性大学是不完整的，也几乎是不可想象的。在文、理、医、工诸多学科中，中文学科特色显著，它集中表现了中国本土语言文化、文学艺术之精神。著名学者饶宗颐先生曾认为，语言、文学是所有学术研究的重要基础，"一切之学必以文学植基，否则难以致弘深而通要眇"。文学当然强调思维的逻辑性，但更强调感受力、想象力、创造力和语言表达能力。有了文学基础，才可能做好其他学问，并达到"致弘深而通要眇"之境界。而中文学科更是中国人治学的基础，它既是中国文化根基的重要组成部分，也是中国文明与世界文明的一个关键交集点。

中文系与中山大学同时诞生，是中山大学历史最悠久的学科之一。近百年中，中文系随中山大学走过艰辛困顿、辗转迁徙之途。始驻广州文明路，不久即迁广州石牌地区；抗日战争中历经三迁，初迁云南澄江，再迁粤北坪石，又迁粤东梅州等地；1952年全国高校院系调整，始定址于珠江之畔的康乐园。古人说："艰难困苦，玉汝于成。"对于中山大学中文系来说，亦是如此。百年来，中文系多番流播迁徙。其间，历经学科的离合、人物的散聚，中文系之发展跌宕起伏、曲折逶迤，终如珠江之水，浩浩荡荡，奔流入海。

康乐园与康乐村相邻。南朝大诗人谢灵运,世称"康乐公",曾流寓广州,并终于此。有人认为,康乐园、康乐村或与谢灵运(康乐)有关。这也许只是一个美丽的传说。不过,康乐园的确洋溢着浓郁的人文气息与诗情画意。但对于人文学科而言,光有诗情是远远不够的,更重要的是必须具有严谨的学术研究精神与深厚的学术积淀。一个好的学科当然应该有优秀的学术传统。那么,中山大学中文系的学术传统是什么?一两句话显然难以概括。若勉强要一言以蔽之,则非中山大学校训莫属。1924年,孙中山先生在国立广东大学成立典礼上亲笔题写"博学、审问、慎思、明辨、笃行"十字校训。该校训至今不但巍然矗立在中山大学校园,而且深深镌刻于中山大学师生的心中。"博学、审问、慎思、明辨、笃行"是孙中山先生对中山大学师生的期许,也是中文系百年来孜孜以求、代代传承的学术传统。

一个传承百年的中文学科,必有其深厚的学术积淀,有学殖深厚、个性突出的著名教授令人仰望,有数不清的名人逸事口耳相传。百年来,中山大学中文学科名师荟萃,他们的优秀品格和学术造诣熏陶了无数学者与学子。先后在此任教的杰出学者,早年有傅斯年、鲁迅、郭沫若、郁达夫、顾颉刚、钟敬文、赵元任、罗常培、黄际遇、俞平伯、陆侃如、冯沅君、王力、岑麒祥等,晚近有容庚、商承祚、詹安泰、方孝岳、董每戡、王季思、冼玉清、黄海章、楼栖、高华年、叶启芳、潘允中、黄家教、卢叔度、邱世友、陈则光、吴宏聪、陆一帆、李新魁等。此外,还有一批仍然健在的著名学者。每当我们提到中山大学中文学科,首先想到的就是这些著名学者的精神风采及其学术成就。他们既给我们带来光荣,也是一座座令人仰止的高山。

学者的精神风采与生命价值,主要是通过其著述来体现的。正如司马迁在《史记·孔子世家》中谈到孔子时所说的:"余读孔氏书,想见其为人。"真正的学者都有名山事业的追求。曹丕《典论·论文》说:"盖文章,经国之大业,不朽之盛事。年寿有时而尽,荣乐止乎其身,二者必至之常期,未若文章之无穷。是以古之作者,寄身于翰墨,见意于篇籍,不假良史之辞,不托飞驰之势,而声名自传于后。"真正的学者所追求的是不朽之事业,而非一时之功名利禄。一个优秀学者的学术生命远远超越其自然生命,而一个优秀学科学术传统的积聚传承更具有"声名自传于后"的强大生命力。

为了传承和弘扬本学科的优秀学术传统,从 2017 年开始,中文系便组织编纂中山大学"中国语言文学文库"。本文库共分三个系列,即"中国语言文学文库·典藏文库""中国语言文学文库·学人文库"和"中国语言文学文库·荣休文库"。其中,"典藏文库"(含已故学者著作)主要重版或者重新选编整理出版有较高学术水平并已产生较大影响的著作,"学人文库"主要出版有较高学术水平的原创性著作,"荣休文库"则出版近年退休教师的自选集。在这三个系列中,"学人文库""荣休文库"的撰述,均遵现行的学术规范与出版规范;而"典藏文库"以尊重历史和作者为原则,对已故作者的著作,除了改正错误之外,尽量保持原貌。

　　一年四季满目苍翠的康乐园,芳草迷离,群木竞秀。其中,尤以百年樟树最为引人注目。放眼望去,巨大树干褐黑纵裂,长满绿茸茸的附生植物。树冠蔽日,浓荫满地。冬去春来,墨绿色的叶子飘落了,又代之以郁葱青翠的新叶。铁黑树干衬托着嫩绿枝叶,古老沧桑与蓬勃生机兼容一体。在我们的心目中,这似乎也是中山大学这所百年老校和中文这个百年学科的象征。

　　我们希望以这套文库致敬前辈。

　　我们希望以这套文库激励当下。

　　我们希望以这套文库寄望未来。

2018 年 10 月 18 日

吴承学:中山大学中文系学术委员会主任、教授,长江学者特聘教授
彭玉平:中山大学中文系主任、教授,长江学者特聘教授

我们都是顾颉刚的私淑弟子（代序）

施爱东

一

2011年年初，中华书局出版《顾颉刚全集》八集六十二册。此前，顾先生的女儿顾潮老师分别找了一批历史学者和民俗学者帮助校对书稿。我接到的校样是已经四校之后的《读书笔记》，到我这是第五校。虽然发现错误的概率非常低，但我还是逐字逐字地进行指读。看了十几页还没发现一处错误，心里就有点沮丧，生怕自己成了无用之人。每发现一个我认为可能有点问题的字词，我总是非常高兴，觉得自己为顾先生做了点工作。

后来从顾潮老师处得知，被她选为"全集"校对员的三位民俗学者，分别是陈泳超、刘宗迪和我。这让我很惊讶，这三个家伙恰恰是民俗学界最狂狷的三个"革命党人"。我才疏学浅，干点粗活累活是情理之中的，陈泳超和刘宗迪那时虽然都还不是什么博导或齐鲁学者，却早已"粪土当年万户侯"，尤其刘宗迪，那可是"鹰击长空，鱼翔浅底"，鼻孔朝天的主，他们居然也欣然接受了这单为他人作嫁衣裳的活，多少让我感到些意外。

某次酒桌上，大家说起这事，也忘了是谁最先感叹说："在这个世界上，恐怕也只有顾颉刚的书稿，能同时让你们三个人心甘情愿地俯首甘当校对了。"印象中酒桌上还有几位兄弟，语调一致地对我们仨接受了这么一项光荣而艰巨的"苦差"表现出真诚的艳羡，来自海峡对岸的钟宗宪教授喝多了，不断拍着胸脯要求我们向顾潮老师转达他的心意，如果还有没校完的稿子，他非常愿意躬与其盛。

我们都听说过亚里士多德的一句名言："我爱我师，我更爱真理。"而我更愿意把顾先生摆在"真理"和"我师"的中间。后来我曾在一篇文章中说道:"即使是直接的师徒之间,也不必然存在所谓的学术传统。……相比之下,许多并非同一单位的学者,因为相近的学术旨趣或思维方式,反而会选择相近的研究范式。……一批散布于不同学术机构的,与顾颉刚扯不上任何师承关系的青年学者,反而是顾颉刚民俗学范式最忠实的拥戴者。"

我们没能赶上顾先生的时代,甚至没能一睹顾先生的天人风采,但是,我们都借助一本《孟姜女故事研究集》,踏上了敲开顾学大门的台阶。我认真研究了王学典老师的《顾颉刚和他的弟子们》,曾暗自庆幸,没赶上顾先生的时代,对我来说也许不是一件坏事。顾先生是个极爱才的人,但是,大凡爱才之人,必有责人之心。1928年,《孟姜女故事研究集》第一册由中山大学出版部印出之后,顾先生在书中发现许多校对错误,就曾非常生气地在日记中写道:"《孟姜女研究集》,夏君所校,误字百出。彼乃真无一技之长,无法用之矣。"看了这些责备的文字,我总是杞人忧天地担心自己也像"夏君"一样,被顾先生划入"无法用之"的行列,从而被拒千里之外。

顾先生百年之后,借助其皇皇巨著,我们就成了顾先生无法拒绝的私淑弟子。陈泳超、刘宗迪也许未曾有过我的担忧,但我相信,他们一定也曾自诩为顾先生的私淑弟子。用一句时髦的网络语说,我们都是顾先生的"铁杆粉丝"。我们读着顾先生的书,领会着他的思想,琢磨着他的思路,穿越时空向他求教,与他对话,甚至对他的观点提出质疑。我的顾学论文《顾颉刚故事学范式回顾与检讨——以"孟姜女故事研究"为中心》[《清华大学学报》(哲学社会科学版)2008年第2期]诚惶诚恐地写了三年,用它参加过三次学术会议,每次都有近半篇幅的大改,这才敢拿出来发表。可惜的是,无论我如何努力,我都不可能得到顾先生的一丁点回应。其实我的内心是多么希望顾先生能够看到我的质疑论文,从而赐下一两招乾坤手,说不定我就能"一招鲜,吃遍天"了。

二

顾颉刚(1893—1980),中国现代民俗学的主要创始人,"古史辨派"的代表与旗帜,中国20世纪最重要的历史学家之一,在古史研究、古文献研究、历史地理学和民俗学等领域均有开拓性的杰出贡献。他的"层累地造成的古史观"深刻地影响了整整一代学人的历史观念；他的充满个性色彩的民俗研究方法至今仍是一种典范，正如钟敬文先生所说："在本民族民俗学理论的独创性上，顾先生的文章是压卷的。他研究孟姜女传说，也是'五四'思潮的产物，但在民俗学上，他是走自己的路的。他在这方面的著作，是民族性和创造性相结合的产物，它们同样能够奠定中国现代民俗学的理论基础。"

关于顾颉刚，其实不需要太多介绍，稍微了解中国近现代学术史的读书人，可有说无人不知无人不晓。不管是赞成他、质疑他，还是反对他，只要你的阅读或研究涉及"史"的建构，无论是民俗史、学术史，还是观念史、故事史，顾颉刚就是一座绕不开的学术高峰。这里只是简单说说顾颉刚在中山大学时期的一点工作。

因为受到傅斯年的邀请，顾颉刚于 1927 年 4 月来到中山大学。顾颉刚到广州时，只有三个月就放暑假了，加之中山大学急需扩充图书和设备，因此，顾颉刚受朱家骅、傅斯年之托，于 5 月 17 日乘船离粤，到沪杭一带购买图书。这一去就是五个月，总共购书约 12 万册，其中民间文艺约 500 种、民众迷信约 400 种、地方志约 600 种、碑帖约 3 万张（这些碑帖现已成为中山大学图书馆的镇馆之宝），后来装成 120 余板箱，放置在语言历史学研究所。购书期间，顾颉刚一直与容肇祖、钟敬文等学术同道保持着密切的通信联系，积极筹备在中山大学恢复北京大学时期的"歌谣研究会"。

顾颉刚于 10 月 13 日回到广州，就任中山大学史学系主任，并协助傅斯年筹备和主持着语言历史学研究所的各项学术活动，成为著名的"语史所"实际负责人。顾颉刚给胡适的信中说："语言历史学研究所虽未成立，而已有房子、书籍、职员、出版物，同已经成立一样，这一方面孟真（傅斯年）全不负责，以致我又有实无名地当了研究所主任。"

关于中山大学语言历史学研究所，他们最初的想法是要将它办成"北京大学研究所国学门"第二，继续北大未竟的事业，在南方形成一个文科研究中心。而对于该所旗下将要设立的各学术团体，开始并无定名。

在民俗学的建设方面，顾颉刚也有一个渐进的认识过程，他刚到中山大学的时候，首先想到的是在中山大学恢复北大时期的"歌谣会"，后来考虑到"歌谣"的范围太窄，就扩大为"民间文艺"，并于 1927 年 11 月 1 日正式出版《民间文艺》周刊。但即使在该刊出版之后，顾颉刚的工作计划也还处于变动之中。

我们现在能够看到的"民俗学会"一词最早的正式出现是在第 2 期的《语言历史学研究所周刊》（1927 年 11 月 8 日），其中有《民俗学会刊行丛书》的消息："民俗学（Folk-lore）的研究，在外国早已成为一种独立的学科。可是这门学问，在我国尚没有很多人注意到。现顾颉刚、董作宾、钟敬文诸人，因组织民俗学会，专从事于民俗学材料之搜集与探讨。该会为求达到广大搜求与研究的功效，极望国内外的同志，加入该会合作。"

中山大学民俗学会的成立没有确定时间。第一本打着"民俗学会"旗帜正式出版的书刊是由杨成志、钟敬文编译的《印欧民间故事型式表》。该书 1928 年 3 月 3 日出版，扉页和出版页上都明确标署了"民俗学会小丛书"，书前有顾颉刚的《〈民俗学会小丛书〉弁言》以及钟敬文的《付印题记》。

真正让中山大学民俗学会名扬天下的，是《民俗》周刊。钟敬文先生说："《民俗》周刊，是中大民俗学会活动中的主要定期出版物，它与 30 多种民俗丛书构成这个学会活动的重要部分，也是整个学会具有比较显著的成绩的一部分。不管从它本身看，或从它对当时学界的影响看，都可以这样说。"

顾颉刚还是较早在中山大学开设民俗学课程的教授，1927 年 10 月 22 日的中山大学国文、史学两系会议中，议定顾颉刚担任 5 科导课任务，其中就有"整理民间传说方法"和"中国神祇史"两科。此外，他也会在历史系的常规课程中穿插民俗学的内容，并把自己的民俗学著作送给学生。

无论《民间文艺》还是"民俗学会"还是《民俗》周刊，都是在顾颉刚的倡议、领导和筹划下得以付诸实施的。虽然顾颉刚并没有全程参与具体的编辑和组织工作，但是可以毫无疑问地说，没有顾颉刚，就没有中山大学民俗学会。甚至可以不夸张地说，没有顾颉刚，就没有中国现代民俗学。当然，我们也可以说，没有钟敬文，也没有中国现代民俗学。他们都是中国现代民俗学的伟大创建者，缺少其中的任何一环，都不会有今天的中国民俗学。

三

顾颉刚从无到有的民俗学建设,主要依靠出版物的辐射作用,出版成果则主要从两个方面着力。一是重印既有的民俗学成果,一是征集原创的民俗学成果。

顾颉刚有强烈的写作和出版欲望,刊行丛书和杂志是他一直以来的心愿,他说:"我最悲伤的,北京大学自从成立歌谣研究会以来,至今十年,收到的歌谣谚语有二万余首,故事和风俗调查有数千篇,但以经费不充足的缘故,没有印出来。凡是不到北京大学的人便没有看见的机会,有了同没有一样!……我因为有了这几次的创痕和怅念,所以到了中山大学之后发起民俗学会,就主张把收到的材料多多刊印,使得中山大学所藏的材料成为学术界中公有的材料。"

王霄冰教授和黄媛同学选录本书的三个部分,全都是顾颉刚在中山大学时期印刷出版的民俗学著述。

第一部分"孟姜女故事研究"是确立中国现代民俗学经典研究范式的奠基之作,该书内容主要写作于北大时期,但结集出版是在1928年的中山大学。当时大概是钟敬文执笔的广告语中写道:"《孟姜女故事研究集》:此书,为本校史学系主任顾颉刚先生所著。顾先生为当今史学界泰斗,其对于孟姜女故事的探讨,乃他为研究古史工作的一部分,而成绩之佳,不但在中国得到许多学者的钦佩,便是日本许多民族学家史学家及民俗学家,也很为赞许。此集里面,共收其所作长文两篇:A,孟姜女故事的转变,B,孟姜女故事研究。书前有顾氏自作序言一篇,叙述其研究此故事的经过,书末有钟敬文先生所作校后附写一文,评论顾氏这个工作的价值及他所以能有此好成绩的原因,诚为现代出版界中一部不很易得的产品。书价极廉,每册只售三角。"

第二部分"妙峰山香会研究"主要是顾颉刚等五人于1925年春末对北京妙峰山进行为期三天的调查之后,顾颉刚撰写的主题报告。这次调查是中国现代民俗学史上第一次有组织的民俗学调查,顾颉刚将自己的主题报告与其他调查者的游记或报告结集为《妙峰山》,由中山大学出版部出版。后来,他又从容庚处看到北京奉宽的《妙峰山琐记》书稿,该书对妙峰山考证甚详,正苦于无从出版,顾乃大喜曰:"那好极了,可以让给了中山大学的民俗学会了!"于是两边沟通,当即将书稿交到了中山大学出版部。顾颉刚特地为之作序,这部书就成了中山大学"民俗学会小丛书"中的一分子。

第三部分"其他"主要是顾颉刚在中山大学时期为倡导、弘扬中国现代民俗学而努力写作的学术小品,其中以提携后进的"序言"为主。顾颉刚一生中创办和主持过至少十几份学术刊物,培养过无数作者,他不仅是学界宗师,还特别擅长普及知识、发动群众、提携后学。比如,"九一八"事变后,他曾经创办过"三户书社"(后改为通信读物编刊社),专门编辑出版抗日通俗读物,该社出版物的一大特点就是"以最低价格,销售民众",不惜做亏本买卖。由此可见,顾颉刚对于唤醒民众,发动群众,集合民众力量同心同德完成一项伟大工作的诉求是多么迫切。

四

可是,顾颉刚作为一个历史学家太著名了,而传统中国学术又是以经史之学为金字塔顶的学术格局,导致他在其他许多领域的奠基性贡献反而不为学界所瞩目。其实,顾颉刚的许多史学理论和哲学思想,恰恰是从对民间文化传承变异的观察和思考中生发出来的。

吕微甚至认为,如果海登·怀特对顾颉刚当年的学说有所知晓,他一定要奉之为后现代学术的一代宗师。在顾颉刚看来,所谓古史的真实本体是我们根本就无法真正了解的,我们所能切实把握的其实只是后人关于历史的诸种"造说"——传说和故事,后人的造说不断地被累积起来,于是我们才有了关于古史的系统知识。海登同样认为,历史所呈现给我们的只是叙事的话语,至于历史的本来面目其实已经经过历史学家以及无数的历史叙述者们的过滤,从而不再是客观的事实。就历史通过叙事向我们呈现而言,历史其实也是故事、传说,或者说历史的形式从来就是故事传说。在这些关于历史与叙事关系的根本问题上,海登与顾颉刚的观点是一致的。

当然,顾颉刚绝不会承认自己是一位现象学家,他是科学与理性的坚决拥护者,"只不过他是借助于类似现象学的方法达到了经典的、理性的启蒙主义认识论的目的,即通过对现象的认识达到了对本体世界的存在设定"。也就是说,顾颉刚虽然不是一名后现代学者,但其理论与方法的超越性使他具有了穿越时空、跨越流派的巨大学术容量。这也是顾颉刚至今依然被我们奉作学术偶像的理论支点。

在中国近现代学术史上,顾颉刚无疑是将中国传统学术与西方科学方法结合得最天衣无缝的学者之一,他很好地实践了自己提出的"研究旧文化,创造新文化"的学术理想。顾颉刚进北京大学时,正是民主和科学思想迅速传播与深入的年代,许多知识分子的眼光开始转向民间,学术领域也出现了眼光向下,关注平民文化的呼声与势头。顾颉刚正是这一学术风潮最出色的冲浪者。

顾颉刚将古史与传说相结合的研究方法,既拓展了上古史学的学术视野,也为中国现代民俗学奠定了一套坚实的基础研究范式。整个20世纪上半叶,"层累地造成的古史观"以及"传说的历史演进法"成了中国学术界的时尚观点和流行范式。

五

顾颉刚的民俗研究,尤其是他对孟姜女故事的研究,不仅在民俗学领域具有示范意义,即使在整个国学领域也具有广泛影响。2001年,钟敬文在回顾20世纪中国民俗学发展历程时,曾把《孟姜女故事研究集》比作民俗学的《论语》:"有些经典的论著可以一印再印,《论语》就有很多版本。《孟姜女故事研究集》,我们这个学科的人都要有,可以印出来当礼物送给开会的人。"

户晓辉更是直截了当地指出了顾颉刚研究范式的当代价值:"今天,当我们回顾中国现代民俗学和民间文学研究的历史时,不仅首先可以看到顾颉刚树起的一个不低的起点和标高,而且可以感觉到他的研究范式和学术理念已经深刻地演变为中国现代民间文学研究极具中国特色的一部分,并且继续影响着当代学者。所以,无论从学术史还是从学科理论与方法的研究来说,顾颉刚都是我们无法绕开的一个学术的'山峰',更是我们在学术上继往开来和进行自我反思的一笔可贵的思想财富。"

奇怪的是,尽管有许多学者一再强调顾颉刚研究范式的重要性,但由于顾颉刚研究范式的基础是史学范式,而目前的民俗学科却归属于社会学名下,作为人文学科的历史学与作为社会学科的民俗学,中间似乎隔着一条相互敬而远之的巨大鸿沟,因此实际上,顾颉刚研究范式并没有真正落实到大多数当代民俗学者的研究实践中。

民俗学到底是人文学科还是社会学科？这是一个自其产生以来就未曾有过确切答案的问题。顾颉刚是把民俗当作民众生活的历史来看待的，他在《民俗》周刊发刊词的结语部分写道："我们要打破以圣贤为中心的历史，建设全民众的历史！"相同的意思也体现在他的《圣贤文化与民众文化》演讲稿中，他说自己在历史研究中，时常因历史记载的偏畸而感受着痛苦："说到民众文化方面的材料，那真是缺乏极了，我们要研究它，向哪个学术机关去索取材料呢？别人既不能帮助我们，所以非我们自己去下手收集不可。"他把民俗学看作历史学的一个部分——记录下层民众生活史的那个部分。这与目前教育部的学科设置对民俗学的学科定位是不一样的。

近百年的民俗学史，已经历史地造就了执着于不同研究范式的两拨人马共用着同一个学科名称。大凡倾向于把民俗学视作人文学科的学者，多是顾颉刚的粉丝；而那些倾向于把民俗学视作社会学科的学者，似乎并没有一个共同的偶像。

顾颉刚民俗研究最大的特点就是科学、求实、具体问题具体分析。正如他自己所说："我们现在研究学问，应当一切从事实下手，更把事实作为研究的归结。我们不信有可以做我们的准绳的书本，我们只信有可以从我们的努力研究而明白知道的事实。"顾颉刚凭借自己的兴趣和历史研究的方法论对民间文学和民俗事象追根溯源，他从戏曲和歌谣中得到研究古史的方法，反过来又用史家的眼光、辨史的方法从事民俗研究，他的研究充分利用了中国古代浩瀚的文献，极富中国特色，使得中国民俗学从一开始就建立在一个较高的起点上。

学术经典永远是学术革命再出发的新起点，正如钟敬文先生所说，《孟姜女故事研究集》就是中国现代民俗学的"论语"，需要一印再印。我们甚至可以不夸张地说，该书不仅是新晋民俗学者的入门必读书，也是值得资深民俗学者一读再读的行业"论语"。经典文本为什么常读常新，因为它总是让我们激动和沉思，在摸索前行的道路上提醒我们回到原点，在不断精进的反思中刺激我们寻找和发现新的学术生长点。

打着顾颉刚的偶像大旗，是不是真要回到顾颉刚研究范式的旧路上去，那是另外一回事，重要的是，我们需要一位令我们心悦诚服的学术偶像、精神导师，他的学术光芒将照耀我们励力前行，鞭策我们永不懈怠。

感谢中山大学中文系,感谢中山大学出版社,感谢王霄冰教授,让我们重温经典,也衷心地祝愿中山大学民俗学重铸辉煌。

施爱东

2018 年 9 月 9 日

目 录

第一编　孟姜女故事研究

一、孟姜女故事的转变 ……………………………………………… 3
二、孟姜女故事研究 ………………………………………………… 20
　　编者前言 ……………………………………………………… 20
　　（一）孟姜女故事历史的系统 ………………………………… 21
　　（二）地域的系统 ……………………………………………… 28
　　（三）研究的结论 ……………………………………………… 48
三、孟姜女故事研究的第二次开头 ………………………………… 54
四、杞梁妻哭崩的城 ………………………………………………… 58
五、杞梁妻的哭崩梁山 ……………………………………………… 65
六、孟姜女十二月歌与放羊调 ……………………………………… 72
七、图画 ……………………………………………………………… 76

第二编　妙峰山香会研究

自序 …………………………………………………………………… 85
一、《妙峰山进香专号》引言 ………………………………………… 87
二、妙峰山的香会 …………………………………………………… 91
　　（一）香会的来原 ……………………………………………… 91
　　（二）妙峰山香会的组织 ……………………………………… 92
　　（三）明代北京的碧霞元君的香会 …………………………… 97
　　（四）清代的妙峰山香会 ……………………………………… 100
　　（五）本年的妙峰山香会 ……………………………………… 102
　　（六）香会的分类 ……………………………………………… 106

（七）香会的办事日期 …………………………………… 115
　　（八）香会的办事项目 …………………………………… 128
　　（九）惜字老会会启说明 ………………………………… 130
三、游妙峰山杂记 …………………………………………… 132
四、（奉宽）《妙峰山琐记》序 …………………………… 139

第三编　其　　他

一、"二十四孝" ……………………………………………… 147
二、苏州的歌谣 ……………………………………………… 153
三、泉州的土地神——泉州风俗调查记之一 …………… 164
四、天后 ……………………………………………………… 171
五、《民俗》周刊发刊辞 …………………………………… 177
六、圣贤文化与民众文化——一九二八年三月二十日在岭南大学学术研究会演讲 …………………………………………… 178
七、《民俗周刊·传说专号》序 …………………………… 182
八、（钟敬文）《粤风》序 ………………………………… 184
九、（刘万章）《广州儿歌甲集》序 ……………………… 187
十、（杨成志）《民俗学问题格》序 ……………………… 192
十一、（周振鹤）《苏州风俗》序 ………………………… 195
十二、（钟敬文）《两广地方传说》序——论地方传说 … 197
十三、（谢云声）《闽歌甲集》序 ………………………… 199
十四、（钱南扬）《谜史》序——关于谜史 ……………… 204
十五、（刘万章）《广州谜语》序 ………………………… 207
十六、（陈元柱）《台山歌谣集》序 ……………………… 208
十七、（魏应麒）《福州歌谣甲集》序 …………………… 210
十八、（姚逸之）《湖南唱本提要》序 …………………… 213
十九、（吴藻汀）《泉州民间传说》序 …………………… 215

编后记 ………………………………………………………… 217

第一编
孟姜女故事研究

本编根据《孟姜女故事研究集》(第一、二册)选编而成。原载国立中山大学语言历史学研究所,1928年4月(第一册)、1929年1月(第二册)。

一、孟姜女故事的转变①

孟姜女的故事,论其年代已经流传了二千五百年,按其地域几乎传遍了中国本部,实在是一个极有力的故事。可惜一班学者只注意于朝章国故而绝不注意于民间的传说,以至失去了许多好材料。但材料虽失去了许多,至于古今传说的系统却尚未泯灭,我们还可以在断编残简之中把它的系统搜寻出来。

孟姜女即《左传》上的"杞梁之妻",这是容易知道的。因为杞梁之妻哭夫崩城屡见于汉人的记载,而孟姜之夫"范希郎"的一个名字还保存得"杞梁"二字的声音。这个考定可说是没有疑义。于是我们就从《左传》上寻起。

《左氏》襄公二十三年《传》云:

> 齐侯(齐庄公)还自晋,不入,遂袭莒,门于且于,伤股而退。明日,将复战,期于寿舒。杞殖、华还载甲夜入且于之隧,宿于莒郊。明日,先遇莒子于蒲侯氏。莒子重赂之,使无死,曰:"请有盟。"华周对曰:"贪货弃命,亦君所恶也。昏而受命,日未中而弃之,何以事君?"莒子亲鼓之,从而伐之,获杞梁。莒人行成。齐侯归,遇杞梁之妻于郊,使吊之。辞曰:"殖之有罪,何辱命焉?若免于罪,犹有先人之敝庐在,下妾不得与郊吊。"齐侯吊诸其室。

这是说,齐侯打莒国,杞梁、华周(即杞殖、华还,当是一名一字)作先锋,杞梁打死了。齐侯还去时,在郊外遇见他的妻子,向她吊唁。她不以郊吊为然,说道:"若杞梁有罪,也不必吊;倘使没有罪,他还有家咧,我不应该在郊外受你的吊。"齐侯听了她的话,便到他的家里去吊了。在这一节上,我们只看见杞梁之妻是一个谨守礼法的人,她虽在哀痛

---

① 原载《歌谣周刊》第六九号(孟姜女专号一),1924年11月23日。

的时候，仍能以礼处事，神智不乱，这是使人钦敬的。至于她在夫死之后如何哀伤，《左传》上一点没有记出。她何以到了郊外，是不是去迎接她的丈夫的灵柩，《左传》上也没有说明。华周有没有和杞梁同死，在《左传》上面也看不出来。

这是公元前五四九年的事。从此以后，这事就成了一件故事。这件故事在当时如何扩张，如何转变，可惜我们现在已经无从知道。

过了二百年，到战国的中期，有《檀弓》一书（今在《小戴礼记》中，大约是孔子的三四传弟子所记）出世。这书上所记曾子的说话中也提着这一段事：

> 哀公使人吊蒉尚，遇诸道，辟于路，画宫而受吊焉。
>
> 曾子曰："蒉尚不如杞梁之妻之知礼也！齐庄公袭莒于夺（夺即隧），杞梁死焉。其妻迎其柩于路而哭之哀。庄公使人吊之。对曰：'君之臣不免于罪，则将肆诸市朝而妻妾执。君之臣免于罪，则有先人之敝庐在，君无所辱命。'"

这一段话较《左传》所记的没有什么大变动，只增加了"其妻迎其柩于路而哭之哀"一语。但这一语是极可注意的，它说明她到郊外为的是迎柩，在迎柩的时候哭得很哀伤。《左传》上说的单是礼法，这书上就涂上感情的色彩了。这是很重要的一变，古今无数孟姜女的故事都是在这"哭之哀"的三个字上转出来的。

比《檀弓》稍后的记载，是《孟子》上记的淳于髡的话：

> 淳于髡曰："……昔者王豹处于淇而河西善讴，绵驹处于高唐而齐右善歌，华周、杞梁之妻善哭其夫而变国俗。有诸内，必形诸外。为其事而无其功者，髡未尝睹之也……"（《告子》下）

在这一段上，使得我们知道齐国人都喜欢学杞梁之妻（华周之妻，或在那时的故事中亦是一个善哭的人，或华周二字只是牵连及之，均不可知；但在这件故事中无关重要，我们可以不管）的哭调，成了一时的风气。又使得我们知道杞梁之妻的哭，与王豹的讴，绵驹的歌，处于同等的地位，一样的流行。我们从此可以窥见这件故事所以能够流传的缘故，齐国歌唱的风气确是一个有力的帮助。

于是我们去寻战国时歌唱中哭调的记载，看除了杞梁之妻外，再有何人以此擅名的。现在已得到的，是以下数条：

雍门子以哭见于孟尝君。已而陈辞通意，抚心发声，孟尝君为之增欷歍唈，流涕狼戾不可止。（《淮南子·览冥训》）

韩娥、秦青、薛谈之谥，侯同曼声之歌，愤于志，积于内，盈而发音，则莫不比于律而和于人心。（《淮南子·氾论训》）

薛谭学讴于秦青，未穷青之技。自谓尽之，遂辞归。秦青弗止，饯于郊衢，抚节悲歌，声振林木，响遏行云。薛谭乃谢求反，终身不敢言归。秦青顾谓其友曰："昔韩娥东之齐，匮粮，过雍门，鬻歌假食。既去而余音绕梁欐，三日不绝，左右以其人不去。过逆旅，逆旅人辱之。韩娥因曼声哀哭。一里（一本作十里）老幼悲愁，垂涕相对，三日不食。遽而追之。娥还，复为曼声长歌。一里老幼喜跃忭舞，弗能自禁，忘向之悲也。乃厚赂发之。故雍门之人至今善歌哭，放娥之遗声。"（《列子·汤问》篇。《列子》一书虽伪，但它原是集合战国时诸书而成，故此条可信为战国的记载。）

这三段中，都很明白地给与我们以"齐人善唱哭调"的史实。雍门，高诱、杜预都说是齐城门。雍门的人既因韩娥而善哭，雍门子周（依《说苑》名周）又以善哭有名，可见齐都城中的哭的风气的普遍。秦青、薛谭之讴，《淮南》既说其"愤于志，积于内"，薛谭的学讴又因秦青的"抚节悲歌"而不归，又可见他们所作的歌讴也多带有愤悱悲哀的风味的。用现在的歌唱来看，悲歌哀哭，以秦腔为最。秦腔中用哭头（唱前带哭的一呼，不用音乐的辅助）处极多，凄清高厉，声随泪下，足使听客唏嘘不欢。齐国中既通行一种哭调，而淳于髡又说这种哭调是因杞梁之妻的善哭其夫而相习以成风气的，那么，我们可以怀疑这话的"倒果为因"了。杞梁之妻在夫亡之后，《左传》上绝没有说到她哭，绝没有提到她悲伤，而战国时的书上忽有她"哭之哀"的记载，忽有她"善哭而变国俗"的记载，而战国时正风行着这种哭调，又正有韩娥、秦青、雍门周一班善唱哭调的歌曲家出来，这岂不是杞梁之妻的哭调中有韩娥、秦青、雍门周的成分在内吗？又岂不是杞梁之妻的故事中所加增的哀哭一段

事是战国时音乐界风气的反映吗?《淮南子·修务训》云:

> 邯郸师有出新曲者,托之李奇;诸人皆争学之。后知其非也,而皆弃其曲。

邯郸师为什么要这样呢?《修务训》在前面说明道:

> 世俗之人多尊古而贱今,故为道者必托之于神农、黄帝而后能入说。乱世暗主高远其所从来,因而贵之。为学者蔽于论而尊其所闻,相与危坐而称之,正领而诵之。

读此,可知音乐界的"托古改制",与政治界原无二致,为的是要引人的注意,受人的尊敬。所以杞梁之妻的哭和她的哭的变俗,很有出于韩娥一辈人所为的可能。即不是韩娥一辈人所托,也尽有听者把他们的哭调与杞梁之妻的故事混合为一的可能。何以故?歌者和听者对于杞梁之妻的观念,原即是世主和学者对于神农、黄帝的观念。

用了这个眼光去看战国和西汉人对于杞梁之妻的赞叹和称述,没有不准的;上文所举的两段战国时的话——"哭之哀"和"善哭而变国俗"——不用说了,我们再去看西汉人的说话。

《韩诗外传》的作者韩婴,是西汉文、景时人。《外传》上(卷六)引淳于髡的话,作:

> 杞梁之妻悲哭,而人称咏。

"称咏",即是歌吟。这是说把她的悲哭作为歌吟。

《文选》所录《古诗十九首》中的第五首,《玉台新咏》(卷一)归入枚乘《杂诗》第一首。枚乘亦是西汉文、景时人,诗云:

> 西北有高楼,上与浮云齐,
> 交疏结绮窗,阿阁三重阶。
> 上有弦歌声,音响一何悲?
> 谁能为此曲?无乃杞梁妻!

> 清商随风发，中曲正徘徊，
> 一弹再三叹，慷慨有余哀。
> 不惜歌者苦，但伤知音稀。
> 愿为双鸣鹤，奋翅起高飞！

这是写一个路人听着高楼上的弦歌声而凝想道："哪一位能唱出这样悲伤慷慨的歌呢，恐怕是杞梁之妻吧？"他叙述这歌声道，"清商随风发"，"慷慨有余哀"，可见这种歌声是很激越的。又说："中曲正徘徊，一弹再三叹"（叹，是和声），可见这种歌声是很缓慢的，羡声很多的，与"曼声哀哭"的韩娥之声如出一辙。

王褒是西汉宣帝时人。他作的《洞箫赋》（《文选》卷十七）形容箫声的美妙道：

> 钟期、牙、旷怅然而愕立兮；杞梁之妻不能为其气！

钟子期、伯牙、师旷是丝乐方面著名的人，杞梁之妻是歌曲方面著名的人。他形容箫声的美，说它甚至于使得钟子期等愕立而不敢奏，杞梁之妻失气而不敢歌。在此，可见杞梁之妻的歌是以"气"擅长的。这亦即是"曼声"之义。曼声，是引声长吟；长吟必须气足，故云"为其气"。十年前我曾见秦腔女伶小香水的戏。她善唱哭头，有一次演《烧骨记》，一个哭头竟延长至四五分钟，高亢处如潮涌，细沉处如泉滴，把怨愤之情不停地吐出，愈久愈紧练，愈紧练愈悲哀，不但歌者须善于运气，即听者的吸息亦随着她的歌声在胸膈间荡转而不得吐。现在用来想像那时的杞梁妻的歌曲，觉得甚是亲切。

所以杞梁之妻的故事中心，在战国以前是不受郊吊，在西汉以前是悲歌哀哭。

在西汉的后期，这个故事的中心又从悲歌而变为"崩城"了。第一个叙述崩城的事的人，就现在所知的是刘向。他在《说苑》里说：

> 杞梁、华舟……进斗，杀二十七人而死。其妻闻之而哭，城为之阤，而隅为之崩。（《立节篇》）
> 昔华舟、杞梁战而死，其妻悲之，向城而哭，隅为之崩，城为之

陁。(《善说篇》)

叙述得较详细的,是他的《列女传》(卷四《贞顺传》)。这书里说:

> 庄公袭莒,殖战而死。庄公归,遇其妻,使使者吊之于路。杞梁妻曰:"令殖有罪,君何辱命焉!若令殖免于罪,则贱妾有先人之弊庐在,下妾不得与郊吊!"于是庄公乃还车诣其室,成礼,然后去。
> 杞梁之妻无子,内外无五属之亲。既无所归,乃就(一本作"枕")其夫之尸于城下而哭之。内诚感人,道路过者莫不为之挥涕。十日(一本作七日)而城为之崩。既葬,曰:"吾何归矣!夫妇人必有所倚者也:父在则倚父,夫在则倚夫,子在则倚子。今吾上则无父,中则无夫,下则无子,内无所依以见吾诚,外无所依以立吾节,吾岂能更二哉!亦死而已!"遂赴淄水而死。
> 君子谓杞梁之妻贞而知礼。诗云:"我心伤悲,聊与子同归。"

下面颂她道:

> 杞梁战死,其妻收丧。
> 齐庄道吊,避不敢当。
> 哭夫于城,城为之崩。
> 自以无亲,赴淄而薨。

其实刘向把《左传》做上半篇,把当时的传说做下半篇,二者合而为一,颇为不伦。因为春秋时智识阶级的所以赞美她,原以郊外非行礼之地,她能却非礼的吊,足见她是一个很知礼的人;现在说她"就其夫之尸于城下而哭",难道城下倒是行礼的地方吗?一哭哭了十天,以致城崩身死,这更是礼法所许的吗?礼本来是节制人情的东西,它为贤者抑减其情,为不肖者兴起其情,使得没有过与不及的弊病。所以《檀弓》上说道:

> 弁人有其母死而孺子泣者。孔子曰:"哀则哀矣,而难为继也。夫礼,为可传也,为可继也,故哭踊有节。"(《檀弓》上)
> 子游曰:"……直情而径行者,戎狄之道也。礼道则不然。"(《檀弓》下)

孔子恶野哭者。(《檀弓》上）郑玄《注》："为其变众。《周礼》：衔枚氏'掌禁野叫呼叹鸣于国中者，行歌哭于国中之道者'。"陈澔《注》："郊野之际，道路之间，哭非其地，又且仓卒行之，使人疑骇，故恶之也。"

由此看来，杞梁之妻不但哭踊无节，纵情灭性，为戎狄之道而非可继之礼，并且在野中叫呼，使人疑骇，为孔子所恶而衔枚氏所禁。她既失礼，又犯法，岂非和"知礼"二字差得太远了！况且中国之礼素严男女之防，非惟防着一班不相干的男女，亦且防着夫妇。所以在礼上，寡妇不得夜哭，为的是犯了"思情性"（性欲）的嫌疑。鲁国的敬姜是春秋战国时人都称为知礼的，试看她的行事：

穆伯（敬姜夫）之丧，敬姜昼哭。文伯（敬姜子）之丧，昼夜哭（《国语》作暮哭）。孔子曰："知礼矣！"（陈《注》："哭夫以礼，哭子以情，中节矣。"）

文伯之丧，敬姜据其床而不哭，曰："……今及其死也，朋友诸臣未有出涕者，而内人（妻妾）皆行哭失声。斯子也，必多旷于礼矣夫！"（以上《檀弓》下）

公父文伯卒，其母戒其妾曰："吾闻之：'好内，女死之。'……今吾子夭死。吾恶其以好内闻也。二三妇……请无瘠色，无洵涕，无搯膺，无忧容……是昭吾子也！"仲尼闻之曰："……公父氏之妇智也夫！欲明其子之令德。"（《国语·鲁语》下）

由此看来，杞梁之妻不但自己犯了"思情性"的嫌疑，并且足以彰明其丈夫的"好内"与"旷礼"，将为敬姜所痛恨而孔子所羞称。这样的妇人，到处犯着礼法的愆尤，如何配得列在"贞顺"之中？如何反被《檀弓》表章了？我们在这里，应当说一句公道话：这崩城和投水的故事，是没有受过礼法熏陶的"齐东野人"（淄水在齐东）想像出来的杞梁之妻的悲哀，和神灵对于她表示的奇迹；刘向误听了"野人"的故事，遂至误收在"君子"的《列女传》。但他虽误听误收，而能使得我们知道西汉时即有这种的传说，这是应当对他表示感谢的。

从此以后，大家一说到杞梁之妻，总是说她哭夫崩城，把"却郊吊"的一事竟忘记了——这本是讲究礼法的君子所重的，和野人有什么相干呢！

王充是东汉初年的一个大怀疑家，他欢喜用理智去打破神话。他根本不信有崩城的事，所以他在《论衡·感虚》篇中驳道：

> 传书言杞梁氏之妻向城而哭，城为之崩。此言杞梁从军不还，其妻痛之，向城而哭，至诚悲痛，精气动城，故城为之崩也。夫言向城而哭者，实也；城为之崩者，虚也。夫人哭悲莫过雍门子，雍门子哭对孟尝君，孟尝君为之于邑。盖哭之精诚，故对向之者凄怆感动也。夫雍门子能动孟尝之心，不能感孟尝衣者，衣不知恻怛，不以人心相关通也。今城，土也，土犹衣也，无心腹之藏，安能为悲哭感恸而崩！使至诚之声能动城土，则其对林木哭能折草破木乎？向水火而泣能涌水灭火乎？夫草木水火与土无异，然杞梁之妻不能崩城明矣。或时城适自崩，杞梁之妻适哭下，世好虚，不原其实，故崩城之名至今不灭。

他不以故事的眼光看故事，而以实事的眼光看故事，他知道"城为之崩"是虚，而不知道他所认为实事的"向城而哭"亦即由崩城而来，这不能不说是他的错误。至于"城适自崩，杞梁妻适哭下"，欲为理性的解释，反而见其多事。但我们在这里，也可知道一点传说流行，大家倾信的状况。（《变动》篇中也有驳诘的话，不复举。）

东汉末年，蔡邕推原琴曲的本事，著有《琴操》一书。书中（卷下）载着一段"芑（即杞）梁妻叹"的故事。《芑梁妻叹》是琴曲名，是琴师作曲以状杞梁妻的叹声的，但他竟说是杞梁之妻自做的了。原文如下：

> 《芑梁妻叹》者，齐邑芑梁殖之妻所作也。庄公袭莒，殖战而死。妻叹曰："上则无父，中则无夫，下则无子，外无所依，内无所倚，将何以立！吾节岂能更二哉，亦死而已矣！"于是乃援琴而鼓之曰：
> 乐莫乐兮新相知！
> 悲莫悲兮生别离！

> 哀感皇天城为堕!
>
> 曲终,遂自投淄水而死。

这一段故事虽是和《列女传》所记差不多,但有很奇怪的地方。她死了丈夫不哭,反去鼓琴,有类于庄子的妻死鼓盆而歌。歌凡三句:上二句是《楚辞·九歌·少司命》一章中语,似乎和他们夫妇的事实不切;下一句是自己说"我的哀可以感动皇天,使城倒堕",堕城只是口中所唱之辞。歌曲一完,她就投水死了,也没有十日或七日的话。把它和《列女传》相较,觉得《列女传》的杞梁妻太过费力,而《琴操》的杞梁妻则太过飘逸了。

自东汉末以至六朝末,这四百余年之中,这件故事的中心——崩城——没有什么改变,看以下诸语可见:

> 邹衍匹夫,杞氏匹妇,尚有城崩霜陨之异。(《后汉书》卷五十七《刘瑜传》)
>
> 臣伏以为犬马之诚不能动人,譬人之诚不能动天。崩城陨霜,臣初信之;以臣心况,徒虚语耳。(《文选》卷三十七,曹植《求通亲亲表》)
>
> 贞夫沦莒役,杜吊结齐君。惊心眩白日,长洲崩秋云。精微贯穹昊,高城为隤坟。(《乐府诗集》卷七十三,宋吴迈远《杞梁妻》)

以前只是说崩城,到底崩的是那个地方的城,还没有提起过。西晋崔豹的《古今注》(卷中)首说是杞都城。

> 《杞梁妻》,杞植妻妹明月之所作也。杞植战死,妻叹曰:"上则无父,中则无夫,下则无子,生人之苦至矣!"乃抗声长哭。杞都城感之而颓。遂投水而死。其妹悲其姊之贞操,乃为作歌,名曰《杞梁妻》焉。

这一段以杞殖作"杞植",又忽然跑出一个妻妹明月来作曲(这或因夫死不应鼓琴之故),与蔡邕《琴操》说不同,暂且不论。最奇怪的,是"杞都城感之而颓"。杞梁只是姓杞,并非杞君,他和杞都城有什么相关?况杞国在今河南开封道中间的杞县,莒国在今山东济宁道东北的莒县,两处相去千里,何以会得杞梁战死于莒国而其妻哭倒了杞城?这分明是杞地的人要拉拢杞梁夫妇做他们的同乡先哲,所以立出这个异说。

在后魏郦道元的《水经注》(卷二十六"沭水"条莒县)中,却说所崩的城是莒城:"沭水……东南过莒县东……《列女传》曰:'……妻乃哭于城下,七日而城崩',故《琴操》云:'……哀感皇天,城为之坠',即是城也。其城三重,并悉崇峻;惟南开一门。内城方十二里,郭周四十余里。"

杞梁之妻所哭倒的,无论是东汉人没有指实的城,是崔豹的杞城,还是郦道元的莒城,总之在中国的中部,不离乎齐国的附近。杞梁夫妇的事实,无论如何改变,他们也总是春秋时的人、齐国的臣民。谁知到了唐朝,这个故事竟大变了!最早见的,是唐末诗僧贯休的《杞梁妻》:

> 秦之无道兮四海枯,筑长城兮遮北胡。
> 筑人筑土一万里,杞梁贞妇啼呜呜——
> 上无父兮中无夫,下无子兮孤复孤。
> 一号城崩塞色苦,再号杞梁骨出土。
> 疲魂饥魄相逐归,陌上少年莫相非!
>
> (见《乐府诗集》卷七十三,尚未检他的《禅月集》)

这诗有三点可以惊人的:

(一)杞梁是秦朝人。

(二)秦筑长城,连人筑在里头,杞梁也是被筑的一个。

(三)杞梁之妻一号而城崩,再号而其夫的骸骨出土。

这首诗是这件故事的一个大关键。它是总结"春秋时死于战事的杞梁"的种种传说,而另开"秦时死于筑城的范郎"的种种传说的。从此以后,长城与他们夫妇就结成了不解之缘了。

这件故事所以会得如此转变,当然有很复杂的原因在内。就我所推测得到的而言,它的原因至少有二种:一是乐府中《饮马长城窟行》与《杞梁妻歌》的合流;一是唐代的时势的反映。

《饮马长城窟行》最早的一首(即"青青河边草,绵绵思远道"之篇),《文选》上说是古辞,《玉台新咏》说是蔡邕所作。此说虽未能考定,但看《乐府诗集》(卷三十八)此题下所录诗有魏文帝、陈琳……直至唐末十六家的作品,便可知道这种曲调是三国、六朝以至唐代一直流行的。他们所咏的大概分两派,雄壮的是杀敌凯还,悲苦的是筑城惨死。建筑长城的劳苦伤民,虽战国、秦、汉间的民众作品并无流传,但这原是想像得到的。(《水经注》引杨泉《物理论》云:"秦筑长城,死者相属,民歌曰:'生男慎勿举……',其冤痛如此。"杨泉是晋代人,这四句歌恐即由陈琳诗传讹的,故不举。)

三国时陈琳所作,即属于悲苦的方面。诗云:

> 饮马长城窟,水寒伤马骨。……
> 长城何连连,连连三千里。
> 边城多健少,内舍多寡妇。
> 作书与内舍:"便嫁莫留住!
> 善事新姑嫜,时时念我故夫子!"
> 报书往边地:"君今出语一何鄙!
> 身在祸难中,何为稽留他家子!
> 生男慎莫举,生女哺用脯。
> 君独不见长城下死人骸骨相撑拄!
> 结发行事君,慊慊心意关。
> 明知边地苦,贱妾何能久自全!"

这说的是夫妇的惨别之情,虽没有说出人名,但颇有成为故事的趋势。唐代王翰作此曲,其下半篇云:

> 回来饮马长城窟,长城道傍多白骨。
> 问之耆老何代人,云是秦王筑城卒。
> 黄昏塞北无人烟,鬼哭啾啾声沸天。
> 无罪见诛功不赏,孤魂流落此城边。

这把长城下的白骨,指明是秦王的筑城卒了。《乐府诗集》又有僧子兰一诗,子兰不知何时人,看集上把他放在王建之后,或是晚唐人。诗云:

> 游客长城下，饮马长城窟。
> 马嘶闻水腥，为浸征人骨。
> 岂不是流泉，终不成潺湲。
> 洗尽骨上土，不洗骨中冤。
> 骨若不流水，四海有还魂。
> 空流呜咽声，声中疑是言。

这更是把陈琳的"君独不见长城下死人骸骨相撑拄"一语发挥尽致。拿这几篇与贯休的《杞梁妻》合看，真分不出是两件事了。它们为什么会得这般的接近？只因古时的乐府，原即是现在的歌剧，流传既广，自然容易变迁。《饮马长城窟行》本无指实的人，恰好杞梁之妻有崩城的传说，所以就使她做了"贱妾何能久自全"的寡妇，来一吐"鬼哭啾啾声沸天"的怨气。于是这两种歌曲中的故事就合流而成为一系了。

  唐代的时势怎样呢？那时的武功是号为极盛的，太宗、高宗、玄宗三朝，东伐高丽、新罗，西征吐蕃、突厥，又在边境设置十节度使，带了重兵，垦种荒田，防御外蕃。兵士终年劬劳于外，他们的悲伤，看杜甫的《兵车行》《新婚别》诸诗均可见。他们离家之后，他们的妻子所度的岁月，自然更是难受。她们魂梦中系恋着的，或是在"玉门关"，或是在"辽阳"，或是在"渔阳"，或是在"黄龙"，或是在"马邑、龙堆"，反正都是在这延亘数千里的长城一带。长城这件东西，从种族和国家看来固然是一个重镇，但闺中少妇的怨毒所归，她们看着便与妖孽无殊。谁人是逞了自己的野心而造长城的？大家知道是秦始皇。谁人是为了丈夫惨死的悲哀而哭倒城的？大家知道是杞梁之妻。这两件故事由联想而并合，就成为"杞梁妻哭倒秦始皇的长城"，于是杞梁遂非做了秦朝人而去造长城不可了！她们再想，杞梁妻何以要在长城下哭呢？长城何以为她倒掉呢？这一定是杞梁被秦始皇筑在长城之下，必须由她哭倒了城，白骨才能出土，于是遂有"筑人筑土一万里"，"再号杞梁骨出土"的话流传出来了！她们大家有一口哭倒长城的怨气，大家想借着杞梁之妻的故事来消自己的块垒，所以杞梁之妻就成为一个"丈夫远征不归的悲哀"的结晶体！

  在这等征战和徭役不息的时势之中，所有的故事，经着那时人的感情的渲染和涂饰，都容易倾向到这一方面。我们再可以寻出一个卢莫愁，做杞梁之妻的故事的旁证。

莫愁，是六朝人诗中的一个欢乐的女子，这个意义单看她的名字已甚明白。《玉台新咏》（卷九）载歌词一首（《乐府诗集》作梁武帝《河中之水歌》），云：

> 河中之水向东流，洛阳女儿名莫愁。
> 莫愁十三能织绮，十四采桑南陌头；
> 十五嫁为卢家妇，十六生儿字阿侯。
> 卢家兰室桂为梁，中有郁金苏合香。
> 头上金钗十二行，足下丝履五文章。
> 珊瑚挂镜烂生光，平头奴子提履箱。
> 人生富贵何所望，恨不嫁与东家王！

这写得莫愁的生活豪华极了，福气极了。但试看唐代沈佺期的《古意》：

> 卢家少妇郁金堂，海燕双栖玳瑁梁。
> 九月寒砧催木叶，十年征戍忆辽阳。
> 白狼河北音书断，丹凤城南秋夜长。
> 谁为含愁独不见，更教明月照流黄？

照这样说，她便富贵的分数少，而边思闺怨的分数多了。"莫愁"尚可变成"多愁"，何况久已负了悲哭盛名的杞梁之妻呢！

所以从此以后，杞梁妻的故事的中心就从哭夫崩城一变而为"旷妇怀征夫"。

较贯休时代稍后的马缟（五代后唐时人），他作的《中华古今注》是根据崔豹的《古今注》的。他的书不过是为了推广崔书，凡原来所有的几乎一个字也没有改。所以他的《杞梁妻》一条（卷下）也因袭着崔书。但即使因袭，终究因时代的不同，传说的鼓荡而生出一点改变。他道：

> 《杞梁妻歌》，杞梁妻妹朝日之作也。杞植战死，妻曰："上无考，中无夫，下无子，人之苦至矣！"乃抗声长哭。长城感之颓。遂投水而死。其妹悲姊之贤贞操，乃为作歌，名曰《杞梁妻贤》……

这和崔豹书有三点不同。（一）杞梁妻妹的名字由"明月"改作"朝日"了。（二）歌名不曰《杞梁妻》而曰《杞梁妻贤》（遣"贤"字或系"焉"字之误）。（三）哭倒的城不曰"杞都城"而曰"长城"。妹名和歌名不必计较，城名则甚可注意。杞梁之妻哭夫于莒、齐之间，杞城感之而倒已是可怪，怎么隔了二千里的长城又会闻风而兴起呢？杞梁战死的时候，不但秦无长城，即齐国和其他各国也没有长城，怎么因了她的哭而把未造的城先倒掉了呢？

我们在此，可以知道杞梁之妻哭倒长城，是唐以后一致的传说，这传说的势力已经超过了经典，所以对于经典的错迕也顾不得了。

北宋一代，她的故事的样式如何，现在尚没有发现材料，无从知道。南宋初，郑樵在他的《通志·乐略》中曾经论到这事。他道：

> 《琴操》所言者何尝有是事！琴之始也，有声无辞，但善音之人欲写其幽怀隐思而无所凭依，故取古之人悲忧不遇之事而以命操，或有其人而无其事，或有其事而非其人，或得古人之影响从而滋蔓之。君子之所取者但取其声而已。……又如稗官之流，其理只在唇舌间，而其事亦有记载。虞舜之父，杞梁之妻，于经传所言者不过数十言耳，彼则演成万千言。……顾彼亦岂欲为此诬罔之事乎！正为彼之意向如此，不说无以畅其胸中也。

这真是一个极闳通的见解，古今来很少有人用这样正当的眼光去看歌曲和故事的。可惜"演成万千言"的"杞梁之妻"今已失传，否则必可把唐代妇人的怨思悲愤之情从"畅其胸中"的稗官的口里留得一点。

较《通志》稍后出的，是《孟子疏》。《孟子疏》虽署着北宋孙奭的名字，但经朱熹的证明，这是一个邵武士人所作而假托于孙奭的，这人正和朱熹同时。他的书非常浅陋，有许多通常的典故也都未能解出，却敢把流行的传说写在里面，冒称出于《史记》。如《离娄篇》"西子蒙不洁"章，他疏道：

> 案《史记》云："西施每入市，人愿见者先输金钱一文。"

这便是《史记》上所没有的。这样著书，在学问上真是不值一笑，但在故事的记载上使得我们知道当宋代时对于西施曾有这样的一个传说,这个传说中的看西施正和现在到上海大世界看"出角仙人"一样,这是非常可贵的。他能如此说西施,便能如此说杞梁之妻。所以他说:

> 或云,齐庄公袭莒,逐而死。其妻孟姜向城而哭,城为之崩。

杞梁之妻的大名到这时方才出现了,她是名孟姜!这是以前的许多书上完全没有提起过的。自此以后,这二字就为知识分子所承认,大家不称她为"杞梁之妻"而称她为"孟姜"了。

孟姜二字怎么样出来,这也是值得去研究的。周代时妇人的名字,大家都把姓放在底下,把排行或谥法放在上面。如"孟子""季姬"便是排行连姓的。如"庄姜""敬嬴",便是谥法连姓的。"孟姜"二字,"孟"是排行,"姜"是齐女的姓;译作现在的白话,便是"姜大姑娘"。这确是周代人当时惯用的名字,为什么到了南宋才由民众的传说中发见出来?

在《诗经》的《鄘风·桑中》篇,有以下的一章:

> 爰采唐矣,沫之乡矣。
> 云谁之思?美孟姜矣。
> 期我乎桑中,要我乎上宫,送我乎淇之上矣。

又《郑风·有女同车》篇二章中,也都说到孟姜:

> 有女同车,颜如舜华。
> 将翱将翔,佩玉琼琚。
> 彼美孟姜,洵美且都!
>
> 有女同行,颜如舜英。
> 将翱将翔,佩玉将将。
> 彼美孟姜,德音不忘!

姚际恒在《诗经通论》(卷五)里解释道:

> 是必当时齐国有长女美而贤，故诗人多以孟姜称之耳。

这话也许可信。依他的解释，当时齐国必有一女子，名唤孟姜，生得十分美貌。因为她的美的名望大了，所以私名变成了通名，凡是美女都被称为"孟姜"。正如"西施"是一个私名，但因为她极美，足为一切美女的代表，所以这二字就成为美女的通名。（现在烟店里的美女唤做"烟店西施"，豆腐店里的美女唤做"豆腐西施"——江浙一带如此，未知他处然否。）又嫌但言孟姜，她的美还不显明，故在上面再加上一个"美"字唤做"美孟姜"。如此，则"美孟姜"即为美女之意更明白了。孟姜本为齐女之名，但《鄘风》也有，《郑风》也有，可见此名在春秋时已传播得很远。以后此二字虽不见于经典，但是诗歌中还露出一点继续行用的端倪。如汉诗《陇西行》（《玉台新咏》卷一）云：

> 好妇出迎客，颜色正敷愉。……取妇得如此，齐姜亦不如！

又曹植《妾薄命行》（《玉台新咏》卷九）云：

> 御巾抱粉君傍，中有霍纳都梁，鸡舌五味杂香。进者何人，齐姜，恩重爱深难忘。

可见在汉魏的乐府中，"齐姜"一名又成了好妇和美女的通名，则孟姜二字在秦汉以后民众社会的歌谣与故事中继续行用，亦事之常。杞梁是齐人，他的妻又是一个有名的女子（有名的女子必有被想象为美女的可能性），后人用了"孟姜"一名来称杞梁之妻，也很是近情。这个名字，周以后潜匿在民众社会中若干年；直到宋代，才被知识分子承认而重见于经典。孟姜成了杞梁之妻的姓名，于是通名又回复到私名了。

附记：
　　作者近日事务非常冗忙，为践专号的宿诺，勉强抽出三天功夫，匆促作成这半篇。以下半篇，得暇即做。但说不定何日有暇。续文下期如能登出，那是最好。但不能登出亦是在意料中的，请读者原谅！

再，读者如有材料供给我，请送本校三院研究所国学门歌谣研究会转交。

十三，十一，十九。

二、孟姜女故事研究①

编者前言

顾颉刚先生在他的《古史辨》第一册《自序》中说"自己愿担任的工作有两项：一是用故事的眼光解释古史构成的原因；二是把古今的神话与传说作为系统的叙述"（《自序》页六十一）。这一篇《孟姜女故事研究》，就是他把传说作为系统的叙述，"为研究古史方法举一旁证的例"（《自序》页六十八）。

这一段的研究，与作者的研究古史方法，既有这重要的关系，所以他的初意是要把这一段放在《古史辨自序》中的。后来因其太多，陈通伯先生也劝他把这一部份独立为一文（《自序》页六十八），所以这一部份就在这增刊中发表了。

作者发始研究孟姜女的故事，远在数年前。其第一篇论文《孟姜女故事的转变》载在他所主撰之北大《歌谣周刊》第六十九号中，此号为《孟姜女专号》第一期；其后继续七个月中共出专号九次（自十三年十一月二十三日至十四年六月二十一日），凡得十二万字。其中关于孟姜女的故事，见于鼓词、诗歌、戏剧、民间传说中的材料很多；但除了《孟姜女故事的转变》一文是整理后极有系统的文字外，其余多是散列的材料，未加若何整理。所以作者在《孟姜女专号》第五期中说过："一来是我太忙，找不到几个整天的空间；二来是材料愈积愈多，既不忍轻易结束，尤不敢随便下笔。"然则关于这项工作的整理，不单是作者研究古史的旁证，且是一般读者的渴望了。这里增刊所登的，作者注为"第一次结账"。这个结账共分为三部份：（一）孟姜女故事历史的系统；（二）地域

---

① 1926年作。原载《现代评论第二周年纪念增刊》，1927年1月。其中（一）先载《现代评论》第三卷第七十五至七十七期，1926年5月15至29日。

的系统；(三) 研究的结论。其第一部分已登载于《现代评论》第七十五、七十六、七十七期中；为读者的便利起见，作者要求把第一部份再重登在《增刊》里，合起第二、第三两部份成一个完全的记载。于今就照作了，合共三万余字。

(一) 孟姜女故事历史的系统

(1) 此故事最早见的，是《左传》。襄二十三年（公元前五四九）① 传说，齐将杞梁在莒国战死；齐侯回来，在郊中遇见杞梁之妻，使吊之。她以为郊中不是吊丧的地方，把他却去。因此，齐侯到她的家里吊了。在这一段记载里，只见得她是一个知礼的妇人。还有和杞梁同战的华还结果如何，书上没有记载。

(2) 次见的是《檀弓》。它引曾子的话道："杞梁死，其妻迎其柩于路而哭之哀。"这是说明她遇见齐侯为的是迎柩；"哭之哀"三字又涂上了感情的色彩了。

(3) 其次是《孟子》上淳于髡的话。他道："王豹处于淇而河西善讴，绵驹处于高唐而齐右善歌，华周、杞梁之妻善哭其夫而变国俗。"他把杞梁妻的哭和王豹、绵驹的歌讴同举，并说因她的哭夫而变了国俗，可见齐国唱她的哭调的风气是很盛行的。据战国时的记载，雍门周以哭见孟尝君，孟尝君为之流涕狼戾；韩娥过雍门，曼声哀哭，一里老幼悲愁，其后雍门人善放娥之遗声：可见齐都中人的好唱哭调原是战国时的风气。所以我们可以怀疑淳于髡这话是倒果为因的：因为齐国有此风气，所以成了杞梁之妻的哭；她的哭中原有韩娥们的成分，她的故事中加入的哀哭一段事原是战国时音乐界风气的反映。

(4) 在西汉时，她的故事依然向着这方面发展。枚乘《杂诗》说："上有弦歌声，音响一何悲？谁能为此曲，无乃杞梁妻？"王褒《洞箫赋》形容箫声的妙，说："钟期、牙、旷怅然而愕立兮，杞梁之妻不能为其气。"

(5) 到西汉的后期，这个故事的中心忽从悲歌而变为崩城。刘向在《说苑》及《列女传》中都说她在夫死后向城而哭，城为之崩；《列女传》中并说她因无人可靠，赴淄水而死。这样的任性径行，和却郊吊的知礼的态度大不相同，刘向采入书中，可见"齐东野人"的传说的力量

---

① 鲁襄公二十三年应为公元前 548 年。——编者注

胜过了经典中的记载了。

（6）她哭崩的城的所在，东汉初年王充的《论衡》里首说是杞城，并说被她哭崩了五丈（《变动》篇）。杞国当杞梁死时建都在缘陵（今山东昌乐县），离临淄很近，从莒到齐可以经过，这说如当实事看也说得通。顺从这一说的，有东汉末邯郸淳说的"杞崩城隅"（《曹娥碑》），西晋时崔豹说的"杞都城感之而颓"（《古今注》）。

（7）三国时，她的故事忽然出了一个非常可怪之论。曹植在《黄初六年令》中说"杞妻哭梁，山为之崩"，又于《精微》篇中说"杞妻哭死夫，梁山为之倾"，可见那时有她哭崩梁山的传说。这种传说在王充时还没有，所以他驳崩城之说时尚说"哭能崩城，复能坏山乎！"他从大处极力的一驳，哪知不久就从他驳诘的理由中生出了新的传说来了。梁山崩是春秋时的一件大事（成五年，公元前五八六），当然在山陕间可以构成一种传说。这种传说和杞妻的传说结合，主要的理由固然为了她的哀哭的感天，但一半也因了杞梁的字"梁"，与杞梁的氏"杞"而崩杞城一样。这种传说似乎并不普遍（曹植文中既说"崩山陨霜"，又说"崩城陨霜"），后来便歇绝了。李白诗中虽有"梁山感杞妻，恸哭为之倾"（《东海有勇妇》）的话，说不定他是沿袭曹植所用的典故。（清《韩城县志》云："孟姜女祠在大崩邨，今废。"或是这件故事的尾声。）

（8）东汉末，蔡邕著的《琴操》有《芑梁妻叹》一曲，这是第一次把她的歌辞写出的。歌道："乐莫乐兮新相知！悲莫悲兮生别离！哀感皇天城为堕！"上二句是《楚辞·少司命》中语，下一句是她自己说堕城，都很奇突。此后叙述她的歌曲的，有西晋崔豹的《古今注》和五代马缟的《中华古今注》，崔豹说此歌是她的妹明月所作，马缟说是她的妹朝日所作。

（9）后魏郦道元在《水经注》中说她哭崩的城是莒城（"沭水"条）这或因《列女传》中有"枕其夫之尸于城下而哭"的话，杞梁既死于莒，其妻也应该到莒去哭，所以由他自己改定的。这句话因为没有传说在背后衬托，所以没有势力；只有明杨仪及清王照圆一班读书人才在《明良记》和《列女传注》中引了。

（10）《同贤记》（不知何人撰，见《琱玉集》引；日本写本《琱玉集》题天平十九年，即唐玄宗天宝六年（七四七），可见此书是中唐以前人所作，《同贤记》又在其前）说燕人杞良避始皇筑长城之后，逃入孟超后园；孟超女仲姿浴于池中，仰见之，请为其妻。杞良辞之。她说："女人之体不得再见丈夫。"就告知父亲嫁他。夫妻礼毕，良回作所；主典怒其逃走，打杀之，筑城内。仲姿既知，往向城哭。死人白骨交横，不能辨别，乃刺指血滴白骨，云："若是杞良骨者，血可流入。"沥至良骸，血流径入，便收归葬之。这个记载比较了以前的传说顿然换了一副新面目。第一，它把杞梁改名为良，并且变成了秦朝的燕人而筑长城了。第二，它把杞梁之妻的姓名说出了，是姓孟名仲姿。第三，杞良是避役被捉打杀，筑在长城内的，所以她要向城而哭。第四，筑入长城内的死尸太多，所以她要滴血认骨。这几点都很可注意。孟仲姿的姓名或是从孟姜讹变的，也许孟姜是从孟仲姿讹变的，现在没有证据，未能断定。说杞良为燕人，想因燕近长城之故，或者这一种传说是从燕地起来的。滴血认骨是六朝时盛行的一种信仰，萧综私发齐东昏墓一件事是一个证据。至于杞梁筑长城，孟仲姿哭长城，这里面自有复杂的原因。其一，是由于事实上的。隋唐间开边的武功极盛，长城是边疆上的屏障，戍役思家，闺人怀远，长城便是悲哀所集的中心。杞梁妻是以哭夫崩城著名的，但哭崩杞城和莒城与当时民众的情感不生什么联系，在他们的情感里非要求她哭崩长城不可。其二，是由于乐曲上的。乐曲里说到城的，大抵是描写筑城士卒的痛苦。如陈琳《饮马长城窟行》说"君独不见长城下死人骸骨相撑拄"，王翰的诗说"长城道傍多白骨，……云是秦王筑城卒，……鬼哭啾啾声沸天"，张籍《筑城曲》说"千人万人齐抱杵，……军吏执鞭催作迟，……杵声未定人皆死；家家养男当门户，今日作君城下土"，都是。在这些歌词中，都有招他们的闺人去痛哭崩城的倾向。杞梁妻既以哭城和崩城著名，自然会得请她作这些歌词中的主人，把她的故事变为哭长城而收取了白骨归家了。

（11）《文选集注》残卷（日本写本；罗振玉影印，题为"唐写"；其中引及李善及五臣注，最早亦在中唐以后）曹植《求通亲亲表》的注中说，孟姿居近长城，正在后园池中游戏，杞梁避役到此，她反顾见之，请为夫妻。梁以不敢望贵人相采辞之；她说"妇人之体不可再为男子所见"，遂与之交。后闻其死，往收其骸骨，知他筑在城中，便向城哭，城为之崩。城中骨乱难识，乃以泪点之，变成血。这段故事和《同贤记》所载极相像；说孟姿居近长城，和《同贤记》说杞良为燕人亦相近；又称孟仲姿为"孟姿"，和孟姜一名更接近了。

（12）敦煌石室中的藏书是唐至宋初人所写的。里边有一首小曲，格律颇近于《捣练子》；曲中称杞梁为"犯梁"，称其妻为"孟姜女"，又说"造得寒衣无人送，不免自家送征衣；长城路，实难行，……愿身强健早还归"。这是开始从"夫死哭城"而变为"寻夫送衣"，孟姜女一名也坐实了。寻夫送衣一件事也是有来历的。我们读汉以后的诗，便可见用"捣衣"作题的特别多，这是因为沙场征戍客也特别多之故。如谢惠连的"裁用箧中刀，缝为万里衣"，柳恽的"念君方远谣，望妾理纨素"，庾信的"玉阶风转急，长城雪应暗"，杜甫的"宁辞捣衣倦，一寄塞垣深"，都是；但这是制衣付寄而不是自行。后来忍不住了（或是寻不到送衣的人），唐王建的《送衣曲》便道："去秋送衣渡黄河，今秋送衣上陇坂；妇人不知道径处，但问新移军近远；……愿郎莫着裹尸归，愿妾不死长送衣！"她是一年一度的自己送去了。妇人送衣和杞梁妻有什么关系？唐皮日休《卒妻悲》云："河湟戍卒去，一半多不回，……处处鲁人髽，家家杞妇哀。"原来她们把自己的哀感算做杞梁妻的哀感，她们要借了她的故事来消除自己的块垒呢！至于"孟姜"一名，三见《诗经·鄘风》和《郑风》，又都加上一个"美"字，说不定在春秋时即以为美女的通名，像现在说"西施"或"嫦娥"一样。《大雅》又称古公亶父妻为"姜女"，或许后来此名即与民众口头的"孟姜"相并合。杞梁之妻的名，或由孟姜移转而渐变为"孟姿"，以至"孟仲姿"。（孟姜或由"姜嫄"致误，详说下陕西条。）

（13）唐末周朴作《塞上行》，直用民众传说，云："长城哭崩后，寂寞到如今。"同时僧贯休做的《杞梁妻》也是这般，说："秦之无道兮四海枯，筑长城兮遮北胡；筑人筑土一万里，杞梁贞妇啼呜呜；……再号杞梁骨出土，疲魂饥魄相逐归。"后人不知道那时的传说，单见贯休这诗，以为是他的无知妄作。例如顾炎武在《日知录》中骂的"并《左传》、《孟子》而未读"；汪价在《中州杂俎》中骂的"乖谬舛错，皆由僧贯休诗误也"。他们不知道一种传说能够使得文人引用，它的力量一定是大得超过了经典。贯休诗中这样说，正可见唐代盛行的孟姜女故事的面目是这样的呢。

（14）北宋祥符中（一〇〇八——一〇一六），王梦徵作安肃的《姜女庙记》（一作《孟姜女练衣塘碑刻》）；此碑至明隆庆间发见。这是我们知道的孟姜女庙的最早的一个。又同官的孟姜女庙是北宋嘉祐中（一〇五六——一〇六三）县令宗谔重修的。因为她的人格日益伟大，所以列入了祀典。

(15)南宋初,郑樵在《通志·乐略》中说稗官之流把杞梁之妻演成了万千言,可见那时有把这件故事作为小说或平话的。

(16)约略与《通志》同时的《孟子疏》说:"或云,齐庄公袭莒,战而死;其妻孟姜向城而哭,城为之崩。"这是杞梁之妻的孟姜一名见于经典的开始。

(17)南宋周煇著的《北辕录》记淳熙四年(一一七七)贺金国生辰事,中云:"至雍丘县,过范郎庙;其地名孟庄,庙塑孟姜女偶坐;配享者蒙恬将军也。"这是范郎之名见于载籍的第一次。雍丘原即西周时的杞国,那地又有孟庄,说不定这个庙宇是从她的姓和最初所说的哭崩的城上转出来的(现在的唱本和小说都说孟姜是孟家庄人)。至于"杞梁"的变为"范郎"乃是形讹("杞"字一变而为《文选集注》的"扡",再变而为敦煌小曲的"犯",三变而为与犯同音的"范")而兼音变。

(18)元陶宗仪著的《辍耕录》中所载院本名目,在"打略拴搐"类里有《孟姜女》。院本是金国的剧本,或者这本戏是十二世纪中的产物。这是我们所知道的孟姜女戏剧中的最早一本。明沈璟著的《南九宫谱》中引《孟姜女传奇》二则:一是筑城者唱的,中有"本是簪缨裔,……儒身挂荷衣"之句,可见其中说秦始皇用了儒生筑城;一是范郎的母亲唱的,中有"懊恨孤贫命,图一子晚景温存"之句,可见其中说范郎是由寡母抚育成人。(元末高则诚做的《琵琶记》说"譬如范杞郎差去筑城池,他的娘亲怨望谁?"辞意与此同。)南曲谱虽未说明这一本传奇是何代人所作,但南曲导源于宋,南曲谱所引的曲文多是很古的,明徐渭明《南词序录》所录"宋元旧篇"中有《孟姜女送寒衣》,疑即是此。如果这一个假设不误,这本戏可以定为我们所知道的孟姜女戏的第二本。元钟嗣成做的《录鬼簿》中,彰德人郑廷玉条下有《孟姜女送寒衣》,这是北曲中的整本孟姜女戏,可惜也失传了。在北曲中偶然说到孟姜女的地方,可以注意的有二条:一是马致远做的《任风子》,说"想当时范杞良筑在长城内";一是武汉臣做的《生金阁》,说"杀坏了范杞梁"。在这两条中,可以知道元代的孟姜女故事对于范郎有斩杀的传说,又可见杞梁既因"杞"而改姓了范,但名中仍保存了杞字,变成了一个重床叠屋的姓名。后来"范希郎""范三郎""范四郎""范士郎""范喜郎""范杞良""范纪良""万喜良",许多不同的名字就都在这上生发出来了。

（19）从明代的中叶到末叶，这一百八十年中忽然各地都兴起了孟姜女立庙运动。这个运动缘何而起，我至今还没有明白；不过借此可见"孟姜女哭崩长城，携取了范杞梁尸骨"的一个传说的势力扩大了，逼得文人学者不能不承认它的历史上的地位了。天顺五年（一四六一）编成的《大明一统志》说："孟姜女本陕之同官人，秦时以夫死长城，自负遗骨以葬于县北三里许，死石穴中。"这大概是志书中正式纪载这个后起的传说的第一回吧？同官之说，前所未闻；孟姜女成了同官人，于是她从齐籍转入了秦籍了。弘治五年（一四九二），杞县西滩堡建孟姜女庙，在周煇所见之外又多了一处（见《古今图书集成·职方典》三七八）。正德十四年（一五一九），张镇作安肃县知县，从古迹中剔得孟姜女祠，把它重建起来。在郑昱作的记中，说这是孟姜女的故里，有"濯衣塘"。这把她说成了燕国人；恐与《同贤记》所说的"燕人杞良"和《文选集注》所说的"居近长城"有些渊源，在纪载中虽见得很晚，但这个传说的起源是很早的。嘉靖十三年（一五三四），湖南巡抚林大辂修澧州孟姜女祠。澧州人李如圭在祠记中说孟姜女是秦时澧州人，范郎供役长城，她在嘉山筑台而望；久待不归，乃亲去寻夫，这又把她说成了楚国人了。李如圭是知道同官的古迹的，所以他替这两种传说作伐，说澧州是她的生处，同官是她的死所。其后陕西人马理做的《同官孟姜庙碑记》《孟姜女补传》及《孟姜女集》等就完全采用了这一说，甘心牺牲了《一统志》同官产之说了。隆庆三年（一五六九），周以庠作安肃知县，梦见了孟姜女，又寻得了北宋的石刻，就立孟姜女墓碑，又建忠节堂，祀他们夫妇。照这样说，孟姜女是生于安肃，又是葬于安肃的了。万历二十二年（一五九四），重修同官县庙。就是这一年，山海关尹张栋建贞女祠于山海关。她与山海关发生关系是最后起的传说，但到现在三百余年中是最占势力的。张时显做的碑文（一五九六）上说她姓许，居长，故名许孟姜；范郎到辽筑城，她前去寻觅，知道他已死，就痛哭而绝。又黄世康做的碑文（见《鬼冢志》附录）上也说她姓许，嫁给关中范植；范郎去后，寡姑亦死，她葬姑寻夫，见了白骨，痛哭三日夜而死；扶苏、蒙恬表封他们官爵，把他们合葬，这一天，飞沙凝成了望夫石，海中涌出了一个圆岛，就在岛上筑坟，石上建庙。在这个传说上应当注意的，她忽然姓了许，和她的丈夫合葬在山海关。至此，她的坟墓已有了四处：一是同官，二是安肃，三是山海关，还有一个早被人们忘却的临淄旧墓。崇祯十三年（一六四三）①，山海道副使范志完又把山海关的庙宇重修了。在不记年代的庙宇中，又有潼关一处。詹詹外史（冯梦龙的别号）的《情史》中说孟姜负骨归家，到潼关，筋力竭了，坐山旁而死；土人替她立庙。于是她的死所又多出了潼关一处；想来那地也是有她的坟墓的。

（20）在明代中，各地的民间的孟姜女传说像春笋一般地透发出来，得到文人学士的承认。但是他们的承认是有条件的，因为他们已经读了书了，闻见广了，多少有些辨别推究的能力了。他们对于这种传说的态度，可以分做两种。第一是硬并，要把向来不同的传说并合到一条线上。例如上面举的同官和澧州各有孟姜女的传说，李如圭把它们并合起来，说她是生在澧州而死在同官的。如此，这两个传说便可相容而不相冲突了。但这个伎俩是要碰壁的，例如安肃、山海关、潼关的传说，他便没有方法再去并合。何况同官的传说原说她是同官人，他何得牺牲了这个传说的一半，硬把澧州的并合上去！第二是硬分，要把变迁得面目不同的传说分别为漠不相关的两件事。例如《情史》中把杞梁妻和孟姜分做两人，黄世康碑文中说孟姜哭夫"有如杞妇，远追袭莒之魂"，王世懋《孟姜祠歌》说"精灵直偶杞梁妇"。这样处理，固然是最简便的解决方法，但又不免太不顾事实了。

（21）清宣统二年（一九一〇），上海推广马路，开至老北门城脚，得一石棺，中卧三尺余石像，当胸镌篆书"万杞梁"三字。上海的城是嘉靖三十二年（一五五三）筑的，这像当是筑城时所凿。筑城时何以要凿这一个像，这不得不取《孟姜仙女宝卷》的话作解答。宝卷上说秦始皇筑长城，太白星降童谣，说"姑苏有个万喜良，一人能抵万民亡；后封长城做大王，万里长城永坚刚"；于是秦皇下令捉他，筑在城内。这是江苏的传说，为的是太湖一带"范"和"万"的音不分，范姓转而为万，又加上了厌胜的信仰，以为造长城要伤一万生民，只有用了姓万的人葬在城内才可替代。上海既在这个传说的区域之内，筑城的年代又正值这件故事风靡一世，各处都造像立庙的时候，所以就凿了石像埋在城底，以求城墙的坚固。在这个传说里，说万喜良是苏州人，孟姜女是松江人。这也是现在最占势力的传说。

（22）清代学者是最淹博的，他们很瞧不起明代学者的浅陋，所以孟

---

① 崇祯十三年应为公元1640年。——编者注。

姜女的故事在明代虽蓬蓬勃勃地透露了出来，但一到了清代便不由得不从地平线上重压到地平线下去了。他们对于这件故事的意见，可以分为四派。第一派是只信《左传》而不信他书的，如顾炎武《日知录》、朱书《游历记存》等。他们说她既能却郊吊，又何至于路哭；齐君既能遣吊，又何至于使杞梁暴骨沟中。他们寻它的变迁，谁人始说崩城，谁人始说崩长城，分得十分清楚。他们对于这些变迁，虽是只骂前人的附会，但这件故事的演化的情状已能作大致的揭发了。第二派，信得宽了一点，可以信到汉人之说了，如钱曾《读书敏求记》和梁玉绳《瞥记》等。他们说崩的城是齐城，贯休之误是由于不考《列女传》。冯梦龙的《东周列国志》也是这样说。第三派是再宽一点，肯信哭崩长城之说了，但因要维持孟姜们是春秋时的齐人之故，所以说这个长城是齐的长城而不是秦的长城。例如《职方典》山海关条说"不知其谓长城者，乃泰山之下长城，非辽东之长城"；《长清县志》又据了《管子》"长城之阳，鲁也；长城之阴，齐也"，而说春秋时已有长城。其实若被她哭崩的城确是齐长城，何以哭崩秦长城的话未起时只听到崩杞城、崩莒城之说而听不到崩齐长城之说呢？第四派转了一个方向，说孟姜女不即是杞梁妻，也不是从杞梁妻传误的，乃是《汉书·匈奴传》中说的筑城的汉将之妻，即在丈夫死后把城修完的范夫人。主张这一说的有俞樾《小浮梅闲话》和何出光《木兰祠赛神曲》。他们把"范"字和"城"字固做对了，可惜把"杞梁"和"崩城"又做错了。

（23）从清代到现在，这件故事的方式大概如下：一，查拿逃走；二，花园遇见；三，临婚被捕；四，辞家送衣；五，哭倒长城；六，秦皇想娶她，她要求造坟造庙和御祭；七，祭毕自杀，秦皇失意而归。惟在蒙古车王府所藏唱本中见有数本，都说秦皇怜其贞节，赏与玉带，并无欲得之意；又陕西唱本说始皇封她为"贞烈女孟姜"，云南唱本也说秦王封她为"一品贞节夫人"，令澧州建造节孝牌坊：这三说较为别异。至于在生的地点上，以苏州（万）、松江（孟）为最有力，华州、余杭（范），务州、澧州（孟）次之；在死的地点上，几于一致地说是山海关，只有一小部分说是潼关和长安。李如圭所考定的一个是早已不通行的了。

（二）地域的系统

以上所说的是就这一件故事的纵的系统上看。如果我们更就横的系统看，那就可以再得到以下许多。（用现在的政治区域来分固未善，但在故事的区域未确定时只得暂用分省的办法。）

（1）山东。

它是这件故事的出发点。事实发生在齐郊。哭调是在齐都中盛行的。《檀弓》和《孟子》的作者也都是山东人。汉代起来的传说说她投的淄水和崩的杞城也都在山东。所以在这件故事的初期七百余年（公元前五四九—公元二〇〇）之中，它的根据地全没有离开过山东的中部。就是后来郦道元说的莒城（今莒县），也是在山东。

在这个区域的古迹，杞梁故宅在益都县，杞梁墓在临淄县。又从张夏到泰安道中经过的长城铺（属长清县）说是孟姜故里，其地有姜女庙。临朐县南的穆陵关（齐长城的关）也有杞梁妻哭崩之说。她投水之处说在益都故宅西北二十里。总之，这些古迹都在临淄（齐都）的四围。

但是这个区域中的传说，现在是衰微极了，不但不能伸张它的势力到外面来，反而顺受了外面的传说的侵略。据济宁的传说，孟姜女是松江人；万喜良是苏州人，为避筑城逃到孟家入赘，年余后始因孟公庆寿而破露，捕埋城下；孟姜哭倒长城时，自身也压死在城下。那地又有"美孟姜"歌，也称她的夫为万喜良。在这种上面，很可见它受了江苏南部的影响。又齐东县《十二贤歌》称孟姜为"许孟姜"，这当是受的河南和直隶的影响。

在泰安买到的唱本，是北京的鼓词。济南瑞林斋有刻本《哭长城岭儿调》，其中事实和鼓词相同，只有说用了罗裙包夫骨而埋葬是小异。

（2）山西、陕西和湖北。

三国时，曹植始言杞妻哭崩梁山。梁山向来说为河西韩城，清崔述始依了《诗经》和《左传》的证据说在河东（山西）；但他又说"当跨河在冀、雍之界上，故能阻塞河流"。大约山西和陕西的山虽给黄河破了开来，但山脉相连，河东梁山的对岸的山也可以加以同样的称谓。如果确是这样，我们可以说这件故事的区域是在今山西的西南部和陕西的东部。在这一个区域中，她的故事真多极了。

先说山西。曲沃县侯马镇南浍河桥土岸上有手迹数十，说是她送寒衣时经过浍水，水涨不得渡，以手拍南岸而哭，水就浅了下去；这手迹便是拍岸时所遗留。现在岸已崩徙，迹仍不灭。从这条路线上看，她寻夫时是从西南到东北的。又潞安也有姜女祠。

从侯马往西南，是陕西的潼关。明人冯梦龙的《情史》和汉口的《送衣哭夫卷》说她负骨归家，到潼关时力竭而死，潼关人替她立庙，这是说她死在潼关。江苏的《仙女宝卷》说她到潼关去寻夫，大哭崩城，这是说被她哭崩的城是潼关。

从潼关往西是华州。广西刻本《花幡记》和厦门刻本《哭倒万里长城歌》都说范杞郎是华州人。我起初寻不出它的原因，后来知道了：孟子说"华周杞梁之妻"，"周"和"州"同音，所以《汉书·古今人表》便写作"华州"，以误传误的结果，于是"华周和杞梁的两位夫人"竟变作了"华州人杞梁的夫人"了。

华州的西南是长安。云南唱本中说她到长安，对城踢脚大哭，北门城墙一齐崩倒。广西的《花幡记》也说她哭倒了长安的长城八百里。长安并没有长城，或许从这"长"字变化出来的。

长安的北面是耀县；耀县的北面是同官县；同官县的北面是宜君县。那三处是这件故事的最重要的地点，故事的性质也极悲壮。大意是说：孟姜负夫骸骨归来，沿了北洛水南奔；追兵将到，她逃到北高山（同官北五十里）中，渴极了，大哭，忽然地下涌出泉水来了。（因为它的声音永远像呜咽一般，故名"哭泉"；又因是她的节烈之气所感，故名"烈泉"。）她又走了一回，倦得厉害，逃不动了，追兵紧随在她的后面；正在无奈之际，忽然山峰转移，遮回了她，把追兵隔断了（后来这山就叫做"女回山"）。她走到同官水湾，气力已竭，把丈夫骸骨放在西山（一作"金山"）石穴下，自己坐在旁边死了。土人敬重她的贞节，就地埋葬；又塑了夫妇两像，立庙祭祀。石穴中有洞隙，祭祀的时候可以看见金钗的影子。这座庙在同官北三里，宜君南三十里，壤地交错，又涉及耀县，所以在这三县的志书上都有记载。《关中胜迹图志》说"女回山横断无路，忽道从峡口出"，可见其险。《耀州志》驳遮回之说，以为是负骸回经其间故名，这也不过用了常理来驳辨奇迹罢了。这件故事，犹存着汉代人烈性感天的想像，和崩山之说极相近。

《明一统志》说孟姜女是同官人。清《陕西通志》也这样说；又说适范植仅三日（《郡国志》同）。《耀州志》引乔世宁《孟姜女传》，说"秦法，役怠者辄填城土中死"，和《同贤记》所载相同，异乎江浙间厌胜之说。明季三原人马理作《孟姜女补传》、《祠碑记》、《孟姜女集》，为孟姜女故事的一个汇集，其中录同官传说尤多。但他和乔世宁一样地信李如圭的话，一口咬定孟姜女是澧州人；他的碑记中又称为"前秦澧州人"，甚可异。他的文中称孟姜之夫为范喜，又范郎，又范喜郎，想来是以"喜"为名，以"郎"为称谓的。乔世宁说："其夫范氏，亡其名，称曰范郎。"也是以郎为称谓之词。最近西安文明堂刻本《铁角坟》十张纸说孟姜女配范三郎，婚后未满一个月就别了；她送寒衣去时，始皇封她为"贞烈女孟姜"。兴平万世堂刻本《王桂英哭杀场》中也是这样说，但又称她为"孟长姜"。秦腔中有《哭长城》剧本，但未见其书，不知道是怎样的。

再有一件奇怪的事情。明黄世康做的《山海关孟姜碑文》起首说她是"关中范植妇"，原和《陕西通志》的话一样；但下面说她"出秦岭而西，循漆川而北"，则便不可解。她住在关中，要到山海关寻夫，须向东北行才是，何以竟向西北走去呢？这恐怕是他误钞了陕西的传说，而陕西的传说乃是向西北的长城去收骨的（看他们说孟姜是同官人，又说她负骨沿北洛水南旋可知）。那么，陕西人说的哭崩的城，一定不是山海关和潼关，更说不到是杞城和莒城了。

至于同官一带的孟姜女故事何以会得这般发达，我敢作一假设，大约是由"姜嫄"转误的。《诗经·绵》篇说"民之初生，自土沮漆"，《生民》篇又说"厥初生民，时维姜嫄"，可见姜嫄原是沮漆间的伟大人物。沮水出宜君县北，漆水出同官县东北；两水把同官夹在里面，到耀县而合流。或者年代久远，姜嫄的奇迹渐渐失去，适有杞梁妻崩城和崩山的传说起来，那地的人就把她顶替了。如果这个假设将来有证实的时候，我敢说孟姜女一名亦即由姜嫄而来。

韩城县的大崩村也有孟姜女庙。照我们想，梁山在韩，这应当是崩山之说的残遗。但县志上说，"孟姜女石上手迹在大崩村长城旁，孟姜女寻夫，哭而城崩"，那么这个古迹也是归到崩城上的。或者崩城之说的势力太强了，他们只得把这大崩村的本地风光丢掉了。

甘肃方面的材料，除了敦煌写本小曲以外，没有得到什么。这自然因为交通不便之故。从前的玉门关的征戍客积了多少愁怨，送寒衣的故事一定是极占势力的，将来这一方面大有发见许多新材料的希望呢。

湖北汉口宏文堂刻有《送衣哭夫卷》，又题《宣讲适用送寒衣》。卷中说河南灵宝县人范杞良早丧父，年十八，母为娶姜家女孟姜。过了两天，他就被官差拉去筑城。范母念儿心切，过了三年，病死了。孟姜负土成坟既毕，就包了衣履寻夫。过了陕州，到潼关，向陕西行去。走了十余天，思念亡姑，在途痛哭，忽然面前起了一阵旋风，向北而行。她祷告之下，知道这是婆婆的鬼魂，就随着旋风走。又过了二十余天，逢见一老人，名塞翁；他告她，筑城的八十万人夫，不上一年已都拖死了，死后就填在城中；并告她，孝子的骨是洁白的，范杞良既孝，可滴血在洁白的骨上。她一路受仙人点化，菩萨保佑。到长城后，且哭且寻。第三天上还寻不到，她就把身子向城上撞去。忽然间天崩城裂，长城倒坏了三千余丈；反把孟姜倒退了三里远，晕死在地。她醒转时，望见长城已成平地，即走进城基，滴血试骨。寻得了丈夫的尸骸，哭了一会，忽然想起若被朝廷察觉，拿去问罪，岂不是连这尸骸也不得回乡，便急忙打开衣包，捆束好了背走，叫唤范郎冥魂跟着南行。她由神灵暗护，日夜行走，翻山过岭，脚不停留，七天七夜到了潼关。她两眼血淋，坐在落雁崖前，寸步难行。男女们数千人上山来看；她将夫骨放在身边，痛哭诉情，听的人没有一个不流泪的。过了三天三夜，她死了。潼关人敬重她，把他们夫妇尸骸合葬崖下，造烈女祠。在这一本卷里，是说她往西寻夫的，黄世康所说"出秦岭而西，循漆川而北"，正是她的路线。但什么地方是她取骨的所在，依然没有指出。我们可以说，这个故事大概是同官的故事的分化，潼关的家墓是全钞金山岩的老文章的。湖北的西北部接着河南和陕西，说不定这件故事是灵宝至潼关间的故事，而从丹水和汉水流入湖北的。

湖北方面的材料现在得到的很少，仅知道汉口的戏剧中有《五仙女临凡》一本，是演孟姜女的，其中有"仙女下凡"及"哭长城"等节目。这戏当是用汉调唱的；看戏名可见其情节和江苏的《仙女宝卷》相近。

（3）直隶、京兆和奉天。

在这一个系统上，发见的材料中时代最早的是《同贤记》所说的"燕人杞良"。它的根据地现在有徐水（安肃）、山海关和绥中三处，但都是不相统属的。

徐水县治北里许，路西有村名小新安，相传是孟姜故里；村中有濯衣塘，说是孟姜女的浣衣处。旁有孟姜女祠，明正德间建；隆庆间掘得宋碣，又建忠节堂。堂侧有姜女墓。她的生死都在一地，和同官的传说相似。这地方所以有此传说，或者因范阳（故城在县治北固城镇）和范郎在文字上有些关系而然，但这只是一个极薄弱的假设而已。这个地点在故事中并不占势力，只因从前驿道所经（今京汉路仍之），容易给人看见，所以在游记上提到的也很多。

静海县在徐水东约二百里，那地有两种《孟姜卷》，也许留得一点徐水的传说。卷一大一小，僧人也唪诵。大卷未见。小卷说许孟姜七岁即念佛行善；十五岁，由父母命嫁范杞郎。刚三日，范即被点赴役。他不耐苦，逃归；给官兵追回，在长城堤打杀，筑在城内。他托梦给她，她就织了一领赭黄袍，又织寒衣（卷中描写织的花纹极详）。织就后亲自送去，把黄袍献与始皇。始皇要娶她，她请在葬夫后。她到长城堤下痛哭，土地与城隍把城墙推倒了。她滴血认骨，要求始皇用黄金棺殡殓，一下子撩了罗裙跳入水中。始皇敬重她，造了一座姜女庙。静海又有一歌云："孟姜织黄袍，三百六十条；只为范杞郎，一年织一遭。"这把"捣衣"变成了"织衣"，想来静海方面织黄袍的女工是很多的，从她们的意想里构成了这类的歌和卷。那地又有一谜，内有句云"哭倒长城十万里"。如果这样，她不但把长城完全哭倒，而且已超过了原有的长城十余倍了。

山海关也是道途所经，那里的风景尤好，而且是长城的终点，所以这个后起的地点可以压倒许多先前所称道的地点。关东八里有望夫石，石上有乱杵迹。这在当地人的心目中自然是以为孟姜是住在山海关的：因为她在本乡盼望这个远戍的丈夫，所以有望夫石；因为她豫备寄寒衣时就在望夫石上捣衣，所以留下了许多乱杵迹。但这个地点给外来的人知道了，他们心中原有从南到北的孟姜女的，而山海关已是北方的边境，就把她的居住地武断为她的行程的终点，说这石是在她死后指定的，于是望夫的名义和捣衣的杵迹都没有了着落了。海涯外一里许有一小岛，夏天水涨时微露顶面，但无论怎样的大浪总打不到顶上草青处，冬天水冰之后是滑不可登的，这就是孟姜女的墓。《临榆县志》说："有石出海上，形肖冢，人以为姜女坟。"言外颇有不信任之意。孟姜女庙就筑在望夫石上。那边的碑记一致地说她姓许，从陕西到此，痛哭而死。黄世康的碑文中又有"飞沙凝石，遂变望夫之形；圆岛涌波，忽示佳城之势"的奇迹。明陈绾《姜女坟》诗云："屠躯虽死志未灰，化作望夫石礧礧；江枯海竭眼犹青，望入九原何日起。"这也是替后起的望夫石传说圆谎的。照这段故事看，范郎的白骨她早已滴血寻得了，还立在石上遥望有什么意义。又现在的唱本传说，凡是说她到山海关收尸的，总说秦始皇想娶她，这或者因孟姜女庙和秦皇岛太接近了，容易生出这个联想之故。据说京奉车过山海关长城时，常有几个年老的近处人在车上指着城缺，说："现在这火车能够通过万里长城，全亏了孟姜女的一哭呵！"下面就紧接着讲这件故事。可见在他们的意想中，以为铁路的过道是孟姜女哭崩的。

直隶古北口有姜女祠。这和山海关一样，为的是一个关隘。

北京的大鼓书中有孟姜女寻夫，分《离乡》《入梦》《宿店》《路叹》《认骨》五折。结果，她是投海死的。又有《哭城牌子曲》，说她千里寻夫，被神风刮到山海关；始皇知道，赏给她羊脂玉带，表扬她的贞节。又有歇后语二则，表示范郎的被埋和孟姜的善哭。又从老妇人口中，知道她由葫芦中出生，这是江浙间的传说传到北方的。

奉天东南部的绥中县有孟姜祠，祠前有望夫石，相传即其墓。土人说秦始皇欲纳她为妃，她触石而死。绥中在山海关东北百余里，这个古迹当然是山海关的分支。在那地人的意想里，这方石有三种用处：一是望夫，二是尽节，三是葬身。

山海关为往来东三省必经之路，这件故事的势力既大，想来由此分化的当不止绥中一支。又朝鲜离直隶、奉天均近，去年马衡先生往游，购得朝鲜文《梁山伯》唱本而归，孟姜女的故事也未必没有流传，这都待将来的发见呢。

（4）河南。

从《北辕录》中，知道宋代雍丘的孟庄有范郎庙，并以蒙恬配享，表示她哭崩的是秦的长城。雍丘即今杞县，在河南东部；孟庄在县治西二十里。这个孟庄后来就成为唱本、剧本中的"孟家庄"。当时所以在此立庙，或者因孟姜的"孟"字和孟庄有些关系而来。如果确是如此，那么，那个地方的人一定说孟姜是生长在杞县的了。

杞县西滩堡有孟姜女庙，明弘治五年建，不知是否即孟庄的一个？

元代彰德人郑廷玉作的《孟姜女》杂剧，想来总写出些河南的故事，可惜已失传了。现在河南流行的《孟姜女》唱本有一种是极有势力的，东自开封，中经许昌，西至南阳，一律通行；不但有刻本，且有卖歌的乞丐歌唱着，民众口中成诵的也不少，可以说是统一河南全境的唱本。其中事实的大概，是：江宁县富翁许员外，无子，晚得一女，因爷姓许，娘姓孟，认的干娘姓姜，故叫"许孟姜"。她十六岁时，配给城南同庚的范希郎。过门后不到一个月，秦始皇点民夫修边墙，就把他点了去。她有一天梦见丈夫，恐其苦寒，就辞别翁姑前往送衣。途中艰苦难行，为观音所救，送至边墙。她询问土夫，才知道丈夫不能受苦，被他们处死，葬在边墙里了。一时昏晕过去；阎王不收，又醒了过来。她望城痛哭，惊动了上天张玉皇，传旨打倒边墙，让她领取尸首。一霎时，龙王、雷公将边墙打倒了二三里。她滴血认尸后，正包裹欲走，忽然秦始皇来了，见她美貌，要封她在昭阳。她要求四件事：一，银顶金棺成殓；二，文武百官穿孝；三，昏君随后拄哀杖；四，埋到东海岸上。他件件依了。工毕时，她就拉了罗裙蒙面，跳入江心。龙王把她救回龙宫，认作干女儿。这个唱本，把杞县一说完全丢了，反把她俩认为江宁人。我很怀疑这是江苏北部的故事而流入河南的。这有三个证据：第一，"江宁"在清代是江苏北部的省会；第二，"东海"想是指淮海一带的海，今江苏徐海道也有东海县（即海州）；第三，"江心"怕也是指宁、扬一带的江。总之，这三个地方都是江苏所有而是河南所没有的。江苏的徐州和河南的归德壤地相连，或许是从那里传过去的。倘使果是如此，则大可藉此窥见江苏北部的这一件故事的面目了。（关于这一方面，至今没有集到一点材料。）

江苏南部最通行的《孟姜女唱春调》十二月的和四季的，开封的人也歌唱，"万"字不改为"范"。借此可见河南的故事受江苏方面的影响之大。

云南传说说范希郎是陈州人（今为淮阳县），这也许和杞县有些关系。厦门《御前清曲》说范杞郎是叶州人，倘不是指的叶县，便是华州的误写。汉口《送衣哭夫》卷说范杞良是陕州灵宝县人，那边离山西的曲沃和陕西的潼关都近，恐有那些来历。

以上三说，都是说孟姜的丈夫是河南人的。

（5）湖南和云南。

湖南的孟姜女故事似乎到明代才露脸的，但很不可轻视。临澧境内有"姜女汶"，为澧水所经；它的南岸有小山，顶有"姜女庙"，建筑已旧。临澧东境为澧县，县治东四十余里有"新洲"（一作东南三十里"新城镇"），洲有"嘉山"，一名"孟姜山"，面临澧水，风景秀丽。上有"姜女庙"，甚堂皇。庙前一峰名"望夫台"，是孟姜女望范郎处。山下有石四方，各尺许，光明可照，传为"姜女镜石"，石上有很清楚的脚迹（今石已堕入水中）。台旁有小竹，名"绣竹"，一名"刺竹"，叶子破碎得像丝缕一般。相传孟姜女到台上望夫，一路做着针黹，随手把针划叶，后来就变成了新种。孟姜女的故宅在山麓。明嘉靖十三年（一五三四），湖南巡抚林大辂和澧州知州汪倬增修庙宇，名"贞烈祠"，又有"百炼堂"。里人李如圭作祠记，说孟姜女是秦时本州人，夫范郎往筑长城，她在山上筑台而望；久久不归，她不惮险远，亲往寻觅；但寻夫之后莫知所终。李如圭是到过同官，听得那边的故事的，于是他并合了两处的话，说她是生在澧州而死在同官的。后人信这说的很多，澧州便真成了她的出生地了。

这个故事，依我的猜测，和舜妃是有关系的。《山海经·中山经》云："洞庭之山，帝之二女居之，是常游于江渊，澧沅之风，交潇湘之渊，是在九江之间，出入必以飘风暴雨。"这是说洞庭的女神常游于江、澧、沅、湘之间，以至常有风雨，原为楚人对于洞庭多风雨的一种神话的解释。《楚辞·九歌》中有《湘君》和《湘夫人》二篇，叙述相思望远之情，非常的轻迅昳丽。篇中都有"捐余玦（一作袂）兮江中，遗余佩（一作褋）兮醴浦"的话，"醴"即"澧"。湘君和湘夫人当然都是湘水之神；篇中有"帝子降兮北渚"的话，或即《山海经》的"帝之二女"。自战国末以"帝"为人王阶位的称号，又适有舜娶尧二女的传说，于是秦博士就说湘君是尧女。适会舜有"野死"之说，于是《述异记》和《博物志》等书都说舜崩于苍梧之野，尧之二女娥皇、女英追之不及，相与恸哭，以涕挥竹，竹上文为之斑斑然；其地又有"相思宫""望帝台"（这种话虽初见于晋人的书，但看秦博士的话，这种传说是早应有的）。因为有这个传说，所以洞庭东岸有"黄陵庙"祀尧女。又因尧女有这样一段哀艳的故事，和杞梁妻很相像，所以容易起人联想，例如庾信《哀江南赋》云，"城崩杞妇之哭，血染湘妃之泪"，又《拟咏怀》云，"啼枯湘水竹，哭坏杞梁城"，都是。临澧和澧县在洞庭之西，正是帝女湘君游嬉的地方，与黄陵庙亦遥遥相对。说不定舜妃的故事传去之后，他们把帝子湘君忘了；孟姜女的故事传去之后，他们又把舜妃忘了，把舜妃那一套家伙都赠与她了：所以舜妃有"望帝台"，而孟姜女有"望夫台"，舜妃挥泪于竹而成斑文而孟姜女也把针划叶而成"绣竹"。

湖南西部乾城县的民歌说孟姜女寻夫有"踢一脚来哭一声，万里城墙齐齐崩"的话。城崩由于脚踢，和云南传说相同。

湖南的孟姜女故事在东面几省似乎丝毫没有势力，但西面的云南省则颇受到它的影响。昆明的孟姜女故事的唱词有三种：一，《孟姜女寻夫》，是卖唱的瞎子们唱的；二，《孟姜女哭夫》，是小孩子们唱的；这两种都是小曲。三，《孟姜女全传》，分《鸳鸯配》《尽忠义》《阴曹府》《平山岭》四卷，很像弹词，是和着金钱板、道琴等乐器而唱的。全传书首叙述历代沿革，至"嘉庆皇帝登龙位"而止，自是嘉庆间人作的。内容大概说：秦朝湖广澧州孟家庄富翁孟老者，妻王氏，生女孟姜女。孟姜年十六，父年已近八十，亟欲替她招赘。一天，老者得梦，土地指示他，明天有一少年来借宿，可招为婿。果然，翌日有一自称应考归家的范希郎叩门借宿，老者问明来历，知道是陈州范员外第三公子，就把他招赘了。成婚三日，忽有钦差牟合来拿逃兵，他们才知道秦王筑长城，范郎被征当兵，因他生得伶俐，秦王赐给他令箭、飞虎旗，叫他管十万人马。他在沙场贪了玩耍，天天打阵摸混江（当是赌名），把赐来的东西都输去了。秦王知道大怒，贬他亲自筑城。日挑土，夜挑砖，受苦不过，逃了回来，哪知竟结下了这重姻缘。这时范郎被捕，姜女送了一程，痛哭而回。他到了京师，秦王令御林军将他四十军棍打死，尸骸筑在长城之内，使他永世不得翻身。姜女在家等了三年，杳无信息，朝夕啼哭，哭声惊动了森罗大王，命判官查生死簿，知道范郎是娄金狗转世，姜女是鬼金羊转世；范郎阳寿未绝，死后居枉死城中。他便放他出来，令他托梦与妻。他告她，他的父名范德仲；又请她前往长安收取尸骨。她醒来，就别父母向长安而去。到平山袁达关，为强盗所抢，锁闭后堂；幸牢头好心私放。到界牌路，不能辨路，跌死尘埃；太白星君下凡救她，把她渡过洋子江；又赐她乌鸦一对领路，她跟着到长安。乌鸦站在长城上，她就对城踢脚大哭，北门城墙一齐崩倒。她滴血认骨，滴到第七尸，认到了，巡城官周易感她的孝（意义见下），带她上朝启奏。秦王嘉其千里寻夫的大孝，传旨将尸领回，封她为一品贞节夫人，令澧州知州当衙建造节孝牌坊，上写"冰壶玉洁节孝孟姜女坊"十大字。她到澧州，知州迎旨，盼咐人马轿子送她归家。她到家时，知道二亲都已身亡，愈加悲哭。忽然想起范郎托梦的话，陈州有他的父母兄长，就派人接到澧州，合为一家。姜女寿至九十九岁。这一个传说如果确与澧州方面的一样（过袁达关时，叙述湖广及澧州的钱粮和风景等甚详，想来未必是云南人作的）。那么，孟姜寻得了夫骨之后原是安安稳稳地回家的，说不定澧州还有她的坟墓呢。

　　云南南部的个旧县有歌云："你是山中一块柴，拿来人间做骨牌，……低头吃水孟姜女。"可见云南有把她的故事画上骨牌的；画中作低头吃水之状，当是受陕西哭泉的影响。

　　四川和贵州方面的材料全没有得到。（云南刻本《孟姜女全传》虽标"西蜀荣焕堂刻本"，但据陈松年的证明，乃由荣焕堂的主人系川籍之故。）云南既能隔省而受湖南和陕西的影响，想来那两省的传说也是属于这一系统的。

(6) 广东和广西。

广东海丰客家族说孟姜女是一个孝女。她的父亲给人埋在长城下；她傍城大哭，城墙为她倒塌了八百里，她把父尸觅到了。后来补筑倒塌的城墙，终于随筑随崩，故至今长城依然留着缺处。又海丰十二月山歌也说"哭崩长城八百里"（广西《花幡记》也这样说）。海丰《邪歌》有"四角面巾涂里拖，中央绣出孟姜女"的话，可见这件故事有登入绣货的。又有二谜，把孟姜女做谜面。海丰东面的潮州，歌曲中有《送寒衣》，见《百代公司留声片目录》。

以上诸项，别的都很平常，惟独说孟姜女为孝女是一件可惊诧的事实。这个疑窦直到见了广西的唱本时方才明白。广西刻本《歌钱临风》中列孟姜女为"二十四孝"之一，但只说她寻丈夫的骸骨，又《花幡记》也以"目莲救母""孟宗哭竹"等起，而以她的"送寒衣"为行孝之一。读了这些，才知道那边的人民不但称子女善事父母为孝，即妻妾的善事夫君也是一例地称为孝的。后得云南的《孟姜女全传》，说城官和秦王都为她的孝心所感动，始知道西南各省关于这一义是很普遍的。孟姜的变为"孝女"而寻父尸，当然由此转讹。

福佬族对于这件故事的传说，是：秦始皇有一宝鞭，给他一打，天下的石都归到长城下。孟姜女的丈夫被点，身弱不能作工，不久死去，给人埋在城下。孟姜女寻到长城，知其已死，大哭不已，感动了天地，上帝命五雷下降，把城墙裂开，由她取了骸骨。

广东三点会祭陈玉兰姑嫂时，须读一篇很长的哀歌，里面也有"孟姜女寻夫"的故事。

广西象县的传说，是：范四郎为秦始皇点去造长城，吃不惯苦，私下逃走。六月六日那一天，风俗上不论男女，为要被除灾难晦气，都要到莲塘洗澡。孟姜女在家中莲塘举行被除，刚刚解开罗裙，忽见对面塘边有一男子伸首私窥。她因私处已给他瞧见，除死以外只有嫁给他的一法，就嫁与了。谁知结婚未满三朝，给官差侦知，把他拿去，舂在城墙内。她到长城，寻了七天七夜，横尸太多，寻不到。感动了太白金星，趁她昏死的时候，把她的灵魂引到丈夫被舂的地方，并教说她滴血之法。她醒来时，照了他的话，还是寻不到。她气急大哭，哀声震动了天地，城就崩倒了。她寻得了骸骨，负归埋葬。在这一则故事里，还保存了《同贤记》所写的形式。

象县的《孟姜女十二月歌》，意境与江苏唱春调所叙相同，完全是闺怨之辞，不说到寻夫的事实。其中称夫为"范士郎"。

桂林文茂堂刻本《孟姜女花幡记》有较完备的叙述。它说，东京秦王抽民丁筑长城，华州范杞郎只十五岁，也被抽去。他不堪其苦，夜行日藏地逃入务州（亦作武州）。务州富家女孟姜女正在思嫁，她到泗水烧香，许下三愿：凡见她在杨柳树下脱衣裳的，见她在百花楼上巧梳妆的，见她针鸶穿线绣鸳鸯的，就愿意嫁给他。六月中，她在园中池塘洗浴，把衣衫挂在杨柳树上，轻轻下水；忽见树上有人，忙穿了衣问他，知道他是范郎。她便叫他下水，和她成双。他不肯，她加以恫喝，说："如若不然，便要报官捉你这个从长安逃出的民丁了！"范郎惊怕，只得在杨柳树下依了她的请求。她带他见父母，说明情由，交拜成亲。那时夫妇谐和，如鱼得水。一天蒙恬点工，少了范郎一人；追到武州褚光县，知道他躲在孟家庄已历两个月了。他捉去后，就被蒙恬腰斩，筑在长城里。他的灵魂变了凤凰，衔书与孟姜，嘱她早嫁。她不听，做了寒衣亲自送去。一路经过泗州堂、蟒蛇村、饿虎村、雪雨村、山林、桂香村，到泗州，遭逢诸般苦辱。泗州没有船渡，龙王差野叉把他渡过了。到长城后，不见范郎，在城边哭了七天七夜，哭倒了长安的长城八百里。感动了太白星，指示她觅尸的法子。觅到后解下衣衫包了，把三尺白罗当作花幡，引了亡魂走出长安。蒙恬奏知始皇，捉孟姜上殿。始皇见她貌美，要册立她为皇后。她要求三件事：一，斩蒙恬，伸夫冤；二，唤僧道做斋诵经；三，御驾亲祭范郎，送他归天。始皇一一依了。她捧了香炉，在江边祝告范郎："有灵有威神灵现，鬼灵无感嫁君王！"说话未了，范郎显灵立在黑云头，一朵黄云托起了孟姜女，升天去了。蒙恬鬼魂呼冤，她说："我们都是星宿，是五行的相克呢！"这一篇故事极可注意：第一，她在杨柳树下逼范郎成亲，和《文选集注》所引同；第二，她包了尸骨，用花幡引亡魂出长安，与贯休诗"疲魂饥魄相逐归"语意同。恐怕广西的传说还保存得唐代的这件故事的大概。那时的孟姜女是一个活泼泼的女子，并不曾受过诗礼的化育；那时寻尸的结果是要归葬，并没有要挟了秦始皇去办国葬呵。

这个唱本里又有几处应当注意的：一是崩的长城在长安；二是泗州和武州（或务州之讹）的地名。书中说及泗州六次，务州二次，武州一次。而且孟姜女一出门已到了泗州堂，经了许多山村快到长城时又是泗州，可见作者眼底的"天下"是很小的。泗州在安徽的东北，错入江苏的西北部。武州，历史上共有六个，其中一个是下邳（见《隋书·地理志》），离泗州极近，不知是否即此。如果是此，那么，这和河南最通行的一个唱本怕有些关系了。"务州"当是"武州"之讹。如果"武州"反是"务州"之讹，那么，浙江的金华县是隋置的"婺州"，或许是"婺"字传误的。又按，务州之说在南部诸省中甚有力，不但孟姜女的故事如此，广东海丰的梁山伯和祝英台的《节义全歌》也说"务州梁家一子儿。"

（7）福建。

南宋时，莆田人郑樵在《通志》中说稗官演杞梁之妻的故事成万千言，邵武士人所作的《孟子疏》又以"孟姜"二字入《疏》，想见当时福建方面这个传说的有力。

福州平讲曲有《姜姬英女运骸》一本，言华周死于莒，他的妻姜姬英备足了金银亲往赎尸，挈婢同行，途中历尽艰苦；至九龙山，为强盗所追，华周鬼魂救之得脱。这是杞梁妻故事的分化。

近年福州儒家班中有《孟姜女》一本，中分《长亭别》《遇盗》《过关歌》等阕。《过关歌》有旧唱和新唱两种：旧唱即是浙江的《孟姜女四季歌》；新唱也是闺怨体。《遇盗》中有"恨恶仆起谋心将婢来害，可怜奴孤身失落山林"之句，和浙江、江苏的故事相同。

厦门调有《捉杞郎》，见《百代公司唱片目》。厦门的《御前清曲》是采元明杂剧散套译为土语的，因康熙中曾一度进御，故名；曲中关于这件故事的有五阕，一为《路叹》，二为《到长城》，三为《见蒙恬将军》，四、五为《哭夫》；中说范杞郎是叶州门道村的秀才，早丧父母。厦门又有通行的唱本两种：一即桂林《花幡记》；一是《孟姜女哭倒万里长城歌》，厦门人敕桃仙用土话编的。歌中说，武州孟家庄的姜女在家思嫁，在城隍庙烧香许愿。六月到园内洗浴，遇见杞郎，成了婚配（情节与《花幡记》同）。蒙恬点军，不见杞郎；屈指一算，知道他逃在孟家，便派兵捉获，押到长城斩了，葬在城内。他的灵魂变了莺哥，到姜女处报说他死了。她做了衣送去，经过了泗州堂、百花巷、西山当、大东山、恶蛇村、猛虎埔、麒麟墩、太行山、树林堂、洋子江、三条路，碰到了许多危险；由神灵保护，始得过去。太白金星化做白鹤，把她引到了长城。她问番官，知道杞郎已死，大哭，哭倒了长城数百里。杞郎神魂灵应，三十六骨化为一堆。她滴血觅得后，用衫裙包骨，脱乌巾做幡，烧化纸钱，引魂还去。蒙恬把她捉到宫中，秦王要娶她做后；她要求了建庙宇、杀蒙恬、亲身下愿几件事情，他都依了。三个月后杞良庙宇造好，姜女入庙行香，蒙恬破腹斩首以祭。杞郎神魂化做祥云，她就逃入。秦王见其白日上天，骂为妖精。她在云头回骂三声，骂得他两脚浮浮，落在东海里做了一头春牛；年年春天给人看，留下了万古的恶名。这篇故事是大体根据于《花幡记》的。

（8）浙江。

平湖县治东二十九里有苦竹山，又名捣衣山，离乍浦镇二里，高丈余，广数亩。山下有"孟姜捣衣石"，旧名"一片石"。乍浦八景，其六曰"孟姜捣石"。乍浦又有孟姜故居。这一说只见于《平湖县志》，或者是早已忘却的传说了。《花幡记》说姜女住在务州；务州若是"婺州"之误，那么金华或许也有孟姜故居。

绍兴一带是孟姜女故事极盛行的地方。"目连戏"中有"孟姜女戏"，戏中的故事大概是：有两个贼到一个员外的家里偷南瓜，回来剖开，里边乃是一个人。他们怕了，送回去。员外把这孩子养大，名为万喜良，后来秦始皇造万里长城，要有一万人筑在城里，惟有万喜良一人可以抵当万人，便下令捉拿。孟姜女也不是人生的，是在葫芦里生的。又绍兴中秋祀月必供南瓜，相传古时有月华堕入瓜内，剖开看时成一女子，即孟姜。这些传说有两点是该注意的：其一，万喜良和孟姜的本体就是神仙，不像他处的传说必须死后成神或神人投胎；其二，是把这件故事落在厌胜的模型里，不像别的地方说范郎因私逃被杀或体弱病死而筑在长城内的。厌胜的传说，江浙一带都很流行。就绍兴说，明知府汤绍恩在三江筑应宿闸不成，梦神告须用木龙血胶合；正踌躇间，忽见一学童的书包上署名莫龙，顿悟神语，执置之石下，闸基乃固；后在闸旁立莫龙庙祀他。近年造沪杭甬铁路到曹娥江，预备筑铁桥，适教育厅调查学龄儿童，一时谣言蜂起，说凡是调查到的儿童都要填塞在桥底的。因为有了这种背景，所以这件故事也就跟着变了。

绍兴流行的《孟姜女四季歌》，即是福州的《过关歌·旧唱》；不知道这是那里做了流到那里的。至《十二月花名歌》，则是江苏的歌而流入浙江的，因为唱春调是江苏的调子。这歌几乎在浙江全境内通行。

浙江的孟姜女唱本似乎都是江苏传过去的，惟宁波老凤英斋刻的《孟姜女五更调》是用宁波话做的。

绍兴道士作法事，内有"翻九楼"一项，高搭了棹子翻弄花样；花样中的一种唤做"孟姜女纺花"。平湖"羊皮戏"（剪羊皮作的影戏）中亦有孟姜女送衣事。又男巫祭神和石匠工作时所唱辞也都有此。摸数算命和鸟衔牌算命中也都有画孟姜女的牌。又骨牌游戏中有一种排列猜枚的方式，唤做"孟姜女寻夫"。

上海印的唱本和演的戏剧，有几种说范纪良是余杭人。余杭离平湖不远，或许是捣衣山的故事所演化的。今将《戏考》中《万里寻夫》和弹词本《孟姜女》合叙于下。秦朝的兵部尚书余杭人范启忠与赵高不睦，死后其妻蔡氏继逝，单传一子纪良，在家读书。始皇要造万里长城，赵高借此报仇，说长城工程浩大，须伤百姓万人；范纪良是一个奇异之人，若得他祭禳，可抵万人之用。始皇准奏，令蒙恬前往捉拿。吏部尚书李洪和范启忠交好，派人急速送信。纪良逃到松江，进孟隆德花园歇息。隆德亦曾官上大夫，因始皇无道，告老还家。他只有一女名孟姜，因曾梦见观音，对她说必须见她肌肤的人才可嫁，故父母和她议婚她都不愿。这一天，她在园中扑蝶，用力过猛，扇落池内。她正挽起衣袖，探水取扇，纪良怕她跌下，不觉喊声"小心"。她见了他，询问来历；他直说了。她因臂膊已给他瞧见，便禀明父母嫁他。不意仆人呼唤傧相喜娘，消息漏出，给蒙恬捕去；始皇令在长城下斩了。孟姜备了寒衣，亲自送去，由仆人孟兴、婢女春兰伴送。途中孟兴起了不良之心，将春兰推落涧中，逼孟姜和他成亲。她假说要取山腰红花为媒，把他也推落涧中去了。她独行到了顺天，关官疑她是流娼，要她唱曲，她就唱了一首《四季歌》（即福州《过关歌·旧唱》）。她到长城，知道丈夫已死，大哭，哭崩了长城墙的一角。蒙恬见了她，送至朝中；始皇欲封她为妃。她要求三事：一，将范纪良尸首礼葬；二，满朝文武挂孝；三，礼毕到望萍桥望乡。始皇一一依了。礼毕，她回转行台，修书与母诀别，就到桥上跳水而死。孟隆德接到这信，由别房过继螟蛉；范家也立了嗣。在这个故事里，多出了范郎父亲的和赵高结怨，观音的托梦给孟姜女，孟兴的杀婢欺主，关官的勒迫唱曲等等，和江苏的故事同了一半。

（9）江苏。

江苏南部的孟姜女故事是最后起而现在最占势力的。凡是这一方面的故事，都说孟姜女是华亭县人，万喜良是苏州元和县人。因为江苏的文化发达，上海书肆操着全国书籍的发行权，所以上海石印的孟姜女唱本直销到浙江、福建、湖北、山东、河南、山西诸省，无形中改变了全国民众对于这件故事的记忆。现在北京的秦腔女演员演孟姜女剧，也说孟姜的丈夫姓万而是元和县人了，她过关时也唱花名歌词了；湖北熊佛西先生在美国寄回来的《长城之神》的剧本也以"万喜良"为名了，孟姜女的嫁他也以"扑蝶落扇，臂为他见"为原因了。

　　江苏南部民间最流行的是唱春调的《孟姜女十二月花名》，或是由十二月花名节缩而成的《四季花名》。这种歌也传到浙江、湖北、河南等处，浙西尤通行。歌中全是闺怨之词，借了孟姜女的名字而写出思妇的悲哀，和这件故事的本身并没有什么关系。例如"桑篮挂拉桑树上，勒把眼泪勒把桑"，不即是唐人诗中的"提笼忘采叶，昨夜梦渔阳"吗？"满满斟杯奴不喝，无夫饮酒不成双"，也不即是《诗经》中的"岂无膏沐，谁适为容"吗？但新编的《孟姜女特别花名》（上海久益斋石印本）和《最新孟姜女十二月花名》（南京刻本）都是有本事的了。又苏州恒志书社刻本《孟姜女五更调》说"听唱好新闻，新闻有名声"，又把这件故事认作了新闻了。

　　河南唱本说范和孟都是江宁人，不知道在江宁本地有这个传说没有？普通都说孟姜为华亭人，当是由华州演变来的。孟姜生于南瓜中的传说，民众间亦承认，但不及绍兴的普遍。又苏州有"裙带鱼（狭长的海鱼）为孟姜女的脚带所变成"的传说。

　　有一个最通行的唱本名《孟姜女万里寻夫》，不知道印过几千万册了，几乎每个小书摊上都找得到，各省也都传去了。这唱本上说，秦始皇造长城，没有神仙不能造成，伤百姓太多；天上神仙知道了，化了凡人送信，说苏州万喜良可抵一万人。始皇听得大悦，立下皇榜捉他。榜文挂到苏州，万员外打发儿子逃生。他逃到松江，匿在孟家花园的树下。这天孟姜到园游玩，一阵狂风，把她的扇子吹入池中；唤婢不来，她就脱去了衣服下池捞取。忽见树下有人，问知其故，她便说："我是立过海誓山盟愿的，见我白肉的是我的夫君；现在我就嫁给你！"同到父母处，说了。正在挂灯结彩，给外面知道，把孟家围住。喜良捆绑上船，到长城时已患病；筑城三天就死了。孟姜准备寒衣，叫孟兴送去。孟兴知道喜良已死，到苏州嫖赌完了。孟姜梦见喜良，得悉实情，决心自送寒衣。过了终七，辞别父母而行。她经苏州后，到浒墅关，关官逼她唱曲，她就唱了《十二月花名》。一路走去，经过望亭、无锡、高桥、六社、横林、戚墅、丁堰、常州。她到清凉寺中叩祷，观音命韦驮和城隍保护，土地引路，限于七日七夜内到长城。从此经丹阳、镇江、黄河，到长城。她向城大哭；喜良阴魂显圣，城倒露出尸骨，她滴血认了。魋子报了上去，把她解至金殿。始皇见她貌美，要封为正宫。她要求三事：一，制长桥一座，十里长，十里阔；二，十里方山造坟墩；三，万岁身穿麻衣到坟前祭奠。他件件都依了。工竣后，排驾起行，过长城，上长桥，过了长桥到坟前。祭毕，始皇要她同回宫庭；她骂了他一顿，投入长桥下死了。皇后知道，封他们夫妇为"大王"和"天仙"，又骂始皇无道。他大怒，绑皇后到法场。太后知道，赦回皇后，封赠喜良们。这个故事除了末段的滑稽趣味以外，可注意的是它所用的地名。它记苏州到常州的驿站很清楚（即今沪宁路所过的几个站），但常州以西就只知道丹阳、镇江两个大城，过了镇江就只知道是黄河与长城了。在这样寒俭的地理知识上，可以见出作者确是一个苏州的民众文学家。

还有一本《孟姜仙女宝卷》，也是很通行的。现在所知道的它的流传的地方，已有浙江、广东、广西诸省了。卷中说，冬至节，诸仙叩贺玉帝退班后，各自游行三界。仙姬宫管蚕桑的七姑星，斗鸡宫管禾苗的芒童仙官，游到南天门前，望见下界杀气冲天。芒童仙知道秦皇要造万里长城，立愿去救万民灾祸。七姑仙劝住他，不听。她心中不安，要救仙弟的难，也下凡了。芒童仙投到苏州万家，名喜良，父万天心，母郑氏。七姑仙到华亭，不愿受胎产的血污狼藉，见孟家庄冬瓜甚大，就遁入瓜中。这一颗冬瓜，是孟家仆人孟兴所种，但瓜藤牵到隔邻姜家而生。孟家主人孟隆德是一个财主，没有子女。姜家只有一个年近八十的老婆婆，孤苦非凡。这天孟兴去采瓜，姜婆因生在她的地方，和他争夺。地保判断，两家对分。孟兴正要切下时，仙女在瓜中着急大叫。他们大胆问明，在边上剖开，只见里面端坐着一个女孩。孟兴把女孩抱去；姜婆抢不到手，奔到县署声冤。县主断此女为两家公有，取名孟姜女；姜婆和孟公合为一家。两家都满意而退。不久，姜婆死了。孟姜长成，父母要替她招赘，她说愿意修行侍亲。其实，她很明白，她此来是为接应仙弟的，不过借此推托而已。一天，玉帝登坛，查悉他们私自下凡之事，大怒，命太白金星降下童谣。始皇听得童谣中有"姑苏有个万喜良，一人能抵万民亡"的话，就出皇榜捉拿。喜良逃到松江，见座花园，挨进暂停。其时孟姜念佛课毕，到花园散心，忽然一阵狂风，把她吹跌莲池之内。她连叫救命，惊动喜良，跑出挽她起来。孟公出来，问了他的来历，孟姜心中明白，是为了结这一段尘缘来的。孟公向他说亲，即行喜礼。不料给钦差知道，在合卺时捕去了。他到了长城，城官因其代万民而死，侍奉十分殷勤。李斯奏请郊天祭地，赐万喜良王爵，封为"长城万里侯万王尊神"。始皇从之，亲往致祭（祭文上写"正统十年"）。他一路受尽惊吓，已病半月，此时魂不附体，如木偶一般。太监、武士等替他换了衣冠蟒袍，扛在长城地坑中，四面泥土掩定。他一灵回家，托梦给父母，说封了万里侯，死也甘心了。他又到孟姜处去，见她正在哭着说："当年劝你不要下凡，你不听我，现在害得奴同来受苦！"他托梦与她，嘱其亲到长城，请始皇敕建"万王神庙"。她辞别父母，哭泣上路。到了潼关，大哭一声，城头坍了；原来喜良显灵，把他的尸骨露了出来。潼关总兵把她解到金殿；始皇见其美，要她嫁与。她要求三事：一，造丘坟；二，造万王庙；三，御驾亲祭。他一一依了。一个月后完工，始皇亲祭，焚帛烧锭，火光熊熊。她渐渐近火，始皇正唤她留心，她已跳到火里，化作一阵青烟，上天去了。始皇叫苦连天，命人寻看尸骨，但毫无踪影。他疑心孟姜是仙女，又在万王庙旁造起仙女宫来。孟隆德与万天心本是好友，此时万家老夫妇把住宅舍与常州清凉寺，遣散僮仆，住在孟家。四老一同念佛修道，南海大士前往点度。孟姜上天，和喜良相见，携手同归，拜见四位父母。大士降临，带领他们同见玉帝。家僮使女从长城归来，只见四老盘足而坐，音乐喧天，冉冉脱凡上天去了。大士向玉帝说情，赦芒童和七姑无罪，复原职；四老也派了天官职事。这篇故事，婆子气重极了，只因"宣卷"的事本是在婆子社会中流行的。它说万喜良本是为救万民来的，孟姜女本是为救仙弟来，而又未经投胎，不昧本性，一切的痛苦都是她豫料到的，太白星的降童谣是为完成喜良们的志愿的，她跌到池内是给风吹下的（无扑蝶的游戏，也没有裸浴的轻荡），喜良葬在长城内是穿了蟒袍封为"万里侯万王"的，万、孟两家父母都是由大士超度到天宫的，这是何等的慈祥，何等的有礼仪，何等的美满呵！

还有两种章回小说，是脱胎于上面说的唱本、宝卷、戏本的，都是上海石印本：一唤做《孟姜女万里寻夫全传》，凡十六回；一唤做《哀情小说孟姜女》（又名《万里寻夫贞节传》），凡十二回。这二种也都流传到直隶、河南、湖北诸省。

《万里寻夫全传》中说，孟姜是孟隆德晚年所生，长益美慧。她从一绣花娘学绣，这人是一个节义妇人，教她读书，数年中学成了满腹经史。

万喜良在苏州，以学问著名。其时始皇要造长城，有一散仙恐其伤百姓过多，知道喜良是仙人转世，该受此劫，就往见始皇，说万喜良可抵代一万个夫役的死。始皇就行文到楚国，令楚王捉拿，楚畏秦强，只得到苏州张贴榜文。万员外嘱儿子易服逃生；县尹往查，说是喜良游学齐鲁去了。秦使回国，始皇大怒，传旨"无论何国一体严拿"。这时孟姜十六岁了，父母正要同她招婿，她得了一梦，梦见花园中莲开并蒂，鸳鸯交颈；正在赏玩时，却起了一个霹雳，风雹齐下，把莲花打碎，鸳鸯打死了。她醒来，到父母处说起此事，他们也说得到了同样的梦。这天，孟姜绣倦，进花园纳凉，忽见一双飞舞的蝴蝶，上前扑着。不料用力过猛，跌入池内，两腿沾泥。因在夜间，就脱衣洗澡，全身白肉为万喜良所见。她抬头见他，羞得无地自容；穿衣唤他，问明情由，便要嫁与。喜良不肯；她拉他到父母处，以死求婚，他只得应允了。消息漏泄，钦差趁结婚时前往搜查，终于在柴房内搜出。喜良到长城作工三天，就死了。督工官命人把他埋在城内，不到数天城工已完，以前坍塌的地方也都修好。始皇欢喜，封他为督理长城之职，派王贯代主祭他。孟家派孟兴前去探视；他到时正值御祭，回来不敢声张，只说姑爷卧病。他们又派他把寒衣和银两送去；他到苏州眠花宿柳，一年后用光了才回去，说姑爷死了。这夜孟姜梦见喜良，具悉孟兴诓骗之事；明天要捉他时，他早已逃走了。她立志前往寻骨，过了七七，和仆孟和、婢小秀同行。喜良托梦时，曾给她一双黑鞋，醒来时变了一对小鸦，她喂养着。起行之日，不知路径，在灵前祷祝，只见那对小鸦朝着她乱叫。她们起身后，就由它们领路。先到苏州，拜见了翁姑。有一天，忽地出来一个打棍人，把孟和打死，把小秀丢在山腰，原来这正是孟兴。他逼她成亲，她心生一计，把手巾包了石子，失手落在涧中，说包内有黄金二十两。他贪财心切，顺崖下取，给孟姜投石打死了。她孤身半夜走到辛店，听得一家有机声书声，请求假宿。这读书的小孩名韩信，刚七岁，已立了灭秦的大志了。她到木德川，行李给贼人抢光。到曹家店，幸遇店主相助，得了些盘缠。到浒墅关，关官不放；她唱了《十二月花名》，他也落泪了。出关后，遇见一个挈着小孩的老妇，给她一封枣子，陪她在望亭睡眠。她半夜醒时，面前睡着大小二虎，她惊骇晕去。明天醒时，只见留着一个简帖，上写"浒墅关土地奉了菩萨法旨令本关山神母子前来搭救；所食枣名火枣，是仙家的妙品，食过十二枚便可一年不饥不渴"。自此以后，她不吃东西，行路也有精神。她在路上日诵经卷，黑夜也不停宿，只管往前走。有一天，她走过一条有妖怪的山路，给她天宫中的姐妹麻姑和许飞琼救了，从云中送到无锡。孟姜由此过高桥、六社、横林、戚墅、丁堰到常州。常州南门有个清凉寺，她叩门求宿，招待她的两个女冠原来是华周、杞梁之妻。她们自哭夫之后，虽蒙齐君抚恤，终是穷无所依。二人往山中挖菜煮食，忽然挖出了一个何首乌，吃后白发变黑，绉纹平舒，不饥不渴，年纪不过二十外，众人都称她们为仙人。活到一百余岁，亲丁俱无，又加乐毅伐齐，国内大乱，恐为强暴所污，到清凉寺出家。自从到此以来，已经了一百余年了。这天，孟姜女进殿哭拜菩萨，梦见菩萨命韦驮和各府州县城隍土地在七日七夜之内送她到长城；又令浒墅关山神将劫贼押到长城，将赃物跪献与她。华周、杞梁之妻听得了菩萨的命令，十分钦敬，说她这样贞烈，自愧不如。她到丹阳，见慈航寺香火极盛，进去参拜，忽然霹雳一声，把能言的活菩萨打死，现出白毛老猿的本相，原来它受不起她的一拜，送行的韦驮把它打死。在这里，她又遇见了高渐离之妻。从此到金山，因无钱渡江，到大王庙祷祝，大王把她在蒲团上送过去了。她到黄河，又无法渡过，愤激投下，韦驮把她送过去了。第七天上，果然到得长城。她依了神示，找到了六角亭，拍着城墙大哭，把头碰去；许多神灵着了急，赶紧推倒一段城墙。她昏晕醒来，见死了的劫贼跪在旁边，将衣包跪献。她把包打开，把骨殖一段段地拾取，放在衣服里；缺少一双鞋子，两只小鸦落下来，就是鞋了。这时守城官奏知朝廷，始皇派赵高提捉。孟姜见了赵高，破口大骂。赵怒，命将喜良骨烧化成灰。兵卒去时，见有两虎守着，不敢走近。赵高带孟姜见始皇，不易孝服；始皇爱其美，命王贯替他说亲。孟姜要求三件事：一，造十里长桥；二，造十里方阔的坟茔；三，皇帝和大臣往祭。始皇一一依了。这座桥跨过了鸭绿江，好似飞虹亘天。祭后，始皇要孟姜同归。她一直跑到长桥，大骂始皇，高叫丈夫，跳下去了。始皇叫人打捞，不知去向，原来她的尸紧贴在江岸呢。始皇回京后，她又自己发上岸来。守城官把她盛殓，暗暗地埋在喜良坟内。皇后骂了昏王，险些遭斩，被太后救下。万员外听得孟姜死耗，立主招魂，又为他过继一子，到松江搬取隆德夫妇同居，弄孙自娱。这本小说大约是一个略略通文的人做的，所以他知道那时的苏州属于楚国，又知道有高渐离、韩信诸人。最奇怪的，他会使孟姜女和杞梁妻会面，并使杞梁妻自愧不如。

《哀情小说孟姜女》里，用的新名词很多，分明是这十几年中的作品。起首与宝卷一样，叙述孟姜的诞生的神话。下说万纪良的父万启忠与赵高不睦，辞职退隐。太白星降下童谣，赵高公报私仇；李斯谏阻无效。皇榜挂到苏州，纪良由家人万祥陪伴逃出。中途，万祥给土匪杀害了，包袱银两悉被抢去。纪良到孟家花园，与孟姜相遇。正在合卺时，即被蒙恬捕去。解到长城，封侯受祭，埋于城内。他的魂到孟姜处，听她正哭述天宫谏阻下凡的事，他恐和她见面后她要寻死，不如让她到长城去吃一番辛苦，造一座庙宇的好，就不托梦与她，飞向外面去了。孟姜亲送寒衣，途中婢为仆害，仆又受孟姜的诳而落涧，她一人独行，作歌自叹（闽、浙通行的《四季歌》）。过把城关（即长城总关），关官疑她是歌妓，要她唱曲，她就唱了《十二月花名》。她一路哭泣，到了潼关，寻觅不到，披散了头发撞去；万杞①良阴魂把城一推，城就开了。蒙恬送孟姜上殿，始皇要娶她。她要求件三事：一，殓纪良，埋长城下；二，万岁亲自祭奠，文武挂孝；三，丘坟前造一座"万里长城侯万王神庙"。始皇都依了。祭毕，她和他携手至望萍桥上，纵身向河中跳下；即化为仙体，和纪良同驾云头到松江会见四老告别，上天宫归位。尸首捞不着，李斯请建仙女庙。这是全把宝卷作底而用他种有力的传说（如万父和赵高结怨，孟姜女途中唱歌，跳水而死）修饰的。

（三）研究的结论

这一件故事仅仅断续地研究了一年多，所得的材料亦仅由同志钱南扬（肇基）、钟敬文、刘半农、郑鹤声、郑宾于（孝观）、常维钧（惠）诸先生供给，虽已激起了许多人的"小题大做"的批评，但我自己觉得，这实在是极不完全的。（读者不要疑我为假谦虚；只要画一地图，就立刻可以见出材料的贫乏，如安徽、江西、贵州、四川等省的材料便全没得到；就是得到的省分每省也只有两三县，因为这两三县中有人高兴和我通信。）我想，如能把各处的材料都收集到，必可借了这一个故事，帮助我们把各地交通的路径、文化迁流的系统、宗教的势力、民众的艺术……得到一个较清楚的了解。这比了读呆板的历史，不知道可以得益到多少倍。至于小题大做，乃是不成问题的，因为天下事只有做不做，没有小不小；只要你肯做，便无论什么小问题都会有极丰富的材料，一粒芥菜子的内涵

---

① 此处"杞"应为"纪"。——编者注

可以同须弥山一样的复杂（但这是生着势利眼的人们所不能理会的）。现在试从这一点贫乏的材料中提出几项故事的大趋势瞧一下（里边有许多未考定的事实；因便于称说，不悉列明）：

第一，就历代的文化中心上看这件故事的迁流的地域。春秋战国间，齐鲁的文化最高，所以这件故事起在齐都，它的生命会日渐扩大。西汉以后，历代宅京以长安为最久，因此这件故事流到了西部时，又会发生崩梁山和崩长城的异说。从此沿了长城而发展：长城西到临洮，故敦煌小曲有孟姜寻夫之说；长城东至辽左，故《同贤记》有杞梁为燕人之说。北宋建都河南，西部的传说移到了中部，故有杞县的范郎庙。湖南受陕西的影响，合了本地的舜妃的信仰，故有澧州的孟姜山。广西、广东一方面承受北面传来的故事，一方面又往东推到福建、浙江，更由浙江传至江苏。江浙是南宋以来文化最盛的地方，所以那地的传说虽最后起，但在三百年中竟有支配全国的力量。北京自辽以来建都了近一千年，成为北方的文化中心，使得它附近的山海关成为孟姜女故事的最有势力的根据地。江浙与山海关的传说联结了起来，遂形成了这件故事坚确不拔的基础，以前的根据地完全失掉了势力。除非文化中心移动时，这件故事的方式是不会改变的了。

第二，就历代的时势和风俗上看这件故事中加入的分子。战国时，齐都中盛行哭调，需要悲剧的材料，杞梁战死而妻迎柩是一个很好的题目，所以就采了进去。西汉时，天人感应之说成为一种普遍的信仰，在那时人的想像中构成了许多奇迹，如荆轲刺秦王的白虹贯日，邹衍下狱的六月飞霜，东海孝妇冤死的三年不雨，都是。杞妻的哭，到这时便成了崩城和坏山的感应，以致避兵山回，因渴泉涌。六朝隋唐间，人民苦于长期的战争中的徭役，一时的乐曲很多向着这一方面的情感而流注，但歌辞里原只有抒写普泛的情感而没有指实的人物。"此中有人，呼之欲出"，于是杞梁妻的崩城便成了崩长城，杞梁的战死便成了逃役而被打杀了。同时，乐府中又有"捣衣""送衣"之曲，于是她又作送寒衣的长征了。再从地别的风俗传说上看这件故事中加入的分子。陕西有姜嫄的崇拜，故杞梁妻会变成孟姜女。湖南有舜妃的崇拜，故孟姜女会有望夫台和绣竹。广西有被除的风俗，故孟姜女会在六月中下莲塘洗澡。静海有织黄袍的女工，故孟姜女会得织就了精工的黄袍献与始皇。江浙间盛行着厌胜的传说，故万喜良会得抵代一万个筑城工人的生命。西南诸省有称妻妾事夫为"孝"的名词,故孟姜女会得变成了寻父①崩城的孝女。其他如滴血认骨之说,如仙人下凡救劫之说,如葬姑寻夫之说,也莫不有它的来历。

第三,就民众的感情与想像上看这件故事的酝酿力。一件故事,一定要先有了它的凭藉的势力,才有发展的可能。所以与其说是这件故事中加入外来的分子,不如说从民众的感情与想像上酝酿着这件故事的方式。例如上条所举,杞梁妻哀哭的故事是由于齐都中哭调的酝酿,崩城和坏山的故事是由于天人感应之说的酝酿,孟姜女送寒衣哭长城的故事是由于《饮马长城窟行》《筑城曲》《捣衣曲》《送衣曲》等歌诗的酝酿。又如"望夫石",有它的地方是很多的。唐张籍《望夫石》诗云:"望夫处,江悠悠;化为石,不回头。"白居易《蜀路石妇》诗云:"道旁一石妇,无记复无铭;传是此乡女,为妇孝且贞,十五嫁邑人,十六夫征行;夫行二十载,妇独守孤茕。"又《续古诗》云:"戚戚复戚戚,送君远行役;……生作闺中妇,死作山头石!"宋苏辙《望夫台》诗云:"江上孤峰石为骨,望夫不来空独立,……江移岸改安可知,独与高山化为石。"《明一统志》云:"石妇山在广德州城南五十里,旧传谢氏女望夫而化为石,因名。"这些东西正与澧州、山海关、绥中的"望夫台"和"望夫石"一例:不过澧州等处已把它指定为孟姜女的遗迹,而当涂(张籍所咏)、忠州(苏辙所咏)等处则没有指实,或指定了别人(如谢氏)罢了。推原它们所以不被指定为孟姜女的遗迹之故,只因她的故事是活动的(崩城和送衣都须出门),而谢氏等因望夫而化石则是固定的。我们由此可以知道,民众的感情中为了充满着夫妻离别的悲哀,故有捣衣寄远的诗歌,酝酿为孟姜女寻夫送衣的故事;有登高望夫的心愿,酝酿为孟姜女筑台望远的故事(以及谢氏等望夫化石的故事);有骸骨撑拄的猜想,酝酿为孟姜女哭崩长城滴血觅骨的故事。所以我们与其说孟姜女故事的本来面目为民众所讹变,不如说从民众的感情与想像中建立出一个或若干个孟姜女来。孟姜女故事的基础是建设于夫妻离别的悲哀上,与祝英台故事的基础建设于男女恋爱的悲哀上有相同的地位。因为民众的感情与想像中有这类故事的需求,所以这类故事会得到了凭藉的势力而日益发展。

第四,就传说的纷异上看这件故事的散乱的情状。从前的学者,因为他们看故事时没有变化的观念而有"定于一"的观念,所以闹得到处狼

---

① 此处显然应为寻夫。——编者注。

狈。例如上面举的，他们要把同官和澧州的不同的孟姜女合为一人，要把前后变名的杞梁妻和孟姜女分为二人，要把范夫人当作孟姜女而与杞梁妻分立，要把哭崩的城释为莒城或齐长城，都是。但现在我们搜集了许多证据，大家就可以明白了：故事是没有固定的体的，故事的体便在前后左右的种种变化上。例如孟姜女的生地，有长清、安肃、同官、澧州、务州（武州）、乍浦、华亭、江宁诸说；她的死地，有益都、同官、澧州、潼关、山海关、绥中、东海、鸭绿江诸说。又如她的死法，有投水、跳海、触石、腾云、哭死、力竭、城墙压死、扑火化烟，及寿至九十九诸说。又如哭倒的城，有五丈、二三里、三千余丈、八百里、万里、十万里诸说。又如被她哭崩的城的地点，有杞城、长城、穆陵关、潼关、山海关、韩城、绥中、长安诸说；寻夫的路线，有渡浍河而北行、出秦岭而西北行、经泗州到长城、经镇江到山海关、经把城关到潼关诸说。又如他们所由转世的仙人，范郎有火德星、娄金狗、芒童仙官诸说，孟姜有金德星、鬼金羊、七星姑诸说。这种话真是杂乱极了，怪诞极了，稍有知识的人应当知道这是全靠不住的。但我们将因它们的全靠不住而一切推翻吗？这也不然。因为在各时各地的民众的意想中是确实如此的，我们原只能推翻它们的史实上的地位而决不能推翻它们的传说上的地位。我们既经看出了它们的传说上的地位，就不必用"定于一"的观念去枉费心思了。

第五，就传说的自身解释上看这件故事的变迁的样子。例如"孟姜"二字都是可以用作姓的，所以《孟姜仙女宝卷》就解释道，孟家种的瓜生在姜家地上，姜婆与孟公争夺瓜中的女儿，县官断她为两家公有，便用了两家的姓做她的名。北方的孟姜又姓许，所以河南唱本也解释道："他爹姓许来娘姓孟，认了干娘本姓姜。"我们由此可以知道，有许多传说是本来没有的，只为了解释的需要而生出来的。即如孟姜女的婚配，最早的记载只说她因杞梁窥见了她的身体，妇人之体不得再见丈夫，故毅然嫁与。后来为了解释她何以给他窥见身体之故，便想出了许多方法，或说她坠扇入池，捋臂拾取，为他所见；或说她入水取扇，污了一身的泥，就此洗浴，为他所窥；或说她被狂风吹落池中，为他所救；或说她怀春思嫁，烧香许愿，愿嫁与见她脱衣裳的人；或说她虔心事神，观音托梦，嘱她嫁与见她肌肤的人。又如范郎筑在城内，最早的记载不过说他逃避工役，故处死填城。后来为了解释他何以要处死填城之故，或说万喜良自愿替代万民灾难；或说仙人有意降下童谣，说只有他能抵万人生命；或说赵高和他父亲不睦，故意要杀他祭禳长城。因为各人有解释传说的要求，而各人的思想智识悉受时代和地域的影响，所以故事中就插入了各种的时势和风俗的分子。

　　第六，就这件故事的意义上回看民众与士流的思想的分别。杞梁妻的故事，最先为却郊吊；这原是知礼的智识分子所愿意颂扬的一件故事。后来变为哭之哀，善哭而变俗，以至于痛哭崩城，投淄而死，就成了纵情任欲的民众所乐意称道的一件故事了。它的势力侵入了智识分子，可见在这件故事上，民众的情感已经战胜了士流的礼教。后来民众方面的故事日益发展，故事的意义也日益倾向于纵情任欲的方面流注去：她未嫁时是思春许愿的，见了男子是要求在杨柳树下配成双的，后来万里寻夫是经父母翁姑的苦劝而终不听的；秦始皇要娶她时，她又假意绸缪，要求三事，等到骗到了手之后而自杀。但这件故事回到智识分子方面时，就又变了一个面目，变得循规蹈矩了：她的婚姻是经父母配合的，丈夫行后她是奉事寡姑而不敢露出愁容的，姑死后是亲自负土成坟而后寻夫的；到后来也没有戏弄秦始皇的一段事。因为两方面的思想有这样的冲突，所以一个知礼的杞梁之妻会得变成了自由恋爱的主张者，敢把自己的生命牺牲于爱情之下；但又因智识分子的牵制，所以虽有崩城的失礼而仍保留着却郊吊的知礼，虽有冒险远行的失礼而仍保留着尽孝终养的知礼。我们只要一看书本碑碣上的记载，便可见出两败俱伤的痕迹；倒不如通行于民众社会的唱本口说保存得一个没有分裂的人格了。

　　从以上诸条看来，我们可以知道一件故事虽是微小，但一样地随顺了文化中心而迁流，承受了各时各地的时势和风俗而改变，凭藉了民众的情感和想像而发展。我们又可以知道，它变成的各种不同的面目，有的是单纯地随着说者的意念的，有的是随着说者的解释的要求的。我们更就这件故事的意义上回看过去，又可以明瞭它的各种背景和替它立出主张的各种社会的需要。

　　我们懂得了这件故事的情状，再去看传说中的古史，便可见出它们的意义和变化是一样的。孟姜女的生于葫芦或南瓜中，不即是伊尹的生于空桑中吗？范喜郎为火德星转世，死后归复仙班，不即是传说的"乘东维、骑箕尾而比于列星吗"？秦始皇被骂后两脚浮浮，落在东海里做春牛，不即是"尧殛鲧于羽山，其神化为黄熊，以入于羽渊，实为夏郊"吗？范杞郎死而化为凤凰或鹦鹉,也不即是女娲①的溺死而化为精卫(帝女雀)吗?饿虎、毒蛇、雨雪诸村,也不即是《山海经》上的有食人的窦窳的少咸之山,有攫人的孰湖的崦嵫之山,冬夏有雪的申首之山吗?(用《楚辞》中的《招魂》和《大招》看来就更像。)读者不要疑惑我专就神话方面说,以为古史中原没有神话的意味,神话乃是小说不经之言。须知现在没有神话意味的古史,却是从神话的古史中淘汰出来的。清刘开《广列女传》的"杞植妻"条云:"杞植之妻孟姜。植婚三日,即被调至长城,久役而死。姜往哭之,城为之崩,遂负骨归葬而死。"我们只要看了这一条,便可知道民间的种种有趣味的传说全给他删去了,剩下来的只有一个无关痛痒的轮廓,除了万免不掉的崩城一事之外确没有神话的意味了。况且就是崩城的神话也何尝不可作为非神话的解释,有如王充所云"或时城适自崩,杞梁妻适哭下"(《论衡·感虚》篇)呢?所以若把《广列女传》所述的看作孟姜的真事实,把唱本、小说、戏本……中所说的看作怪诞不经之谈,固然是去伪存真的一团好意,但在实际上却本末倒置了。我们若能瞭解这一个意思,就可历历看出传说中的古史的真相,而不至再为学者们编定的古史所迷误。

---

① "女娃"应是"女娲"。——编者注。

三、孟姜女故事研究的第二次开头①

孟姜女故事专号在《歌谣周刊》上发表了九次了。现在《歌谣周刊》并入《国学门周刊》,这个故事的研究文字就要在这个新周刊上作长期登载的材料了。

《歌谣周刊》虽出版了三年,看见的人依然不多,所以在这个新周刊出版时,应当把孟姜女故事的研究的经过作一个简单的说明。

一九二一年的冬天,我为了辑集郑樵的《诗辨妄》,连带辑录他在别种书里的诗论,因此在《通志·乐略》中见到他论《琴操》的一段话:

> 《琴操》所言者何尝有是事!……君子之所取者但取其声而已。……又如稗官之流,其理只在唇舌间,而其事亦有记载。虞舜之父,杞梁之妻,于经传所言者不过数十言耳,彼则演成万千言。……

杞梁之妻即孟姜女,这是我一向知道的;但我却并没有想到"初未尝有是事,而为稗官之流所演成"。经他一提示,才知道里边原有一段很复杂的因缘。这是我对于她的故事的注意的第一回。

但我对于她的故事虽因郑樵的话而激起注意,终究是一种极微薄的注意,所以也不曾得到什么材料。一九二三年的春天,读姚际恒的《诗经通论》,他在《郑风》的《有女同车》篇下注云:

> 《序》……谓"孟姜"为文姜。文姜淫乱杀夫,几亡鲁国,何以赞其"德音不忘"乎!……诗人之辞有相同者,如《采唐》曰"美孟姜矣",岂亦文姜乎!是必当时齐国有长女美而贤,故诗人多以"孟姜"称之耳。

---

① 原载《北京大学研究所国学门周刊》第一期(孟姜女故事研究一〇),1925年10月14日。

读到这一段话,使我忽然想起了孟姜女,就在简端批道:"今又有哭长城之孟姜女。"经了这一回的提示,我又知道孟姜女故事的流传的久远,在未有杞梁之妻的故事时,孟姜一名早已成为美女的通名了。这是我对于她的故事的注意的第二回。

从此以后,关于她的故事的许多材料,都无意的或有意的给我发见。我对于她的故事的演化的程序,不期地得到一个线索。一九二三年的冬天,上海文学周报社要出百期纪念的特刊,嘱我撰文。我很想把这一个故事的变迁作一篇记述的文字,可是预备北行,束装匆匆,不及动笔,就把收得的材料交与我的表弟吴秋白,由他做了一篇《孟姜女故事的转变》,登在《星海》上。经了这一回文字上的联串,更把我的若明若昧的孟姜女故事的观念变成了清楚明白的孟姜女故事的观念。

自从前年冬间到京之后,因他种事件的烦忙,使我把这项研究停止了半年,几乎忘记了。去年暑中,偶然翻览京汉铁路局出版的《燕楚游骖录》,在徐水县一篇中见到了明周以庠的《忠节堂记》,郑昱的《新建孟姜女庙记》,以及《畿辅通志》《临渝县志》等书中关于孟姜女的记载。骤然发现了一个宝藏,使我感受到极度的快乐!偶和友人董彦堂谈及此事,他说他有一本河南的唱本(即专号中歌曲二所载),可供参考。他给我看时,又使我吃了一惊。孟姜女故事的现代传说,我原只有苏州唱本一册,但也没有不满足之感,因为孟姜女的"送寒衣""哭夫崩城""殉节而死"的几个节目,从没有听见差异的传说,想来是各处都同的。不料翻出这一本河南唱本,除了几个大节目外,所叙事迹全与苏州唱本不同,这就使我诧愕起来了。上一年中所发见的材料,纯是纵的方面的材料,是一个从春秋到现代的孟姜女故事的历史系统。我的眼光给这些材料围住了,以为只要搜出一个完全的历史系统就足以完成这个研究。这时看到了徐水县的古迹和河南的唱本,才觉悟这件故事还有地方性的不同,还有许多横的方面的材料可以搜集。于是我又在这个研究上开出了一个新境界了!数月之中,左采右集,居然得到这件故事的根据地七八处。

这件事情经过了近三年的酝酿,颇以得一解决为快。那时歌谣研究会正预备在周刊上多出专号,要我拣一个题目做,我就提出了"孟姜女";论题依然用《孟姜女故事的转变》。秋白这文,不过三千字左右;我的材料既搜集得多了,想来可有万余字,所以在下笔之前,就对常维钧同志说:"这期的专号由我包办了罢。"那知一经动笔,写了一万二千字只到得北宋。北宋以后，材料更多，因此想把专号分成三期，在第三期中把这文登完。那知我还未动笔做中篇，而投寄的唱本、宝卷、小说、传说、戏剧、歌谣、诗文……已接叠而至，使我目迷五色，耳乱五声，感到世界的大，虽是一件故事，也不是我一个人的力量所能穷其涯际的，于是把我作文的勇气竟打消了！老子说："图难于其易；为大于其细。天下难事必作于易；天下大事必作于细。"我要担负这项难而大的研究，所以我要从易而细的地方做起。在过去的半年中，我不作关于这件故事的全部的文字而屡作小问题的研究（如《杞梁妻的哭崩梁山》《杞梁妻哭崩的城》等），就是为了这个缘故。

我真感激许多师友的帮助，屡屡给我见到簇新的材料，使我从这些材料上发生许多小问题，可以作一部分一部分的解决。我深信这些小问题研究完毕时，这件故事的全部的研究工作必然很简易而研究材料必又很丰富，比了以前的想在三期之中作完的，在内容上真不知可以充实到多少倍。

我苦于事忙，不能用全副的精力做这项研究。但我决计把我的精力分出一部分放在这里，使我在长时期之中作连续不断的研究。现在拟每星期写些入《国学门周刊》，字数少则三千，多则五千。论文一个月作一篇。材料方面，现在自己搜集到的和他人寄赠来的都很多，预料在三年之内不致缺稿。希望本刊的读者都肯给与我一种帮助：无论看到什么材料，都寄给我；无论想到什么意见，也就告给我。材料不要怕奇怪，也不要怕复沓，因为奇怪是传说的本相，而复沓之中也尽有创见可寻。

这半年中，常有人问我："你考孟姜女的故事既是这等精细，那么，实在的孟姜女的事情是怎样的？"我只得老实回答道："实在的孟姜女的事情，我是一无所知，但我也不想知道。这除了掘开真正的孟姜女的坟墓，而坟墓里恰巧有一部她的事迹的记载之外，是做不到的。就是做到，这件事也尽于她的一身，是最简单不过的，也没有什么趣味。现在我们所要研究的，乃是这件故事的如何变化。这变化的样子就很好看了：有的是因古代流传下来的话失真而变的，有的是因当代的时势反映而变的，有的是因地方的特有性而变的，有的是因人民的想像而变的，有的是因文人学士的改窜而变的，这里边的问题就多不可数，牵涉的是全部的历史了。我们要在全部的历史之中寻出这一件故事的变化的痕迹与原因，这是一件极困难的事情，但也是一件极有趣味的事情呵。"我以为这个意思是极重要的，假使对于这个意思不能明瞭，始终以为我做这个研究是要考定杞梁之妻的真事实，那么，我的研究与他的期望当然是触处抵牾了。

这半年中，又有人问我："你做的这种研究到底有什么用处？"我对于这个问句只有一句话回答："没有什么用处，只是我的高兴！"后来想想，似乎在实利上虽没有什么用处而在观感上则确有一点用处，就是使人知道研究学问并不是轻易的事情，可以说来便来，不劳而获的。近年来，大家厌倦切实的工作而欢喜说漂亮纤巧的话，在种种的漂亮纤巧之下，自然诱引许多人看得事情太轻易，把勉力于工作看作"徒自苦"的行为。这实在是一种很不好的气象。例如他们讲到某一件事，有许多地方不明白了，就说"我是没有考据癖的，这种事情还是让考据专家去干罢"。他们不知道在学问上原不当有什么考据专家，考据原即是研究学问的方法，无论研究什么学问，就是实做某种学问的考据工作。他们既欢喜讲到学问，而又怕做考据工业（美其名曰不屑做），这真是"恶湿而居下"了！我做这项研究，在动机上说是我的高兴，在结果上说我也希望专事空谈的人看看实做研究的难处。我的工作，无论用新式的话说为分析、归纳、分类、比较、科学方法，或者用旧式的话说为考据、思辨、博贯、综核、实事求是，我总是这一个态度。我确信这一个态度是做无论何种学问都不可少的，希望在这一个态度上得和有志研究学问的人相互观摩，给专事空谈的人以一种教训。至于用材的错误，裁断的乖谬，这原是在见到之后即可更改的。我决不敢说自己是一个没有过失的人，决不敢在发见自己的过失时存心文饰；我非常愿意得到许多良师益友的极严厉的指摘与纠正。

十四，九，廿一。

四、杞梁妻哭崩的城[①]

我很高兴得到他人的指正,更高兴自己找出了错误而改正。

当我去年作《故事转变》一文时,自以为很是小心,不料没有过几天就发见了两处很大的错误。这两处错误都是关于杞梁妻哭崩的城的(六九号第五版)。心中耿耿了半年。现在借着专号第八期出版的机会,索性把这一节文字重做一通。

这两个错误,一是在评论王充《论衡·感虚》篇时,错认《变动》篇的话和它相同而不复举;一是评论崔豹的《古今注》时,说"杞国在今河南开封道中间的杞县,莒国在今山东济宁道东北的莒县,两处相距千里"。现在知道,《变动》篇的话比《感虚》篇重要得多,而且已说出哭崩的城是杞城,远在崔豹书之前;杞国也不在河南而在山东,正当莒与济的中间呢。

西汉末,刘向所作的《列女传》和《说苑》都说杞梁妻哭崩了城,但没有说明为她崩掉的城是在什么地方。

清梁玉绳说(《日知录集释》二十五"杞梁妻"条引,想是在《瞥记》中):

> 《左传》"遇于郊",《檀弓》"迎柩于路",《说苑》"闻之而哭",则城是齐之城。

这原是学者的解释;至于当时的传说如何,并不能因此而确定。

但《列女传》在崩城之后又说"遂赴淄水而死",淄水在齐国,似乎确有齐城的可能。所以魏建功先生说(本专号第六期通讯十二):

> 照《列女传》"赴淄而毙"说来,定是靠近淄水的城池。……齐

[①] 原载《歌谣周刊》第九三号(孟姜女专号八),1925年5月31日。

侯归家了，杞梁妻来迎杞梁之尸，于是有郊吊的事件。那末，这个郊当是齐都之郊，而与传说上"哭于郊"的地方颇有关系。郊是齐郊；杞梁妻受齐侯吊于室，自然室是在齐郊之里。齐都临淄；《列女传》说庄公还车诣其室成礼而去，当是庄公到她家吊了便直奔临淄而去。所以她枕梁之尸于城下而哭的时候，齐庄公则已由郊至其家吊完走了；正是她无子又无内外五属之亲而无所归，丈夫的尸首由战场载至于郊尚未能葬呢。尸首所在的城下，当是却吊所在的郊地。这郊地上的城被她哭倒时，尸首还在城下未葬，据《列女传》所记应是如此。

魏先生这番话，是说：杞梁战死后，他的尸载着回国。行到齐郊时，庄公便遇见了他的妻，到她的家（在郊）吊了。庄公回齐都，她便在城下枕了丈夫的尸而哭；哭崩了城，她投淄水死了。照这样说，这城确是齐城。但若单就《左传》上看，原只说"吊诸其室"，并没有室在郊外之意。魏先生的宗旨，在于说这城是齐的长城，故要使她的居处与哭处皆在郊。其实《左传》只说"遇于郊"，《列女传》亦但言"城下"，她的居处与哭处到底在都或在野原不能定呢。

西汉人的书里，没有指实被她哭崩的城。到了东汉末年的王充，始说定那时传说中的城是杞城。《论衡·变动》篇说：

> 或曰："……行事至诚，若邹衍之呼天而霜降，杞梁妻哭而城崩，何天气之不能动乎？"
>
> 夫……杞梁之妻哭而崩城，妄也。顿牟叛，赵襄子师师攻之；军到城下，顿牟之城崩者十余丈；襄子击金而退之。夫以杞梁妻哭而城崩，襄子之军有哭者乎？……或时杞国且圮，而杞梁之妻适哭城下，犹燕国适寒而邹衍偶呼也。……
>
> 又城老墙朽，犹有崩坏。一妇之哭崩五丈之城，是则一指摧三仞之楹也。春秋之时，山多变。山，城，一类也。哭能崩城，复能坏山乎！……
>
> 案杞梁从军，死不归。其妇迎之。鲁君吊于途，妻不受吊。棺归于家，鲁君就吊。不言哭于城下。本从军死，从军死不在城中。妻向城哭，非其处也。然则杞梁之妻哭而崩城，复虚言也！

在这一段文字中,以下诸点大可注意:

(1) 他说"或时杞国且圮,而杞梁之妻适哭城下",是他认定她哭崩的城是杞城。

(2) 他说"一妇之哭崩五丈之城",可见在那时传说中,她把城哭崩了五丈。

(3) 他说"哭能崩城,复能坏山乎!"可见那时哭崩梁山之说还没有发生,或是初发生而不普遍,他尚未知道。他从大处竭力的一驳,那知不久就从他驳诘的理由中发生了新传说!

(4) 他说"鲁君吊于途",又说"鲁君就吊",假使不是他的记错,或是后来人的钞错,便是那时的传说有说杞梁为鲁人的。

除第四条未能确定之外,其余三条都很重要。

杞国在哪里呢?我们通常查书,都说在雍丘,即今河南杞县。但这实在不是春秋时的杞国。

杞国在西周时确是在雍丘,但到春秋时已迁到了东方了。司马贞《史记索隐》卷十一《陈杞世家》篇云:

《左氏》隐四年《传》云:"莒人伐杞,取牟娄。"牟娄,营东邑也。僖十四年《传》云:"杞迁缘陵。"《地理志》云:"北海有营陵,淳于公之县。"臣瓒云:"即春秋缘陵,淳于公所都之邑。"

顾栋高《春秋大事表》卷七之二云:

淳于,在今山东青州府之安邱县。案:淳于本州国地。桓五年冬,《经》书"州公如曹"。《传》曰:"淳于公度其国危,遂不复。"淳于本州岛国之都而杞居之,是亡州者杞也。然隐三年州未亡,莒人所取之牟娄已在东土,与淳于为邻。杞本弱小,不应立国雍丘而遥属小邑于千数百里之外,则知春秋之前杞早居于东土矣。女叔齐曰:"杞,夏余也,而即东夷。"郯莒以东皆为东夷,特未详其何地耳。今青州府安丘县东北三十里有淳于故城。

又云：

> 缘陵，在今青州府之昌乐县，亦曰营陵，路通登莱。僖十四年，"诸侯城缘陵"。盖是时淮夷病杞，齐桓迁之稍北以自近；如楚迁许于叶，吴迁蔡于州来。然杜注"杞邑"，则仍为杞地之错入于齐者耳。至襄二十七年，杞复迁淳于。案：是年晋合诸侯之大夫城杞，祁午数赵文子之功曰"城淳于"。盖城杞即城淳于，是杞复迁淳于之证也。今县东南三十里有营陵故城。

读以上数则，可知杞国在春秋前迁到山东，到桓五年（公元前七〇七）灭了州国而迁入安邱，到僖十四年（前六四六）迁到昌乐，到襄二十七年（前五四五）又迁到安邱。杞梁战死的一年（前五四九），他们还住在昌乐。昌乐到临淄非常近，不过一百里左右；从莒县到临淄时，是可以经过的。

假使这件故事是说，杞梁死了，载尸回国，其妻迎上前去，在杞城碰见了；她就枕尸而哭，把杞城哭坍了（不管齐侯吊诸其室），那末，这件故事是很讲得通的。

东汉末年，邯郸淳作《曹娥碑》，有"杞崩城隅"一语，足与王充的话相发明。

西晋时，崔豹作《古今注》。他距王充，邯郸淳不远，杞城一说依然占势力，所以他说：

> 杞植妻……抗声长哭，杞都城感之而颓；遂投水而死。

他所以只说"投水"而不说"投淄水"，大约因为淄水离杞城较远，不能一崩了城就跳下去的缘故（于此可见若说投淄水，自以崩齐城为宜）。

到后魏，郦道元以己意定杞梁妻哭崩的城为莒城。他在《水经注》中（卷二十六沭水条）说道：

> 沭水……东南过莒县东。……《列女传》曰，"……妻乃哭于城下，七日而城崩"，故《琴操》云"……哀感皇天，城为之坠"，即是城也。

他所以这样说，想来是把《列女传》"就其夫之尸于城下而哭"的一语看得过真了，以为杞梁死在那儿，她就应哭到那儿，崩坏的城也应该即在那儿。但既把这句看得太真，便只得把投淄水的话丢了，改为投沭水了（他若想起《檀弓》"迎其柩于路"句，或者也要说崩坏的是杞城）！

郦道元的指定的地点，因为没有传说在背后衬托，所以它没有势力。以我所见，只有清代王照圆的《列女传注》是依着他说的：

城，莒城也。夫战死于此，因就尸而哭之。

上面说的齐城、杞城、莒城，固然不同，但总在山东的东部，没有离开这件故事的原始路线。直到唐朝，这件故事就全变了：时代也变了，地域也变了，那时的时势竟把中国中部的故事送到北部去了！

唐末僧贯休作的《杞梁妻》诗云：

秦之无道兮四海枯，筑长城兮遮北胡。
筑人筑土一万里，杞梁贞妇啼呜呜！……

这个城就是遮北胡的长城，是秦始皇的主意而杞梁们所筑。

这时长城之说既因时势的鼓荡而流传得极普遍，所以五代马缟做的《中华古今注》就稍变崔豹《古今注》的话，而说：

杞梁妻……乃抗声长哭，长城感之颓；遂投水而死。

从此以后，她的哭崩长城的故事就没有改变过。虽则有潼关与山海关的异说，原不过是小小的分支而已。

我们若已知道这件故事的来历，那末，杞梁妻的哭崩长城是无论如何讲不通的。但学者们总是好为合理的解释的，于是说道：

所谓长城，乃泰山之下长城，非辽东之长城（《职方典》卷六十三，永平府古迹。按，此类话在志书中甚易见）。

魏建功先生亦说（通讯十二）：

> 原来齐鲁之边也有城墙，或者就说是长城。……这传说中"长城"的来历，恐怕是由"杞崩城隅"的"城"字上牵连来的；而"杞崩城隅"的城恐怕又是由齐鲁的边城的实物牵连得来的。……
>
> 齐郊的城依历史上记载和地理上遗迹，可以断定有的，并且也叫做长城。那末，长城的来源在这传说中并非无可寻找的了。……后来哭倒长城的"长城"指了现今直隶山西以北的故燕赵等国的长城，乃是因为长城变了一个专名词，在秦始皇以后。长城变了秦始皇专利的工程，孟姜女哭倒的长城便也搬了家了。这是长城在传说里的沿革。……
>
> 长城由齐而牵连于秦，于是杞梁原来战死的事实变成筑城而死，而添出送寒衣的传说。这自然是叹息"武皇开边意未已"的反对边功思想的结晶，把一个传说完全改变了面目。所以我想这个故事，一变自秦始皇联接长城，再变自汉唐人感痛时艰。

志书上说杞梁妻哭崩的城是齐之长城而非秦之长城，这是事实问题。魏先生说传说中杞梁妻哭崩的齐郊之城即是齐之长城，因有了哭崩齐之长城之说而牵连至于秦之长城，这是传说的演化问题。

事实问题，早有顾炎武答复。他在《日知录》卷二十五"杞梁妻"条云：

> ……且其崩者城耳，未云长城。长城筑于威王之时，去庄公百有余年。（《竹书纪年》"梁惠成王二十年，齐闵王筑防以为长城"。按，魏惠王二十年乃齐威王之二十七年，非闵王。）

齐筑长城在齐庄公之后百有余年，她的哭崩齐长城当然说不上。

传说的演化问题，我觉得魏先生那样讲也不对。如果确是由齐长城变为秦长城，那么，哭崩长城之说至少在战国时已成立（所以秦始皇接长城时，哭倒的长城便搬了家）；何以刘向还不指实，王充、邯郸淳、崔豹还说是杞城，郦道元还说是莒城，而直至唐末时的贯休、马缟才说是长城？何以首先指实的长城乃是遮北胡的长城？何以极喜讲天人感应的汉朝人竟毫不知有哭崩长城的故事，而直至边功极盛的唐朝才忽然发见了哭崩秦长城之说？

哭崩秦长城之说是怎样来的？是唐朝的征夫旷妇的一段怨别之情所结集。他们因自己的夫妻离散而想到秦筑长城时的夫妻离散，因自己的崩城的怨愤而想到杞梁妻的崩城的怨愤，二者联结而成了这段故事。

哭崩齐长城之说是怎样来的？是学者们想：杞梁妻是不该哭倒秦国长城的；然而她是齐国人，齐国原也有长城，安知她哭崩的不是齐之长城呢？于是倒果为因了，于是杞梁妻哭倒的长城便真搬了家了！

综以上诸说，可以画一个表来说明：

时代	故事的演化	故事的来历
西汉至东汉	崩城	民间的传说
东汉至六朝	崩杞城	民间的传说
	崩莒城	学者的审定
唐至现在	崩秦的长城	民间的传说
	崩齐的长城	学者的审定

十四，五，廿八。

五、杞梁妻的哭崩梁山[①]

当去年十一月中已发表了孟姜女故事的转变之后,有一天偶翻《全唐诗》,忽见《李白集》中《东海有勇妇》篇的起语云:

> 梁山感杞妻,恸哭为之倾。
> 金石忽暂开,都由激深情。

这几句诗顿使我感到一种说不出的快意和惊骇,仿佛探到了一个新世界似的。杞梁妻的哭崩杞城和长城已经十分浪漫,如何又哭崩了梁山呢?因为这事太出奇,几使我不敢相信。但一转念间,以为里面或有一段因缘,未必李白的一时笔误。只以一时无暇去考,也就搁着。

年底接到钟敬文先生来信,他在《乐府诗集》里也看到这首诗,钞了寄我,并云:

> 读此,可知道在唐朝的时候,关于她的故事,除了崩城之说外,还另有一种崩山之说——所崩的便是梁山。这种传说是否始于唐人,我们无从考见;其在传说上,也不过是一个类似的小异点,无关于全体的重要。但在我们有意穷究他的源委的人不能不并注意到罢了。

经他这样一提,顿时激起了我的搜集材料的兴致。我以为《春秋》成公五年复有梁山崩的事,这个传说当由于"山崩"与"哭崩"的两个崩字的联合而起。因检《春秋》和三传,录出其文(《谷梁传》拼合《公羊》《左氏》三传成文,故未录):

> 梁山崩。(《春秋经》)

---

① 原载《歌谣周刊》第八六号(孟姜女专号六),1925 年 4 月 12 日。

> 梁山者何？河上之山也。梁山崩何以书？记异也。何异尔？大也。何大尔？梁山崩，壅河三日不流。外异不书，此何以书？为天下记异也。（《公羊传》）
>
> 梁山崩，晋侯以传召伯宗。倍宗辟重，曰："辟传！"重人曰："待我，不如捷之出也。"问其所，曰："绛人也。"问绛事焉，曰："梁山崩，将召伯宗谋之。"问将若之何，曰："山有朽壤而崩，可若何！国主山川，故山崩川竭，君为之不举，降服，乘缦，彻乐，出次，祝币，史辞，以礼焉，其如此而已。虽伯宗，若之何！"伯宗请见之，不可。遂以告而从之。（《左传》）

读此，可见梁山的崩虽不过由于"山有朽壤"，却累了晋景公们起了一次大忙，而春秋家也认为春秋时的一件大异事。适时是纪元前五八六年，先于杞梁战死三十七年，说不定他们夫妇还没有出世呢。

梁山在什么地方？班固《汉书·地理志》云："夏阳，故少梁，《禹贡》梁山在西北。"是以梁山为在黄河之西，今陕西省关中道韩城县地。其后郑玄《尚书注》，杜预《左传注》均同此说。这个考定，从来没有人翻过案。到清代的崔述，才以为不在陕西，而定为在河东山西省境内。他在《唐虞考信录》卷三冀州"治梁及岐"条下说道：

> 夫《诗》咏梁山而云"维禹甸之"，则此梁山即《禹贡》之梁山明甚。然则梁山当在韩地。其后韩灭于晋，故《春秋传》《尔雅》皆以梁为晋山。《水经注》谓即龙门者近之。（《水经注》云："大禹疏决梁山，即《经》所谓龙门。"）但不当又以为在河西耳。（《水经注》又云："梁山原在冯翊夏阳县之西北。"）盖缘说者误以陕西之韩城县为古韩国，因谓梁山当在河西。不知韩实河东国也。
>
> 何以言之？《诗》云"韩侯入觐"，又云"王锡韩侯，其追其貊"，则韩乃畿外之诸侯。河西，周畿内地，不得谓之入觐，亦不得锡之为连帅也。《春秋传》云："秦伯伐晋，涉河，三败及韩。晋侯谓庆郑曰：'寇深矣，若之何？'"则韩乃晋之近郊地。若在河西，秦伯不容涉河，晋侯亦不容谓之寇深也。晋惠公之入也，赂秦伯以河外列城五，东尽虢略，其地在今河南，不在河西。河西近秦而不以赂，则是河西无晋地也。魏寿余之叛也，既济，魏人噪而还。秦、晋以河

为界，则是河西无晋地也。韩、晋既在河东，梁山安得在河西乎！

惟岐无可考者。……盖此二山皆当跨河在雍、冀之界上，故能阻塞河流。……但古今山名更易者多，而梁山又属崩颓之余，难以辨识，是以不得其实。……

读了这段，可以知道春秋时崩掉的梁山确在河东，这已没有疑问。其所以致误之故，是由于汉人误认韩城之在河西。但崔氏的结语终于说"当跨河在雍、冀之界上，故能阻塞河流"，可见他亦以为梁山有一部分是在河西的。大约山西、陕西的山虽给黄河破了开来，而山脉相连，在河东梁山的对岸的山，亦可加以同样的称谓。那么，我们可以说梁山的区域是在今山西省的西南部和陕西省的东部。山西省的西南部和陕西省的东部确是流传孟姜女故事的一个极有势力的区域。就我现在知道的这个区域内的古迹与传说，列举于下：

山西曲沃县：

浍河桥土岸上有人手迹，俗传孟姜女所留。（朱书《游历记存》）

山陕交界的潼关：

寻夫骸骨，……负之而归。至潼关，筋力已竭，知不能还家，乃置骨岩下，坐山旁以死。潼关人重其节义，立像祀之。（詹詹外史《情史》）

再宣小姐到长城，到了潼关何处寻。……大哭一声城头坍，哭一程来倒一城。（《孟姜仙女宝卷》）

陕西同官县：

哭泉，在县北五十里北高山上。相传姜女负夫骸，道渴，哭之，泉涌出，其声呜咽，故名。（《图书集成·职方典》卷五一四）

世传女为许姓，……陕西同官人。（《职方典》卷六三）

孟姜……沥血求夫骨，函归，行至同官山，力竭死。土人即其遗骸，立祠以祀。（《读书敏求记》卷二）

陕西华县：

> 华州范公生一子，小名叫做范杞郎。（《花幡记》）

在这一个区域里，孟姜女的古迹与传说既这等的多，所以哭崩梁山之说的发生也是应有的事。我们现在要考查的，便是崩山之说起于何时。李白一诗可不可以做唐代传说的代表。

本年年初，接到郭绍虞先生来信，钞录俞樾的《日知录小笺》一条见赠，其下半条云：

> 按：《曹子建集·黄初六年令》曰："杞妻哭，梁山为之崩。"则又不言崩城而言崩山，亦一异闻也。

我的疑问，一旦从俞樾的书里找出了李白以前的证据，这使我何等的快乐！我便在专号第四号中答复钟敬文先生道：

> 崩山之说确是一个大发见。我初见李白这诗时，很怀疑这种传说的曾经成立，因为在别处绝没有见过。但后来又知道《曹子建集》中《黄初六年令》有云"杞妻哭，梁山为之崩"，乃知此种传说自汉魏至唐未尝歇绝，不过古籍缺佚，找不到详尽的记载罢了。推其原因，由于汉人重天人感应的奇迹，所以崩城不足，继以崩山。唐以后，孟姜女的故事偏于"闺怨"方面了，所以这个传说就无形地消失了。

自从发表了这个答复之后，我便去找《全上古三代秦汉六朝文》，看《黄初六年令》的原文；结果，使我知道这个答复中的引语竟把标点号弄错了！原文云：

> 昔雄渠李广，武发石开；邹子囚燕，中夏霜下；杞妻哭梁，山为之崩。固精神可以动天地金石，何况于人乎！

我当时看了，气为一沮：这篇中的"梁"字是人名呢，还是地名呢？如是地名，则此句应解作杞妻哭于梁山。如是人名，则此句应解作杞妻哭杞梁。地名与人名分不清楚，便不能断定所崩之山是梁山。顺手翻检余文，又见他的《文帝诔》，云：

> 于时天震地骇，崩山陨霜。

崩山和陨霜对举，正与上则相同，指的是杞梁妻的故事；但仍没有说出是哪一个山。心头痒痒的，怪不好过，就到书铺子里买了一部辑集曹植诗文最完全的丁晏《曹集诠评》，抽了一个星期日的整天工夫，把这十一卷书一起点完。我真快乐，汉魏间的杞梁妻哭崩梁山的传说竟在这书中找出一段很确实的证据了！《精微》篇（《诠评》卷五，页十九，《鞞舞歌》之四）云：

> 精微烂金石，至心动神明。
> 杞妻哭死夫，梁山为之倾。
> 子丹西质秦，乌白马角生。
> 邹衍囚燕市，繁霜为夏零。

这一喜真把我弄得"喜而不寐"，好久没有饮酒而眠，这一夜竟又逼得使用老方法了！这是三月二十九日。

但我把汉魏间的传说建立之后，又使我怀疑到唐代的传说的成立了。李白《东海有勇妇》篇题下注明"代关中有贤女"，沈约《宋书·乐志》亦谓《精微》篇"当关中有贤女"，可见李白这诗是模仿曹植而作的，我们安知这种传说不是只在曹植时一现，并没有很久的历史，而李白诗中只因摹古之故而又一提呢。我上次说的"乃知此种传说自汉魏至唐未尝歇绝"，自己又觉得不敢坚持了！我是读诗极少的，不知道汉魏六朝以至唐代的诗中尚有这类的证据没有？是不是这个后起的古典，单有曹植敢用，李白敢拟？酷望当世硕彦肯给我一个解答。

杞梁妻何以哭崩了梁山？这很明显，是由杞梁的名字上化出来的。因为杞梁的"氏"是"杞"，所以他的妻哭崩了"杞城"。因为杞梁的"字"是"梁"，所以他的妻哭崩了"梁山"。这般的故事，曹植在《令禽恶鸟论》（《诠评》卷九，页八）中也曾举出一个，并加说明。今钞在下面，借以证明"借了姓名而生出的故事"的一个例：

> 国人有以伯劳鸟生献者，王召见之。侍臣曰："世人同恶伯劳之鸣，敢问何谓也？"王曰："《月令》，仲夏'鵙始鸣'。《诗》云：'七月鸣鵙。'七月，夏五月；鵙则博劳也。昔尹吉甫用后妻之谮，杀孝子伯奇。其弟伯封求而不得，作《黍离》之诗。俗传云：'吉甫后悟，追伤伯奇；出游于田，见异鸟鸣于桑，其声嗷然。吉甫动心曰："无乃伯奇乎？"鸟乃抚翼，其音尤切。吉甫曰："果吾子也！"乃顾谓曰："伯奇劳乎？是吾子，栖吾舆。非吾子，飞勿居。"言未卒，鸟寻声而栖于盖；归入门，集于井干之上，向室而号。吉甫命后妻载弩射之，遂射杀后妻以谢之。'故俗恶伯劳之鸣，言所鸣之家必有尸也。此好事者附名为之说，令俗人恶之；而今普传恶之，斯实否也。"

这文中记的"俗传"，因博劳一名音讹为伯劳，遂说伯劳是伯奇变的，伯劳之名是由于其父说的"伯奇劳乎"之语而来，这是很好的研究故事的材料。可惜后世的文人没有曹植这般使用新材料的勇气，不敢（自解为不屑）顾问这些故事，遂致现在书籍中的故事材料贫乏到了极度。

曹植虽曾三次用了崩山的新典，但他原不是不知道有崩城的旧典的。他的文中引用《列女传》的故事既有多处，其《求通亲亲表》（卷七，页十四）又云：

> 臣伏以为犬马之诚不能动人，譬人之诚不能动天。崩城陨霜，臣初信之；以臣心况，徒虚语耳。

在这上，可见崩城与崩山的两个典故，他原是一般的用，所以有时说"崩山陨霜"，有时说"崩城陨霜"。

汉魏间新起的崩山的故事何以到了曹植的诗文中？这只要看他叙述燕会作乐的诗语就可明白。

> 清醴盈金觞，肴馔纵横陈。
> 齐人进奇乐，歌者出西秦。
>
> （《诠评》卷四，页一，《侍太子坐》）

嘉宾填城阙，丰膳出中厨。……
秦筝发西气，齐瑟扬东讴。

（《诠评》卷四，页九，《赠丁廙》）

中厨办丰膳，烹羊宰肥牛。
秦筝何慷慨，齐瑟和且柔。

（《诠评》卷五，页一，《箜篌引》）

这三首诗中写的情景，正似现在唱堂会戏一般，二黄绑子杂然间作，堂上宾客且吃且看。诗中说那时最盛行的音乐是齐乐和秦乐，而秦人尤其善歌。我们可以就此推知，齐人歌唱的杞梁妻故事是哭崩杞城，秦人歌唱的杞梁妻故事是哭崩梁山，因为这都是他们的本地风光。曹植在酌清醴、嚼肥牛的时候，听慷慨的秦筝和西秦的歌者所歌奏的崩山的故事，不期的濡染于耳目，渐渍于心神，而引用于口笔，所以违背了西汉以来通行的传说而采用当时新起的传说了。可惜那时的筝声和歌声现在已听不见，那时的歌词和故事现在也看不到，我们只能空空的知道那时曾有过这样的一个流传的故事而已！

十四，四，九。

六、孟姜女十二月歌与放羊调[1]

人生最难堪的是离别,何况是常相团聚的夫妇!江淹在《别赋》中叙述闺人的心境道:

> 春宫閟此青苔色,
> 秋帐含兹明月光。
> 夏簟清兮昼不暮,
> 冬釭[2]凝兮夜何长!

因为她们没有一个时候心中不悲伤,所以也就没有一个时候所见的东西不足以兴起她们的悲感。晋宋间流行的《子夜四时歌》,现在流行的《四季相思》,都是这一类情感的表现。

不知何时始以十二月分配歌词,如今《孟姜女十二月花名》一般。《孟姜女十二月花名》歌中,如:

> 六月荷花热难当,蚊虫飞来叮胸膛。
> "宁可吃奴千口血,莫叮奴夫万喜良!"
> 九月菊花是重阳,重阳美酒菊花香。
> "满满斟来奴不喝,无夫饮酒不成双!"

柔情宛转,令读者低回不止;与古诗的"自君之出矣"及"长相思"等正相类,都是很好的闺怨诗。

按本专号所登的孟姜女歌词,在第二号中,有江浙间最通行的《孟姜女十二月花名》一篇,南京刻本《最新孟姜女十二月花名》一篇。(这

---

[1] 原载《歌谣周刊》第九〇号(孟姜女专号七),1925年5月11日。
[2] 此处"釭"应为"釭"。——编者注。

二篇都是唱春调,唱春调的工尺谱登在第三号。)在第三号中,有《孟姜女四季歌》一篇,广西象县的《孟姜女十二月歌》一篇。四季歌是十二月花名的节本(春季是三月,夏季是六月,秋季是八月,冬季是十一月),所以也是唱春调。象县的十二月歌意境与江浙间的歌甚相同,只是把第一句的七个字分成了三个字的两个半句(例如"三月里来是清明"改为"三月里,是清明")。我们不知道这歌的调子是怎样的。

以上所说的歌,都是最普遍的思妇怀远、即景生情之言,与孟姜女的故事实在无甚关系。今分析言之如下(时节间有参差,如象县之插秧在四月,江浙之插秧在五月之类,不悉注明):

> 正月——起兴是新年中的红灯,伤感是看别人家的团聚。
> 二月——起兴是新柳与杏花,伤感是看燕子的双双做窠。
> 三月——起兴是桃花与清明节,伤感是看别人家的上坟。
> 四月——起兴是蔷薇,伤感是采桑时的怀想。
> 五月——起兴是石榴与端阳节,伤感是看闹端阳的龙船时游人无数,单不见自己的丈夫。
> 六月——起兴是荷花,伤感是蚊虫咬人。
> 七月——起兴是凤仙,伤感是看别人家的裁衣。
> 八月——起兴是木樨,伤感是丈夫来信中的愁闷。
> 九月——起兴是菊花与重阳节,伤感是没有饮酒赏菊的伴侣。
> 十月——起兴是芙蓉,伤感是没有撑砻和纳官粮的男子。
> 十一月——起兴是冰冻下雪,伤感是丈夫没有寒衣。
> 十二月——起兴是水仙与腊梅,伤感是看别人家杀了猪羊过年。

以上所说是中人以下之家的妇人(歌中言采桑、插秧、牵砻、杀猪羊过年,又可知是偏于乡村的妇人)在丈夫离家时所共有的悲伤。孟姜女的家世,在唱本及宝卷上看,她是一位富家的千金小姐,原受不到这种门庭单寒之感,而且她在丈夫被逮之后,不久就出去寻夫,也没有在家里整年的挨着,按照时月的次序去发生慨叹。《十二月花名》中虽亦于十一月之下提起一句"孟姜女千里送寒衣",似乎已经出门,但十二月中即说"孟姜女家里空堂堂",她依然住在家里发"空堂堂"的悲感呢。门既未出,更说不到崩城了。

我们在此可以知道，孟姜女十二月歌乃是许多闺中思妇所共有的悲感，她们用自己的悲感把这崩城的故事人情化了。她们心中不快，对着令节嘉花，叹一口气，就说孟姜女当年想来也是这般叹气的。她们看见别人家的融融洩洩，享受生人的乐趣，伤心落泪，就想当年的孟姜女一定也是这般落泪的。凡有悲感，都推在孟姜女的身上；于是她就成了她们的种种悲伤的导师。她们怎么想，她就怎么变。因为她汇集种种的悲伤之情于一身，所以她的人格就格外的显得伟大了！

这次陈万里先生旅行到太原，从那地人的口中钞得《五哥放羊》一首寄来（登本刊八十号），使我一见大惊诧。如第一首云：

正月里，正月正，家家户户点红灯。
红灯挂在大门外，可不知五哥来不来？

这首的第二句既与十二月花名的第一首第二句全同，而全篇的体制（时月）和风格（将人比己）也均极似。只是这一篇似是恋歌，又不见失恋与受压迫的苦痛，所以并不悲伤。

前星期偶翻张四维先生所辑的云南个旧民歌，内有《放羊调》一篇，下注"小调"。始知"放羊"是一种调名，万里所钞的《五哥放羊》，是放羊调中的说五哥的，这一篇单写放羊调，乃是只有调名而失了篇题。

这一篇《放羊调》，全是寡妇怀亡夫的话。比较思妇怀征夫，意境很相近，因为生离与死别的怨念原是一例的。如九月云：

九月放羊是重阳，重阳造酒桂花香。
"人家造酒人吃去，奴家造酒无人尝！"

象县的《孟姜女》九月道：

九月里，是重阳，重阳美酒桂花香。
"人家做来有夫食，姜女做来无夫尝！"

这真是一色一样，不过把"奴家"换了"姜女"罢了。又如十月道：

> 十月放羊十月早，家家打纸坟上烧；
> 有人坟上烧白纸，无人坟上长蓬蒿！

《十二月花名》中的三月则道：

> 三月桃花是清明，桃红柳绿正当景。
> 家家坟上烧白纸，孟姜女坟上冷清清！

这也是极相似的。它们的大旨，总是见了别人的快乐，都激起了自己的悲伤。

我虽不敢断说唱春调与放羊调有何关系，但颇想知道以下的几件事项：

（1）放羊调的流行区域，北至山西，南至云南，可见它的传播是极广的。但不知道这种调是什么地方的出产？它的原始的歌是怎样的？流传所及的地方共有那几处？（唱春调，我们知道是江苏常州的出产。）

（2）放羊调中，有歌唱孟姜女的故事的吗？如有，我们更可以比较一下了。

（3）放羊调的乐谱有地方可以搜集到吗？我们也渴欲得音乐上的比较。

（4）唱春调的歌曲，我们知道在江南（江苏的南部）和浙西（浙江的西部）最通行。（如《王莲英自叹》《蒋老五殉情》都是。）除了这个区域之外，别地方也有吗？

（5）和唱春调与放羊调类似的调子，以及和以上所引诸歌类似的体制，都还有吗？

以上诸种问题，我们全要知道清楚，如承读者诸君见到时即行赐教，那是说不尽的感激了。

十四，四，廿四。

七、图画①

（一）

这一幅图片是从《古书丛刊》中影印的阮氏文选楼刻本《列女传》中转载来的（见第八十页），文选楼的底本是南宋建安余氏刻本。

秦汉人所作的神话画与故事画甚多。《山海经》是神话画的说明，这种画现在还有一小部分保存在山东《孝堂山画像》及《武梁石室画像》中。故事画则武梁画像中甚多，其纪妇女的有梁节姑姊、齐义继母、梁高行、秋胡妻等，均见《列女传》。

---

① 原书图俱未附。一至四原分载《歌谣周刊》第八三、八六、九〇、九三号（孟姜女专号五至八），1925年3月22日至5月31日。

《列女传》是西汉末刘向所做的,他的传原有附图。《太平御览》卷七〇一引《七略别录》云:"臣向与黄门侍郎歆所校《列女传》,种类相从,为七篇,以着祸福荣辱之效,是非得失之分,画之于屏风四堵。"《汉书·艺文志》,"刘向所序六十七篇",班固注云:"《新序》《说苑》《世说》《列女传颂图》也。"可见《列女传》的书卷中既有图,屏风和四壁也有作《列女传》的图的。班婕妤《自悼赋》云:"陈女图而镜鉴兮,顾女史而问诗。"也即是这一类的图。

这样传下去,到了东晋之末,有顾恺之的《列女图》(见《通志图·谱略记》有类)。因为顾恺之是最有名的画家,所以《列女传》的图也以他的为最有名,说不定他人所作都冒称他的名字,也说不定他人所作都模仿他的作品。

宋米芾《画史》云:"今士人家收得唐摹顾笔《列女图》,至刻板作扇,皆是三寸余。"可见唐既摹顾,宋又摹唐而把他缩小了。

文选楼根据的宋本,卷首标题"晋大司马参军顾恺之图画",是犹自承为顾氏的真本。阮福跋云:"此本除去传颂,但度图之高下,与米史所言三寸恰合。"然则此本或是扇头刻画的留遗。

阮元在编定清内府书画时,曾见唐宋人临顾恺之《列女传图》长卷多种。阮福跋中引他的话道:"其中衣冠人物与此图皆同。若卫灵公所坐之矮屏,漆室女所倚之木柱,皆与顾图中相似而微有所减。其官室树石为孟母图中书院之类,或有唐宋人所增。然即此尚可见唐宋人古制。至于人物镫扇之类,亦绝似《虎头画洛神赋图》,定为晋人之本无疑。"照他的话,顾画虽以累经传摹而失真,至于它的仪法格局还不至有大改变。又江藩跋云:"见赵文敏临恺之《列女传·仁智图》,……各题颂于像侧,其画像佩服與刻本一一吻合,始悟此图乃顾画之缩本。"此语亦可与阮氏父子所言相印证。

我们很快乐,得见晋代名画家顾恺之留存的这件故事的画法。我们更快乐,得见一千五百年以前的人们想像中的孟姜女哭城的样子;以及砖石历落乱飞,崩成了两个窟窿的样子,而淄水就在城的旁边,荡漾的波澜已在等候她跳下去了。

我们希望将来整理清宫的古物时,得见阮元所见的唐宋人临顾恺之的《列女传图》,而其中《杞梁妻》的一帧,得制成三色版而插入《歌谣周刊》，做我们整理他的故事的一点好意的报酬。

一四，三，一七，颉刚记。

（二）

这两幅图是从广东刻本《孟姜仙女卷》中转载来的。图的后面各有一赞，如下：

（一）**万里侯喜良**
广发慈悲救万民，顶灾顶劫惟仙心。
千古是有万王庙，万载流传至于今。

（二）**孟姜仙女**
万里寻夫说孟姜，冰清玉洁岂寻常！
贞心不负天宫义，传得清名千载芳。

因为这本卷中说万喜良是芒童仙官,孟姜女是七姑仙,他们为替万民顶灾顶劫而下凡,死后依然归到本位,所以图中把他们画成仙童、仙女的样子。我们看着,可以知道神话中的孟姜女夫妇是这般样子的。

当刘策奇先生初把这本宝卷寄给我时,我很惊奇,为什么广东的宝卷竟与江浙通行的唱本中所序述的除了神话的成分以外都是一模一样;孟姜的夫也姓万,也是苏州人;孟姜的父也名孟隆德,也是松江人,而他们的仆人也唤做孟兴。我当时的解释,惟有以为江浙唱本的势力的广大,可以远及两粤而已。

后来广州容肇祖先生翻阅此卷,以为里面绝无广东方言,决非出于广东人之手。海丰钟敬文先生来函述及那地的孟姜女故事,有哭崩长城八百里之说,但卷中也无有。新近刘策奇先生又把桂林刻本的《花幡记》寄给我一本,内中也有"城墙哭倒八百里"的话,可见这是两粤一致的传说。《花幡记》又言孟姜女为务州人,其夫名范杞郎,是华州人,均与此卷不同。可见这本宝卷虽由广东刻而传到广西,实与两省流传的故事没有关系。

这本宝卷说孟姜女是苏州人,我因疑为苏州人所作,托人到苏州专卖经忏善书的玛瑙经房去问,那知回信说没有。正在惆怅间,忽在一堆乱书目中找出一纸上海城隍庙中翼化堂善书坊的书目,内有《孟姜女卷》一条,大喜,即托人去买。上星期寄到,取来与广东刻本一校,文字、行格、图画,完全一样。翼化堂本是"壬子(一九一二)仲秋新镌"的,广东明星堂本是"民国乙卯年(一九一五)冬月重刊"的,更足以证明广东本即是用上海本翻刻的。几个月的疑团,到此始得打破:这本宝卷虽流传到了广西而依然是江浙的东西!

借着刊登图画的机会,把这事的经过具说如上,以见故事的错杂和考证的困难。至于翼化堂新镌本是否出于新著,或也是翻刊旧书,这还要待将来的证明呢。

十四,四,八,颉刚记。

（三）

这图是《哀情小说孟姜女》（上海文益书局石印本）的封面。

这本小说里尚有图像多纸，都作古装，惟独封面上的像却是时装，粗看似乎它矛盾了。仔细一想，原来是戏剧化。戏剧中的关官，总是丑角的多（如《四郎探母》《赶三关》《查关》之类）。丑角的对手方的女子，总是花旦的多（如《打花鼓》《小放牛》《打面缸》之类）。丑角与花旦是滑稽玩笑的角色，所以他们的衣服都可今可古，不甚受时代的限制。例如溪皇庄中的老妈，三堂会审中的医生，在许多古装的人中独独穿着时装。孟姜女一剧，我虽未见过，想来也许落入这一个窠臼。关官谑语调笑行路的女子，既必为小丑，而孟姜女过关唱小曲，直言四季思夫之情，亦有类于花旦，于是他们就成了这一幅图画了。

我们在这一幅图画里,可以约略看得戏剧中的孟姜女的样子。

十四,四,廿三,颉刚记。

(四)

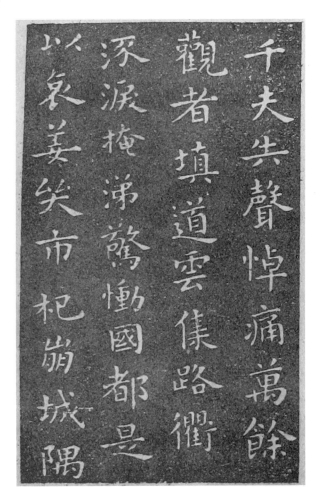

这是《三希堂法帖》中所收的王羲之《曹娥碑》的一段。因为本期中引及"杞崩城隅"一句话,所以把它铸了锌版,登在这儿。

《曹娥碑》,是东汉末邯郸淳做的。那时上虞有一个巫,名唤曹盱,他于五月中乘舟迎涛神伍子胥,溺死了。他的女儿曹娥,只有十四岁,在江边哭了十七天，投江死了。这江因此就叫做曹娥江。邯郸淳做的碑文，要形容她啼哭的惨，所以用了哀姜和杞梁妻两个典故。

他这篇碑文很有名。蔡邕看后，题上八字："黄绢，幼妇，外孙，齑臼"，暗伏"绝妙好辞"四字。（见《世说新语》）

王羲之写的这文，是出现得很晚的，较古的书上都没有提起过。直到董其昌《画禅室随笔》（卷一）中才说到，其文如下：

> 余为庶常时，馆师韩宗伯出所藏《曹娥碑》真迹绢本示余，乃宋德寿殿题。元文宗命柯九思鉴定书画，赐以此卷。赵孟𫖯跋，记其事甚详，且云："见此如岳阳楼亲听仙人吹笛，可以权衡天下之书矣。"当时以馆师严重，不敢借摹，亦渝敝难摹，略可仿佛于非烟非雾间耳。……（《临王右军曹娥碑跋》）

读了上一段，可见这是宋代始发见的。董其昌所临既非真迹，当然是拓本，又可见此碑在明代已有石刻。三希堂所著录的，是绢本真迹，还是石刻拓本，现尚未能知道。

王羲之的伪帖原是极多的，这文是不是真为他的亲笔，或者竟是后人摹仿了他的《乐毅论》的笔法所写，也是难断。我们印在这里，原不过和顾恺之的图画一样，看一个约略的影子而已。

至于东汉时所建的原碑，是早已失去了。

十四，五，廿八，颉刚。

第二编
妙峰山香会研究

本编选自《民俗学会丛书》之十八《妙峰山》,国立中山大学语言历史学研究所,1928年9月。

自　序

　　这本《妙峰山》记录的妙峰山进香情形，是我们四年前在北京大学时的调查报告。因为我们的调查团体中的一个人——孙伏园先生——任《京报副刊》主笔，所以这些报告便在《京报副刊》中陆续登出，题为《妙峰山进香专号》；经历了五个月，方才结束。因为北京大学的经费太艰窘，所以这些报告文字竟没有汇合了出一专册的可能。现在靠着中山大学的力量，得编入民俗丛书，使这许多调查得来的材料以及讨论出来的意义不至湮没失传，我真是非常的快乐！

　　自从北京大学提倡民间文学和民俗学以来，已有十年了，但始终受着财力的束缚，只能望同志们帮忙，赠给他们一些材料；正式的调查工作大约只有这一次。这一次的调查费用仅仅领到五十元，所以调查日期也仅仅容许三天。我一想起这类事情，便止不住叹息：堂堂的中华民国，为什么在学术方面的供应竟缺乏到这样呢？

　　我们不相识的同志有两位。其一，是李景汉先生。他是一位研究北平社会的专家，差不多和我们同时去调查，有一篇记载的文字登在三年前的《社会学杂志》上（商务印书馆出版），可惜一时找不到。其一，是白涤洲先生。他的家离妙峰山很近，所以他知道的进香情形很详细，得之于父老口传的也不少。他对他的朋友罗莘田先生说，只要得空，便写出来寄给我。我盼望得到两位先生的指导，将来可以把这本书大大地修改一下，成为较完全的系统的记载（现在不消说，是些零碎的材料。）

　　我们这一年去得真巧！次年的进香期，正是奉军初打下北京，人心极恐慌的时候，听说烧香的只剩数十人了。这两年中，北方人民宛转于军阀的铁蹄之下，那有展眉的日子。今年虽把军阀驱除了，但因迁都之故，报纸上常说北平快成一座废城了，无限的失业者把这座大城点缀得更荒凉了。妙峰山娘娘之神，从前托了国都之福，受了无穷的香火，自今以往，怕要忍着馁吧？明年我北返，当再去看一下。如果山上殿宇竟衰落得成了一座枯庙，则这本《妙峰山》真是可以宝贵了：我们这件工作总算抢到了一些进香的事实，保存了这二百数十年来的盛烈的余影！

　　国内受香火的山川，像妙峰山的必不少，香火胜过妙峰山的也还有。同志们，你们肯各把自己看得见，听得到的，都写出来吗？这是民众艺术的表现；是民众信仰力和组织力的表现。如果你们要想把中华民族从根救起的，对于这种事实无论是赞成或反对，都必须先了解了才可以走第二步呵！

　　我非常感谢林树槐先生，他在极热的天气中为我校完了这本书！

十七，九，十六。

一、《妙峰山进香专号》引言[①]

妙峰山在北京城西北八十里，是仰山的主峰，原来唤作妙高峰的。它是北京一带的香主，山顶庙祀的神是"天仙圣母碧霞元君"，相传是东岳大帝的女儿。每年阴历四月中，从初一到十五，朝山进香的人非常踊跃，尤其是初六七八三天，每天去的有好几万人。这些人的地域，除了京兆之外，天津及保定方面也很多，旅京的南方女子亦不少。他们有各种的团体组织，给全体进香的人以各种的方便，所以虽是道路十分崎岖，而去的人却不至于感受怎样的困苦。在这个期间，北京城内外道路上常碰见戴了满头红花，支了树枝作成的手杖而行的男妇们，这即是从那里进完了香而回来的。红花是福气的象征，他们戴了归来，唤做"带福还家"。

这一次，我们五人承北京大学研究所国学门风俗调查会的嘱托，到妙峰山调查进香的风俗。从阴历四月初八至初十，去了三天，得到的材料很不少。现在在京报上特出这一个专号，把搜集到的材料整理发表。希望同志的读者各把所见所闻写些出来寄与我们，并指正我们所记的错误。

我们先向读者告个罪，为的是我们要在本文之前说上几句赘语。

前年，商务印书馆出版的《新学制初级中学国语教科书》中曾选上一篇胡适之先生所作的《新生活》。这篇文中所说的糊涂生活的样子，有道："跑到街上一个小酒店里，打了四两白干；喝完了又要四两，再添上四两。……喝得人事不知，幸亏李四哥把你扶回去睡了。……你酒醒了，……懊悔得很，自己埋怨自己：'昨儿为什么要喝那么多酒呢？'"文义是再明显没有的了。不料竟有人（不知是中学的教员还是学生）写信去骂，说他们何以敢在教科书上明白提倡喝酒。我听到了这件事觉得非常痛心：中学校里的人们的智识，在一般国民中已是很高的了，然而心志还是这般的浅狭，脑筋还是这般的糊涂，连这种正面攻击的文章还看不懂，只会认识几个零碎的字、钉死在句下，我们再说什么呢！

[①] 原载《京报副刊》第一四七号（妙峰山进香专号一），1925年5月13日。

推此而论，我们现在出这妙峰山进香专号，恐怕免不了一般人的非难。他们或者要切齿的说："京报竟提倡起迷信来了，孙伏园们竟亲套了黄布袋去拜菩萨了！这还了得！"即不是这样激昂的骂，也许冷冷的笑道："这种事和你们有什么相干？你们管到这种闲帐，真是'吃饱饭，没事干，闲扯淡'！"更明白些，也许恳切的劝诫道："这在你们固然是研究，然而一般人没有明白你们的意思，恐怕要误会你们是在出力提倡，于是同善悟善诸社中人要更高兴了。你们还是不要推波助澜吧！"

我们在这种种的豫料的非难之下，不得不豫先拟出一个答辩。

第一，在社会运动上着想，我们应当知道民众的生活状况。本来我们一班读书人和民众离得太远了，自以为雅人而鄙薄他们为俗物，自居于贵族而呼斥他们为贱民。弄得我们所知道的国民的生活只有两种：一种是作官的，一种是作师的：此外满不知道（至多只有加上两种为了娱乐而联带知道的优伶和娼妓的生活）。他们呢，自然是自惭形秽，不敢来仰攀我们；于是我们即使怀了满腹的诚意好意也苦于无从得到他们的了解。自从民国成立之后，宪法上确曾写明"人民一律平等"，但这原是仅仅一条宪法而已。在从前的贤人政治之下，只要有几个贤士大夫就可以造成有声有色的政治事业，这当然可以不理会民众。但时移世易，到了现在，政治的责任竟不由得不给全国人民共同担负，智识阶级已再不能包办了，于是我们不但不应拒绝他们，并且要好好的和他们联络起来。近几年中，"到民间去"的呼声很高，即是为了这个缘故。然而因为智识阶级的自尊自贵的恶习总不容易除掉，所以只听得"到民间去"的呼声，看不见"到民间去"的事实。

我们若是真的要和民众接近，这不是说做就做得到的，一定要先有相互的了解。我们要了解他们，可用种种的方法去调查，去懂得他们的生活法。等到我们把他们的生活法知道得清楚了，能够顺了这个方向而与他们接近，他们才能了解我们的诚意，甘心领受我们的教化，他们才可以不至危疑我们所给与的智识。现在我们所以不能和他们接近之故，正因两者之间的情意非常隔膜：所以我们劝他们开学校，他们以为我们要去传播洋教；我们劝他们放足，他们以为我们要害他们的女儿不能嫁人。

朝山进香，是他们的生活中的一个重要部分，决不是可用迷信二字一笔抹杀的。我们在这上，可以看出他们意欲的要求，互助的同情，严密的组织，神奇的想像；可以知道这是他们实现理想生活的一条大路。他们平常日子只有为衣食而努力，用不到思想；惟有这个时候，却是很活泼的为实际生活以外的活动，给与我们以观察他们思想的一个好机会。另一方面，这是他们尽力于社交的时候，又是给与我们以接近他们的一个好机会。所以我们觉得这是不能忽视的一件事，有志"到民间去"的人们尤不可不格外留意。

第二，在研究学问上着想，我们应当知道民众的生活状况。从前的学问的领土何等窄狭，它的对象只限于书本，书本又只以经书为主体，经书又只要三年通一经便为专门之学。现在可不然了，学问的对象变为全世界的事物了！我们若能约略知道全世界的事物是怎样的复杂，便可约略推知学问的领土是怎样的广漠。况且凡是一件事物，在学问上都可作许多方面的观察。所以海还有底有边，学问竟无底无边。我们在这上，固然常有茫恍的烦闷，但同时也感受到伟大的美感。

凡是我们看得到的东西都看上几眼，知道一点大概情形，这便是常识。凡是我们看到的东西，自己感受了趣味，要得到深切的了解而往前研究，从此搜集材料，加以整理及解释，这便是学问。学问的材料，只要是一件事物，没有不可用的，绝对没有雅俗、贵贱、贤愚、善恶、美丑、净染等等的界限。正如演戏一般，只有角色，并无阶级，天神仙子与男盗女娼尽不妨由一人扮演。所以玉皇与龟奴，在常人的眼光中是尊卑高下的两极端，但在优伶的扮演上是平等的，在学问的研究上也是平等的。因此，我们决不能推崇《史记》中的《封禅书》为高雅而排斥《京报》中的《妙峰山进香专号》为下俗，因为它们的性质相同，很可以作为系统的研究的材料。我们也决不能尊重耶稣圣诞节的圣诞树是文明而讥笑从妙峰山下来的人戴的红花为野蛮，因为它们的性质也相同，很可以作为比较的研究材料。

在现在的时候，稍微知道一点学问的人都觉得学问上的一尊的见解应该打破，但至今还没有打破。所以然之故，只因打破一尊的话单是一句空语，实际上加入的新材料并不多，造不起一般人的新见解，所以旧见解还是占势力。加入的新材料何以不多，只因大家没有提起亲身搜集材料的兴致，翻来覆去总是这一点；即使钞来一些新的，也因没有自己的心得，说得不亲切，引不起人家的注意。学问上的材料原是无穷无尽，纵横历乱的布满在各人的旁边，随你要多少是多少。可惜我们只知道要它，却总不肯捋起了袖子去收拾它。鸟笼的门虽开，而大家依然麇聚在笼中，嗝啾自乐，安度囚牢的生活，放着海阔天空的世界而不去遨翔，这是何等的不勇啊！我们因为感到这辈人懒惰的可鄙，所以要就可以着手之处做出几个榜样，藉以激起大家的一种要求，这种要求便是凭自己的兴味去搜集材料，又自做研究的工作。

这次的专号，我们算做一个榜样。朝山进香的事，是民众生活上的一件大事。他们储蓄了一年的活动力，在春夏间作出半个月的宗教事业，发展他们的信仰、团结、社交、美术的各种能力，这真是宗教学、社会学、心理学、民俗学、美学、教育学等等的好材料，这真是一种活泼泼的新鲜材料！我们想来，在现在的时候，谁也不该摆出从前学者的架子，说这种东西是"不入流品"的，傲然地不屑瞧它一眼了。

至于怕我们为同善悟善诸社推波助澜，这种过虑也不必有。那些团体的所以能够发达，一来是因他们会得迎合民众的心理，二来是因智识阶级不屑去顾问，由得他们出手做。我们若能就能力所及，随时把他们的组织与黑幕调查发表，那么，一般可进可退的中材自然会得因报纸的指导而不受他们的引诱了。要改革一件坏事，也须知道它的实在情形是怎样的，它的坏到底坏到怎样程度，知道之后再和盘托出，加以批评，才可使对手方和旁边的人心服，断不是空空一骂所能了事的。我们很希望因了记载进香而联带得到许多扶乩、静坐、讲经、集会等等材料，在妙峰山专号之后继续出同善社、悟善社……诸专号咧！

十四，五，五。

二、妙峰山的香会①

（一）香会的来原

香会，即是从前的"社会"（乡民祀神的会集，为 society 译名所本）的变相。社祭是周代以来一向有的，而且甚普遍，自天子以至于庶人都有。现在我们无论到什么三家村里，总寻得到一所"土地堂"，原来这是他们一社的社神呢！我们读《史记·陈平世家》，该记得"里中社，平为宰，分肉甚均"的故事。这就是那时的"社会"。

自从佛教流入，到处塑像立庙。中国人要把旧有的信仰和它对抗，就建设了道教，也是到处塑像立庙。他们把风景好的地方都占据了。游览是人生的乐事，春游更是一种适合人性的要求，这类的情兴结合了宗教的信仰，就成了春天的进香，所以南方有"借佛游春"一句谚语。因为有了借佛游春的人的提倡，所以实心拜佛的人就随着去，成了许多地方的香市。

到远处的神佛面前进香既成了风俗，于是固定的"社会"就演化为流动的"社会"。流动的社会有二种：一种是从庙中昇神出巡的赛会，一种是结合了许多同地同业的人齐到庙中进香的香会。赛会是南方好，因为他们的文化发达，搬得出许多花样，而且会得斗心思，一个地方有了几个赛会，就要争奇赌胜，竭尽他们的浮华的力量。可惜近年来生计困绌，加以官厅的禁止，已经不易看见了。香会是北方好，因为他们长于社交，有团结力。（北方人长于社交的例，随处可以看见。譬如在沪宁车中，对面坐的人可以不攀谈，吃物可以不招呼；但坐津浦车到了山东时，社交的空气就浓厚了，使人觉得不与对坐旁坐的人招呼攀谈是一种不可恕的傲慢。）他们在进香中为谋自己的便利，故把同会的人分配了种种职务。同

---

① 1925 年 5 月 20 日至 7 月 4 日作。原载《京报副刊》第一五七至二一○号（妙峰山进香专号二至五），1925 年 5 月 23 日至 7 月 17 日。

时他们也谋别人的利便，故在道中设立茶棚，招呼香客进内喝茶、喝粥、吃馒头，歇夜，尽一点"结缘"的诚意。（南庄茶棚的会启云，"诚献粥茶，接待来往香客，登山涉水，崎岖路途，以解酷热之劳渴；及风雨寒暑，以备早晚之歇宿：普结万善之良缘，宣扬诸善士之功德十五昼夜"。）

本来"社"是独尊的，自从有了佛教道教的庙宇以来，他的势力就一落千丈，到如今各处的社坛都是若存若亡的了。"社会"是从前的一件大事，但自从分出了赛会和香会之后，它也就无声无臭的消失了。（听说安徽还有几处地方举行这个典礼的，江南浙西一带则从未听见过；不知道他处怎样。）这是今古的一个大变革。

承受香火的佛道教庙宇是各地方都有的。例如我们苏州，有玄妙观、北寺、蛇王庙、七子山、穹窿山、上方山、观音山……许多地方。但这种地方的势力并不大，不过受到百里以内的香火。势力大的，如浙江的西湖和普陀，山东的泰山，安徽的九华，山西的五台，四川的峨嵋，广东的罗浮，江苏的栖霞和茅山，……它们可以吸致千里以内甚至于数千里以内的香火。所以然之故，只因它们的风景是特别好，能给与进香者以满足的美感，因此使在他们的意想中更加增神灵的美妙的仪态。

北京的妙峰，确是京兆直隶一带风景最好的地方，那里有高峻的山岭，有茂密的杏花和松树，有湍急的浑河和潺湲的泉水。所以它能够吸收京兆全部及直隶北部（直隶南部的香火给泰山吸收去了）以至于侨寓京兆直隶的人的香火。

（二）妙峰山香会的组织

每年从三月初旬起，我们住在北京城里的人就看见街路上渐渐张贴出许多"会启"来（这个名字是我假定的，因为上面有"右启"字样，说不定叫会招、会报、会帖呢。）这种会启是用黄纸印的，大的有五六尺高，二尺来阔；小的也有尺许高，八九寸阔。它们大抵印成石碑的模样，上面有碑额，下面有碑座。碑额与碑座用红绿色纸的多，往往有图画：画中或是他们朝山的样子，或是妙峰山的风景和路线，或单画些荷叶花果和璎珞之类。我的奢望，很想把它们都摄影了，印成一册，备大家的鉴赏。

会启上主要的项目，是以下几样：

（1）会所及设驾所。（驾，即是碧霞元君。他们在自己的会内或附近的庙内，都供有碧霞元君的神位或神象。他们在朝山之前先要在自己会内设驾致祭，有的竟把驾抬上山去。）

（2）守晚、起程、上山、朝顶、回香的路程和日期。（守晚是晚间在会中聚集，以便明晨一同出发。）

（3）到山后所做的事情。（如开茶棚，诚献物品及工作等。）

（4）说明化缘与不化缘。

此外也有写出规劝的话和说明施舍茶粥之故的，可是不多。这些会启，有的简单，有的复杂，很不相同。所以有的我们只能知道他们的一个会名，有的竟可以联带知道他们终年的工作。例如本期插图内所登的"希贤惜字圣会"会启原文，我们便可在他们的进香之外更知道一些他们平日里收拾字纸的生活和投弃纸灰的地方。

我在北京住了也有八九年了，这些会启年年张贴，但以前的七八年中竟毫没有投入我的意识。（我们"熟视无睹"的事情实在太多了！）自从去年五月十一号（阴历四月初八）游了一次三家店，看见了几千个香客，进了几个茶棚，方始在我常走的几条街巷中见到墙上贴着的无数会启。我的心中顿时痒得很，恨不得把这些东西立刻钞来，但又老不出脸皮当着许多走路人的面前钞写。不久风吹雨打，加以惜字人的揭取，也就看不见了。这次到妙峰山，我立下坚强的志愿，要去钞录一个全份。钞录会启是从来没有的事情，所以一班香客都很注意，他们聚着看我。有的疑惑道，"钞来作什么的？"有的诧叹道，"他写得真快！"有的重碰见了我，对我笑道，"又来了！"我本来很怕羞，更经不起他们的注意，要不是受了抑压了一年的好奇心的逼迫，一定是羞怯得写不下了。现在居然把它们钞完，虽是有许多节录得太简单，总算得到了一个大概情形，我真是非常的快乐！

但回到庙内看烧香时，我又受到了一个失望的打击。我坐在殿檐下看了五六处的香会，竟没有一个是有会启的。他们有的穿了戏装来，生旦净丑各色都全，我看他们的"会旗"（香会中每人有一面三角形的旗，上面写着会名）上写的是"音乐圣会"。有的一班人来奏乐，旗上写的是"大鼓圣会"。有的戴了狮子头尾跳舞而来，我看他们的会旗上写的是"狮子圣会"。有的一班人都是小孩子，旗上写的是"拨子圣会"。又有舞了中幡（很高的幡，有丈余长，用竹竿支起）而来的，我没有瞧见他们的会旗，想来应该唤作"中幡圣会"了。我和孙伏园先生向着这一班会众竭力的张望，结果，只有知道，"拨子圣会"是从昌平县西南苏家块村来的

（从表疏上看见），"音乐圣会"是从西小营村来的（从会旗上看见，但不知是那一县）；其余全不知道。后来庄尚严先生又在樱桃沟看见一家门上贴的一张长纸条，上写"京兆房山县西王佐村年例诚起前往金顶妙峰天仙圣母娘娘驾前□香如意圣会寓"，知道这是房山县来的香会，也是没有张贴会启的。

　　回京之后，把会名编排一过，方始明白有会启的只有北京城内外和天津的会众，其他各县及大兴、宛平两县稍偏僻的地方完全没有。这是不难解释的。他们的文化程度不及京津高，找刻字匠也不容易，而且会众也不像京津一般的散在各处，需要用会启来招集，所以他们就没有会启了。我们只要看，沙河到妙峰是一条大路（即北道），每年从沙河、汤山、昌平、居庸关……一带来进香的当然不在少数，然而倘使我们不在庙中见到"拨子圣会"，我们就决不能知道从那条路来的一个香会的名字。房山的"如意圣会"也是如此，若是没有它，我们也无从知道从京汉路来的有什么香会了。

　　我因为受了这种的失望，知道我费了许多气力钞出的香会名目原是很不完全的，要去搜集完全，除了从四月初一至十五日在庙中坐守再没有别的办法。我也发过一阵空想，想在娘娘庙的门前立了一个签到簿，有到必写，他们不会写就替他们写，那就不致有遗漏。但这事除由圣母娘娘托梦给庙祝之外是办不到的；若用了命令式的态度去强迫他们做，徒然吓得他们相率退了回去而已。（希贤惜字老会的会启上有"至灵官殿报号"之语，或即是签到；但他们的事情原不必合着我们的意想，说不定到灵官殿磕头即算是报号呢。明年如再去，当到灵官殿一看。）

　　苇子港茶棚（北道第一个棚）里的人告诉我们：初六至初九间，到的会最多，一天有数十起。每会人数多的数百，少的也数十。香会的种类，有笤帚，有掸帚，有青菜，有茶叶，有果子，有鲜花，有秧歌（高跷）……。他们的会费，是依地亩捐的，一亩地派捐多少钱，所以很公平。近年来，来的会不如前了，今年更少。以前有四百余会，今年减至一百余了。这番话给我们以不少的智识，最好的指示是"依亩捐钱"。这事一来见得他们的香会真有社会（今义）的性质，不仅是个人的信仰而是公众的政事；二来见得他们看这位圣母娘娘确是一位女皇，所以有按年交纳田地的钱粮的义务（"交纳当年钱粮"是会启中的通语）。但是今年只有一百余会的话我不敢信，因为单是京津的会我已钞得了一百个，我在殿檐下坐了两小时即得到五六个没有会启的会。依我的推想，三百个会是可以有的。说不定他是专说的北道呢。

至于京津两地的香会费，当然和乡下人的按亩征收的办法不同。天津是商业中心，商人是有钱的，所以他们在香市中最占势力，施送粥茶馒头，点燃煤油灯、汽油灯的非常多。北京方面是完全由于捐款，他们有的向外募捐（如合义面茶老会会启上说的"普请助善"），有的只向自己会中募捐（如仝心秉善檀香素烛圣会会启上说的"永不外化"），有的虽不到外募捐，但也欢迎有人捐款（如希贤惜字老会会启上说的"本会并无缘簿在外募化，亦不勒令捐资；若有诸君随喜，乐为引善施助者，请登台衔入会"）。他们没有天津人的阔，也没有庄家人的稳，单就捐到的钱开销。听说他们会中的穷人只要捐了几十个铜子就可上妙峰山走一回，所以去的人很多。

香会中的会规，我虽没有得到，但从会启中也可以看出一个大概。如"普兴万缘净道圣会"会启的下半节云：

> 本把人等不准拥挤喧哗玩戏，亦不准沿路摘取花果。以及食荤饮酒，一概禁止。人多，饮酒不免有乱性妄为，口角淫词等事。……恐其有失善道，不成体制。如不遵约束者除名不算。各宜戒之慎之！

又我在庙内客堂见到一幅照相，相片上一个老人，他把右手指着一段文字，这段文字也是劝告会众的。（这老人名唤富斌，想是旗人，相片是光绪丁未照的。）文长不及备录，只钞得了一个头，如下：

> 各会诸棚各把众位老都管行香坐棚文武，当通仝一体，必应互辅。若有各把偎有失神脱落之处，须破缝绽补，不令外人看出遗漏，以整局面。

在这两段规诫与劝勉的话中，我们可以领略他们香会的团结的精神。

他们的组织怎么样，我们也不能知道。但很侥幸的，我们在庙中见到几方石碑，碑上有他们会聚的职名。我便统统钞了出来。

(A) 康熙二年引善老会：
(1) 钱粮都管。　　　　　　(2) 请驾都管。

(3) 车上都管。　　　　　(4) 苦行都管。
(5) 陈设都管。　　　　　(6) 中军吵子都管。
(7) 号上都管。　　　　　(8) 撩子都管。
(9) 厨房茶房都管。　　　(10) 拉面（麵）都管。
(11) 饭把都管。　　　　　(12) 净面清茶都管。
(13) 司房都管。　　　　　(14) 本会香首。

以上每事或二人，或三人。

(B) 乾隆五十二年献供斗香膏药圣会：
(1) 香首。　　　　　　　(2) 副香首。
(3) 付香首。　　　　　　(4) 都管。
(5) 中军上。　　　　　　(6) 撩子上。
(7) 执事上。　　　　　　(8) 口号上。
(9) 吵子都管。　　　　　(10) 钱粮上。
(11) 厨房都管。　　　　　(12) 司都。
(13) 信女。

(C) 光绪三年净道圣会：
(1) 引善都管。　　　　　(2) 催粮都管。
(3) 钱粮都管。　　　　　(4) 车把都管。
(5) 司库都管。　　　　　(6) 中军把。
(7) 净道都管。

这三方碑的相距的时间很匀称，我们可以从上面见出清朝一代北方香会的组织的大体。内中除掉我们所不懂得的之外，可以归纳为下列数项：

(1) 引善都管（香首和副香首）是会中的领袖。
(2) 催粮都管是收取会费的人。
(3) 请驾都管是掌礼的人（即古之祝）。
(4) 钱粮都管是采办供品的人。
(5) 司库都管是管理银钱的人。
(6) 中军吵子（疑是哨子之误）都管是管理巡查防卫的人。
(7) 车把都管是管理车辆的人。
(8) 厨房茶房都管是管理饮食的人。
(9) 女香客不任职务，所以别立"信女"一项。

我们看，他们的组织是何等的精密！他们在财政、礼仪、警察、交通、饷糈……各方面都有专员管理，又有领袖人物指挥一切，实在有了国家的雏形了！

（三）明代北京的碧霞元君的香会

妙峰山的香会是从什么时候起的？容希白先生的《碧霞元君庙考》，据康熙二十三年修的《宛平县志》所录张献《妙峰山香会序》中"己巳春三月……卜吉共进楮币"的话，断为在崇祯二年或以前，甚为可信。

但明代妙峰山的香火，我敢断说是不盛的。这一因妙峰山庙中没有明代的碑碣，二因在他种记载中可以看出明代北京一带香火最盛处是涿州与通州。

明末太监刘若愚所著的《酌中志》，卷二十为"饮食好尚纪略"，其"四月"条云：

> 初旬以至下旬，耍西山、香山、碧云等寺，西直门外之高梁桥；涿州娘娘、马驹桥娘娘、西顶娘娘进香。二十八日，药王庙进香。

马驹桥在通州，西顶在蓝靛厂。我们在这一条中，可见明代的碧霞元君的香火，以涿州、通州及蓝靛厂三处为盛；妙峰山是数不到的。

涿州离北京广安门（彰义门）一百四十五里，较妙峰山为速。通州离崇文门四十里，较妙峰山为近。蓝靛厂在西直门外，最近。

此外还有右安门外的娘娘庙。《图书集成·职方典》卷十五"顺天府关梁考"云：

> 草桥，在右安门外南十里。草桥方十里皆泉也，会桥下，伏流十里，道玉河以出，四十里达于潞。故李唐万福寺，寺废而桥存，泉不减而芰荷盛。天启间，建碧霞元君庙于此。岁四月，游人集酿且博，旬日乃罢。土以泉故，宜花，居人遂以花为业。

这便是容先生文中所说的"中顶"，也是风景很好的地方。看这段文字，知道它在香市中的情形，与现在正月中的白云观，三月中的东岳庙正相同。它起得很晚，建庙之年已在十七世纪的初叶了，——说不定和妙峰山的香火是同时兴起的呢。

涿州进香的状况，《酌中志》卷二十四"黑头爱立记略"中有几句话：

> 涿州去京师百余里。其涿郡娘娘，宫中咸敬之。中官进香者络绎。

在这段文字中看来，它也是盛极一时的。加以宫中的提倡，当然容易造成锦上添花的风气。可惜这篇记略的主旨并不在圣母娘娘，所以对于进香的详细情形未及叙述。我们要知道它，且待将来翻看《涿州志》吧。

通州的香火，明代刘侗、于奕正合著的《帝京景物略》中有一段很好的描写（原书未见，今据《集成·职方典》卷十五所引）。钞录如下：

> 出左安门东行四十里，石桥五丈，曰弘仁桥（按《职方典》卷十五"关梁考"通州条云："弘仁桥在州城南三十里，旧名马驹桥，又曰压浑桥。"）……桥东头元君庙，西向临桥，若梯阶之；桥左右水若特意环之，避其溜中。
>
> 按稗史，元君者，汉时仁圣帝（东岳大帝）前有石琢金童玉女。至五代，殿圮，石象仆。至唐（颉刚案：唐在五代后，不可解）童泐尽，女沦于池。至宋，真宗封泰山，还次御帐，涤手池内，一石人浮出水面。出而涤之，玉女也。命有司建小祠安奉，号为圣帝女，封天仙玉女碧霞元君。后祠日加广，香火自邹鲁齐秦至晋冀。而祠在北京者称"泰山顶上天仙圣母"，麦庄桥北曰"西顶"，草桥曰"中顶"，东直门外曰"东顶"，安定门外曰"北顶"；盛则莫弘仁桥若。岂其地气耶？夫亿万姓所皈礼。以俗教神道焉，君相有司不禁也。
>
> 岁四月十八日，元君诞辰，都士女进香。先期香首鸣金号众，众率之如师如长，令如诸父兄。
>
> 月一日至十八日，尘风汗气四十里，一道相属也：舆者，骑者，步者，步以拜者，张旗幢，鸣鼓金者。舆者，贵豪家。骑者，游侠儿，小家妇女。步者，窭人子，酬应所愿也。拜者，顶元君像，负楮锭，步一拜，三日至；其衣短后丝裤，光乍袜履，五步十步至二十步拜者，一日至；群从游闲数唱吹弹以乐之。旗幢鼓金者，绣旗丹旐各百十，青黄皂绣各百十骑，鼓吹步伐鼓鸣金者称是。人首金字小牌，

肩令字小旗,舁水制小宫殿曰元君驾,他金银色服用具称是。后建二丈皂旗,点七星;前建三丈绣幢,绣元君号。又夸儇者为台阁,铁杆数丈,曲折成楼阁岩木云烟形;层置四五婴儿,扮如剧演。其法,环铁约儿腰,平承儿尻,衣彩掩其外杆,暗从衣物错乱中传下。所见云梢烟缕处,空坐一儿,或见跨像马蹬空,飘飘道傍,动色危叹;而儿实无少苦。人复长竿掇饼饵,频频啖之。路远,日风喧拂,儿则熟眠。别有面粉墨,僧尼容,乞丐相,逼伎态,憨无赖状,同少年所为喧哄嬉游也。桥傍列肆,搏面角之,曰麻胡。饧和炒米圆之,曰欢喜团。秸编盔冠幞头,曰草帽。纸泥面具,曰鬼脸、鬼鼻。串染鬃鬣,曰鬼须。

　　香客归途,衣有一寸尘;头有草帽;面有鬼脸,有鼻,有须;袖有麻胡,有欢喜团。入郭门,轩轩自喜;道拥观者啧啧喜。入门,翁妪妻子女旋旋喜绕之。然或醉则喧,争则殴,迷则失男女,翌日烦有司审听焉。

　　把这篇所记与现在妙峰山的香会一较,真要使人发出"人心不古,世风日下"的慨叹了。现在的妙峰山,只有寥寥落落的几竿中幡(中,疑当作幢),那里有百十个绣旗丹旐!只有唱着秧歌的高跷,那里有婴儿跨马蹬空的台阁!只有穿着戏装来的乡下小戏班,那里有面粉墨的闲少年所扮的僧尼乞丐无赖诸相!只有秸编的小草帽,那里有什么鬼脸、鬼鼻、鬼须!游戏的兴趣是淡得多了,美术的意味也薄得很了,大家只管规规矩矩的进香磕头,所以"醉则喧,争则殴,迷则失男女",所谓"风化攸关"的事情的确也没有了!(关璞田先生还要希望维持风化,未免冤人。)

　　碧霞元君的诞辰,照《景物略》说,既为四月十八日,何以那时的香市竟自四月初一至十八呢?又何以现在妙峰山的香市又自四月初一至十五呢?《职方典》卷十八"顺天府风俗考"引《舆地记》云:

　　　　四月一日至八日,为浴佛会,民间散盐豆结缘。十日至十八日,庆碧霞元君诞。

　　浴佛会是为佛诞而举行的。《荆楚岁时记》(韩谔《岁华纪丽》引,今本不见)云:

四月八日，诸寺各设香汤浴佛，共作龙华会，以为弥勒下生之征。

可见四月中的娘娘香火，原含有庆祝佛诞的分子在内。说不定马驹桥庙内（或附近）原有庆祝佛诞的，因为佛诞之后隔着碧霞元君的诞辰只有十天，便把香市连了下去，所以从四月初一直闹到四月十八。但后来竟把四月十八这一个元君诞辰忘记了，因此混合佛诞，缩成了半个月，变为四月初一至四月十五。至于"民间散盐豆结缘"，或者即是现在设棚施茶粥的起源咧。

明代的香会，我们现在所知道的不过如此。这时祀奉碧霞元君的风气已经极盛，五顶之名亦已规定。想不到过了几时，妙峰山便后来居上，在五顶之外又凭空添出了一个"金顶"！

（四）清代的妙峰山香会

清代的香会，涿州和通州方面如何，我们尚未能知道；至于妙峰山一方面，一定是极发达的。我们看，到妙峰山的路这等艰险，但现在已经修得很平正了；妙峰山的庙宇还是明末盖的，但现在已经各处建造了茶棚，中南北三路都随处可以歇脚了：这全是清代三百年来的香客所努力而获得的成绩呵！

但香会虽发达，而它们的名目与事实终苦于"文献无征"（文献是一定还有好多留着的，不过我们一时征集不到而已）。现在只有从碑碣和会启上钞得数个如下：

（1）引善老会（康熙二年立碑，乾隆十四年重立。碑在峰顶娘娘庙。）

（2）万寿善缘缝绽会（康熙二年发起，见本年会启。）

（3）万诚童子跨鼓老会（康熙二年发起，见本年会启。）

（4）义合膏药老会（康熙五十九年立会，乾隆四十年立碑，碑在峰顶娘娘庙。）

（5）妙峰山进香圣会（雍正十二年立碑，碑在峰顶娘娘庙。）

（6）二人圣会（乾隆二年，皇城门内朝天宫众善立碑，碑在峰顶娘娘庙。）

（7）二顶兴隆圣会（乾隆七年立碑，碑在峰顶娘娘庙。）

（8）献袍会（乾隆十六年，阜城门外六道口会众立碑，碑在孟尝岭云聚寺中。）

（9）十人膏药圣会（乾隆三十五年立碑，碑在峰顶娘娘庙。）

（10）二人老会（乾隆四十七年立碑，碑在峰顶娘娘庙。）

（11）献供斗香膏药胜会（乾隆五十二年，西直门外成府村会众立碑，碑在峰顶娘娘庙。）

（12）公议沿路茶棚施献茶叶圣会（嘉庆十年，西华门南池子后铁门会众立碑，碑在峰顶娘娘庙。）

（13）遵王荡平修道圣会（道光二年发起，光绪八年重整，见本年会启。）

（14）万年长清甲子悬灯灵丹圣会（道光二年立碑，碑在峰顶娘娘庙。）

（15）海灯老会（道光十六年立碑，碑在峰顶娘娘庙。）

（16）永佑平安绳络老会（同治十三年发起，见本年会启。）

（17）净道圣会（光绪三年立碑，碑在峰顶娘娘庙。）

以上十七个会的时代次第是否确是这样，我不敢断定。一来呢，立碑的年月本不是立会的年月，所以立碑的次第原不可算做立会的次第。二来呢，他们自己所说的立会年月也未必可靠。例如雍正十二年的会有叫"妙峰山进香圣会"的，可见那时的香会还不盛，故即以通名为其私名；那么，在它的七十年之前是否已有"万诚童子跨鼓老会"，"万寿善缘缝绽会"一类的叠了许多尊号般的名字而成的私名，便甚为难说。而且在这十七个香会之中，前面三个都说是"康熙二年"，似乎太整齐了。或者这一年在香会的历史上有重大的发展的故事，故使后起者都依托着吧？

王小隐先生告我，他在本京朋友处打听，知道一个香会必须经过了一百年，方可改"圣会"为"老会"。老会是香会中的领袖；别的香会逢到疑难时，都要去请教老会中的会友。以前有过一个会，它的会众为要急于抬高它的地位，不到一百年时就改了；后来竟给别的香会问倒，过不下去，只得又从"老会"变为"圣会"。这一番话，很能给我一个启发，使我可以在种种香会之中约略分出些先后来，这是非常的欣幸的。

今将所见的"老会"的名目钞录于下：

（1）金峰普照燃灯老会。
（2）公议希贤惜字老会。
（3）南道水泉降香粥茶老会。
（4）公议重整拜席老会。
（5）缝绽老会。
（6）公议助善开路老会。
（7）公议同善缝绽老会。
（8）公议重整合义面茶老会。
（9）兴隆十八盘献粥茶老会。
（10）秉心如意茶叶老会。
（11）子孙万代粥茶路灯老会。
（12）同心助善檀香老会。
（13）恭献鲜花老会。
（14）万寿长青献鲜老会。
（15）攒香如意老会。
（16）圆明园正白旗修道老会。
（17）开山老会。
（18）攒香老会（香山）。
（19）天津阆郡公议大乐老会。

以上十九个，连同上面杂钞在碑碣中的四个，共二十三个。我们即使不敢确定它们统都在一百年以前发起（如绳络老会即是在同治十三年发起的，虽则说不定也是"重整"），但说它们在许多香会中是老资格，是前辈，这是可以的。因此，我们可以知道，在本年的香会中，老资格的会占了百分之二十三。

（五）本年的妙峰山香会

我现在依了地域，把本年的香会（我们所知的），统排一过：
（1）金峰普照燃灯老会——崇文门内本司胡同东头关帝庙。
（2）乐善俊山清茶圣会——东四牌楼。
（3）长寿白纸神账圣会——东四五条。
（4）长寿清品神茶圣会——东四五条。

以上二会合出会启。

（5）公议希贤惜字老会——齐化门内南小街后拐棒胡同。

（6）悟善同修清茶圣会——齐化门内南小街中间棚铺后院。

（7）长寿白纸圣会——东直门内草厂路南。

（8）一心乐善清茶圣会——宣武门内西单牌楼中铁匠胡同路北。

（9）南道水泉降香粥茶老会——宣武门内东铁匠胡同中间路南洛伽寺。

（10）清静乐善清茶圣会——太仆寺街，驾设罗家大院。

（11）万年永庆太狮一堂——西四牌楼西珠市，驾设银锭桥三元宫。

（12）同兴南庄诚献粥茶子孙圣会——西四南缸瓦市长庆街。

（13）公议呈供献盐圣会——西四南兵马司无量庵，现移白塔寺。

（14）静修乐善清茶圣会——阜成门内宫门口北顺城街西弓匠营路北三义庙。

（15）万里云程踏车圣会——地安门外护国寺街路北。

（16）松棚秉意诚献粥茶圣会——护国寺西口柳泉居。

（17）公议重整拜席老会——护国寺西口外。

（18）缝绽老会——皇城内外。

（19）万寿善缘缝绽会——皇城内外。
（以上二项，疑是一会而分出两种会启者。）

（20）德缘志善献盐圣会——京兆大宛两县及皇城宫内各关内外旗民。

以上二十会，在北京内城。（末三会无确实地点，因均写"皇城"，故暂附。）

（21）同心万代巧炉圣会——正阳门外大蒋家胡同，驾设鲜鱼口内豆腐巷路东。

（22）一统仝善杠子圣会——正阳门外冰窖胡同。

（23）公议乐善巧炉圣会——珠市口南山涧内路东三盛店。

（24）永乐同春五虎少林一堂——山涧胡同路南。

（25）义顺同祥五虎打路籓牌少林——珠市口南边中间沟尾巴胡同路东万顺店。

（26）永年志善献盐圣会——正阳门外精忠庙迤南。

（27）一心秉善毛掸清茶圣会——正阳门外兴隆街西头路北。

（28）公议助善开路老会——正阳门外鞭子巷，驾设金鱼池娘娘庙。

（29）公议志善沿路缝绽圣会——正阳门天桥东蒲包店。

（30）同心志善诚献茶烛圣会——正阳门外菓子市南。

（31）裱糊神堂佛殿窗户（裱作合行公议心愿）——正阳门外大沟沿。

（32）乐善同心献花圣会——崇文门外花市大街皂君庙。

（33）子孙万代诚献粥茶盘香圣会——崇文门外磁器口东头地藏寺。

（34）永佑平安绳络老会——宣武门外达智桥内路北潮庆庵。

（35）公议心愿诚献茶瓢——宣外教场小六条。

（36）公议心愿诚献围棹——宣外教场口内。

（37）提灯乐善诚献粥茶——包头章胡同。

（38）万代同春少林五虎——宣外教子胡同，驾设达智桥中间路北。

（39）仝心秉善檀香素烛圣会——西小市，驾设宣武门外车子营小五条。

（40）公议同善缝绽老会——宣外菜市口山西洪洞会馆。

（41）议心善缘掸尘圣会——宣外小市西头。

（42）公议重整合义面茶老会——宣外上斜街。

（43）兴隆十八盘献粥茶老会——宣外老墙根路南。

（44）秉心如意茶叶老会——广安门内白纸坊东头高庙村，驾设道士观真武庙。

（45）子孙万代粥茶路灯老会——广安门内白纸坊。

（46）同心长善清茶圣会——广安门内白纸坊。

（47）公议乐善诚献粥茶棚花会——广安门内南乐园。

（48）公议永善清茶圣会——广安门内南乐培园。

以上二十八会，在北京外城。

（49）乐善合缘敬宾茶会——朝阳门外东中街朝阳寺。

（50）乐善合缘茶会一堂——朝阳门外东中街朝阳寺。
（以上二项，疑是一会而分出两种会启者。）

（51）心缘同善巧炉圣会——东便三关，发信处在朝阳门外弥勒院。

（52）仝议善缘诚献净饰香道圣会——德胜门外上清河镇六道口双泉堡村。

（53）同心助善檀香老会——阜成门外八宝庄关帝庙。

（54）亿善合缘清茶圣会——西便门外会城门间村。

（55）善缘吉庆诚献果供——广安门外三路居。

（56）善缘吉庆菓供圣会——广安门外二路村。

（以上二项，疑亦是一会而分出两种会启者。）

（57）恭献鲜花老会——右安门外角二堡村。

（58）万善长青献鲜老会——右安门外关厢村。

（59）攒香如意老会——右安门外草桥关南狼堡村，驾设本村高庙。

（60）同心乐善诚献粥茶——右安门外草桥关西南马厂郭公庄。

（61）万缘古庆攒香圣会——右安门外玉米市村。

（62）益善同缘茶棚圣会——海淀皇影壁北药（？）秀园。

（63）遵王荡平修道圣会——圆明园正红旗内外旗民。

（64）圆明园正白旗修道老会。

（65）金善普缘如意子孙面鲜圣会——海淀西青龙桥西关帝庙。

（66）普兴万缘净道圣会——玉泉山前北坞村。

（67）开山老会——京西玉河乡下苇甸村。

（68）平安圣会——玉河乡三岔涧村。

（69）攒香老会——香山齐家村，善化寺守晚。

（70）天太山感应修道进香。（天太山在三家店西。）

（71）万诚童子跨鼓老会——陈家庄。（陈家庄在三家店北。）

以上二十三会，在北京四郊。

（72）拨子圣会——昌平县西南苏家块村。

（73）口香如意圣会——房山县西王佐村。

以上二会，在京兆属县。

（74）重整攒香金花圣会——西局村。

（75）音乐圣会——西小营村。

以上二会，是有村名而不知道所属的县的。

（76）公议呈献巧炉圣会。

（77）五圈万代吉庆奉台攒香圣会。

（78）狮子圣会。

（79）大鼓圣会。

（80）拜垫圣会。

（81）中幡圣会。

以上六会，是不知道地名的。（"奉台"，或是地名，说不定即是丰台。）

（82）老北道老爷庙馒首粥茶会。
（83）河北关上崇善堂修补老北道会。
（84）老北道估衣商诚献洋灯会。
（85）中北道北安河信意粥茶灯棚姜汤馒首善会。
（86）津郡公议老路灯进香。
（87）天津礓磜石河馒首粥茶会。
（88）老南道桃园义善汽灯笼灯路灯施茶圣会。
（89）老南道桃园信余堂褚自备馒首施粥善社。
（90）娘娘顶后殿众善汽灯施粥施茶善会。
（91）天津裕德里大连小岗子合办汽灯会。
（92）双龙岭公意馒首粥茶会。
（93）大峰口馍馍施茶会。
（94）朝顶山口苇子港施茶社。
（95）磕头岭公议乐善社施馒首粥茶善会。
（96）天津阖郡公议大乐老会。

以上十五会，是天津大连的香会入"天津全体联合会"的。（联合会于民国十二年二月初一日成立。）

（97）天津西窑洼公议代香会。
（98）天津堤头村公议随路大乐会。
（99）天津公善汽灯会。

以上三会，是天津的香会不入"天津全体联合会"的。

（六）香会的分类

我们若把这九十九个现在的会，和十三个在碑中见到的会分起类来，便可看出它们有以下这些项目。

（甲）修路

（1）遵王荡平修道圣会：

这个会是"圆明园正红旗内外旗民"在道光二年发起的，到今已有一百零三年了。他们的会启中说，每年二月初一日祭山，三月二十日起程，到寨尔峪（在中道，离大觉寺八里）落宿，三月二十一日兴工。想来他们修的是中道。

（2）圆明园正白旗修道老会：

他们的会启并没有详细的说明，只写"头把修至此"，或是"二把修至此"，或是"三把修至此"，可见他们的修路队是分成几把的。他们的会启，我们只在妙峰南麓到峰顶的道中看见，说不定他们修的只是本山的路。

（3）普兴万缘净道圣会：

他们的会启上说："三月内将山径石坎用錾打平浮沙，扫除活石。……三月二十九日起程（指会众），至金仙庵落宿。三月三十日至灵感宫，净道先竣，复至回香亭斋宿。"从他们会众的路程上看，他们修的当是中北道。

（4）净道圣会：

碑在峰顶娘娘庙中，光绪三年所立；或者即是上一会的简称亦未可知。

（5）开山老会。

（6）天太山感应修道进香：

按，天太山在三家店的西南，他们所修的当是南道。

（7）公议助善开路老会。

（8）河北关上崇善堂修补老北道会。

（乙）路灯

（1）天津公善汽灯会：

他们的会启上说，"老北道历年沿路所点汽灯，所有一切资费，皆由本会自行筹备"。又特书曰，"不敛不化，并无知单"，可见这个会是很阔绰的。别条路上只有煤油灯，惟独这老北道点的是汽油灯。可惜我们只走到苇子港，未能知道他们的汽油灯点到什么地方为止。如果确是由峰顶直点到沙河的，那么，这四十里的夜景一定是很好玩的了。

（2）中北道估衣商诚献洋灯会：

我们那天下金山时，天已昏黑了，亏得他们会里的煤油灯，指示给我们一条路。这些灯放在长方的玻璃笼架内，下面用木杆支着，杆子插入地下。他们点灯熄灯的事情，大约是委托茶棚里的人做的。

（3）津郡公议老路灯进香。

（4）老南道桃园义善汽灯笼灯路灯施茶老会。

（5）娘娘顶后殿众善汽灯施粥施茶善会：

按，这是在庙内的。

（6）天津裕德里大连小岗子合办汽灯会。

以上六会，都是天津的，可见天津人的富有。

（7）金峰普照燃灯老会。

（8）子孙万代粥茶路灯老会：

按，他们的茶棚在三家店西营灰厂。

（9）万年长清甲子悬灯灵丹圣会。

（10）海灯老会。

以上二会，见峰顶娘娘庙中所立碑。

（丙）茶棚

（希贤惜字圣会的会启上说，"自德胜门外头道茶棚起"，可知德胜门外即已有茶棚。我们归途，从三家店而南，过五里陀，磨石口等村，亦均见有茶棚，可见南道的茶棚不是到三家店即终止的。据轿夫所说，南道有十站，中道有五站，北道有十站，中北道有六站，是确定的茶棚已有三十一个，何况此外更有添出的呢。依我想来，至少五十个是可以有的。但我们真惭愧，只钞得了二十二个，还不到一半！）

（1）老北道"老爷庙"馒首粥茶会。

在引号内的，是茶棚所在的地名，下同。

（2）朝顶山口"苇子港"施茶社。

（3）"磕头岭"公议乐善社施馒首粥茶善会。

（4）"双龙岭"公意馒首粥茶会。

（5）天津"礤碴石河"馒首粥茶会。

（6）"大峰口"馍馍施茶会。

以上六棚，均在老北道，全是天津人所设。

（7）中北道"北安河"信意粥茶灯棚姜汤馒首善会。

以上一棚，在中北道。中北道的茶棚很多，有向福观、朝阳院、金仙庵、瓜打石、庙儿洼诸处；可惜我们路过时候没有留心这些棚是什么香会设置的，他们又没有会启贴出，所以只得缺去了。

（8）子孙万代诚献粥茶盘香圣会：

会启云，"四月初四日，至南道仰山'药王殿'本茶棚安坛设驾，敬献粥茶十二昼夜。"

（9）同心乐善诚献粥茶：

在"孟尝岭云聚寺"。开棚及止茶日期与上同。

（10）公议重整合义面茶老会：

在"樱桃沟"。四月初五日开棚，十四日落程。

（11）同兴"南庄"诚献粥茶子孙圣会：

会启云，"四月初一日起程，晚至南庄村观音院本茶棚安坛设驾，诚献粥茶，……宣扬诸善士之功德十五昼夜。"

（12）公议同善缝绽老会：

在"桃园"。

（13）老南道"桃园"义善汽灯笼灯路灯施茶圣会。

（14）老南道"桃园"信余堂褚自备馒首施粥善社。

（15）南道"水泉"降香粥茶老会：

会启云，"四月初一日起程，晚至本棚，即时开棚。……十五日回香。"

（16）兴隆"十八盘"献粥茶老会：

会启云，"四月初一日起程，……十四日落棚。"

（17）提灯乐善诚献粥茶：

在"西北涧"，四月初三日开棚。

（18）子孙万代粥茶路灯老会：

在三家店西"营灰厂"。自四月初二至十四。

以上十一棚，均在南道。除第十三、十四两个是天津人设立的外，其余都是北京人设立的。

（19）"松棚"秉意诚献粥茶老会：

这一棚在妙峰山南麓。他们也是没有会启的；因为他们请我们吃了一顿点心，所以我们能在壁间见到这个会名。当初十早我们下山时，他们已在折去"松棚"了。（这个茶棚，是用松枝搭成的；棚边的殿额题"松棚行宫"。他们这样做，不知道是否专为美观，抑是有故事在内，还是从前确有一根大松树，用以搭成一棚，后来没有了，为维持这个名称起见，所以照样搭起。）

（20）娘娘顶后殿众善汽灯施粥施茶善会：

这一个会，在我们所见的许多茶棚中最为整洁。

（21）益善同缘茶棚圣会：

这棚不知在什么地方。会启上说,"四月初一起,安坛十五昼夜。"

（22）公议乐善诚献粥茶棚花会：

这棚的地方也不知道。会启上说四月初一开棚,十五回香。

（丁）缝绽

（缝绽是鞋匠对于香客们尽的义务。凡是走山路把鞋子损伤了的,都可交他们修好。）

（1）公议志善沿路缝绽圣会：

会启云,"四月初四日起程,沿路并山道来往缝绽,以便行履。初六日朝顶进香,当日回香至灵官殿,守驾三昼夜。初九日进京……。"

（2）万寿善缘缝绽会：

会启云,"皇城内外新旧靴鞋行旗民人等诚起。……四月初一日起程,宿北安河。初二日安坛设驾,诚献缝绽十四昼夜。……"

（3）缝绽老会：

这会名目虽与上会不同,而日期和路程都没有两样,说不定是一会而分出两种会启的。

（戊）成补铜锡器

（1）同心万代巧炉圣会：

会启云,"四月初四日起程,上北道。过香中道。两道来往五日。助善在中道沿路茶棚成补铜锡磁器。"

（2）心缘同善巧炉圣会：

会启云,"四月初四日起程,由德胜门外头道行宫起,初五日中道登山。初六日进京。"

（3）公议呈献巧炉圣会：

日程与上会同。

（4）公议乐善巧炉圣会：

会启题"正阳、崇文、宣武门外本行"。日程较上二会各迟三天。

（己）呈献庙中途中用具

（1）公议心愿诚献围桌：

按,围桌是桌前的围布。

（2）公议心愿诚献茶瓢。

（3）拜垫圣会：

我们在西北涧茶棚中,见神前围桌上写有"拜垫圣会呈献"字样,可见这会不但献拜垫，并献围桌。

（4）公议重整拜席老会：

我们游到玉皇顶时，见有人掰了一卷芦席上山，连手张贴拜席老会的会启。他们铺了拜席，拜了几拜，随即把席收了下山。我很疑惑：这席是单供他们自己会中人用的拜垫呢？还是原应施舍与庙中，只因玉皇顶无甚香火，故又收了回去呢？可惜当时没有问明，记此待考。

（5）议心善缘掸尘圣会。

（6）一心秉善毛掸清茶圣会。

（7）永佑平安绳络老会：

会启上写"三道浑河"，可见这绳络是渡船所用。

（8）一统仝善杠子圣会：

按，杠子不知是否为挑物的棒，还是另有意义，待查。

（9）裱糊神堂佛殿窗户：

会启上写"裱作合行公议心愿"。

（庚）呈献神用物品及供具

（1）献袍会。

（2）献供斗香膏药圣会。

以上二会，见云聚寺及娘娘庙所立碑。

（3）长寿白纸圣会：

会启云，"到回香亭呈献文方四宝[①]，更换幽冥档册。"

（4）长寿白纸神账圣会。

（5）仝议希贤惜字老会：

会启云："恭谒天仙圣母……懿前诚献香烛供品，文方四宝……"又云，"恭谒感应药王孙大真人驾前，诚献香烛供品，文方四宝……。"

（6）同心助善檀香老会。

（7）同心秉善檀香素烛圣会。

（8）同心志善诚献茶烛圣会。

（9）同议善缘诚献净饰香道圣会。

（10）金善普缘如意子孙面鲜圣会。

（11）乐善同心献花圣会。

---

① 文方四宝应为文房四宝。——编者注。下同，不另注。

（12）恭献鲜花老会。

（13）万善长青献鲜老会。

（14）重整攒香金花圣会。

（15）善缘吉庆诚献果供。

（16）善缘吉庆菓供圣会。

（辛）施献茶盐膏药

（娘娘庙中有"公议沿路茶棚施献茶叶圣会"的碑，可见茶叶的香会不仅把茶叶献神，还要施送与各个茶棚。《职方典》引《舆地记》，有"四月初一日至八日为浴佛会，民间散盐豆结缘"的话，可见所献的盐亦不是单在神前设供的。膏药不知道怎么样，但它的效用原在人的方面，和神没有什么关系，说不定亦是施送的性质，与"北安河信意善会"的施送姜汤同意，故连及。）

（1）长寿清品神茶圣会。

（2）乐善俊山清茶圣会。

（3）悟善同修清茶圣会。

（4）一心乐善清茶圣会。

（5）清静乐善清茶圣会。

（6）静修乐善清茶圣会。

（7）同心志善诚献茶烛圣会。

（8）秉心如意茶叶老会。

（9）同心长善清茶圣会。

（10）公议永善清茶圣会。

（11）亿善合缘清茶圣会。

（12）乐善合缘敬宾茶会。

（13）乐善合缘茶会一堂。

（14）公议沿路茶棚施献茶叶圣会。

以上十四会，都是茶叶；末一会见于嘉庆十年所立碑。

（15）永年志善献盐圣会。

（16）德缘志善献盐圣会。

（17）公议呈供献盐圣会。

以上三会。是盐。

（18）义合膏药老会。

（19）十人膏药圣会。

（20）献供斗香膏药胜会。

（21）万年长 清甲子 悬登灵丹圣会。

以上四会，是膏药灵丹。但只在碑文看见，建碑的日子都在一百年以前了。想来施舍膏药所费甚巨，当此民穷财尽之年，竟是举行不起，所以就没有继起的了。

（壬）技术

（1）义顺同祥正虎打路籐牌少林。

（2）万代同春少林五虎。

（3）永乐同春五虎少林一堂。

（4）攒香如意老会：

在这个会的名目上，看不出是一班玩武艺的人所结合的；恰巧我们到松棚时，他们来施演刀枪鞭棒，所以知道了。

（5）中幡圣会。

（6）音乐圣会。

（7）大鼓圣会。

（8）狮子圣会。

（9）万年永庆太狮一堂。

（10）万里云程踏车圣会：

这是玩自行车的人结合的会。到妙峰的路很崎岖，不适于行自行车，不知道他们是不是乘车去的，还是到金山东麓时就把车子停放了？他们在路上，或者要比赛快慢，作出许多花样，可惜我们没有看见。我们只在他们会启中知道他们是由北道登山，中道回香的。

（11）拨子圣会：

这会恐是一种玩艺的小孩子所结合的，待查。

（12）万诚童子跨鼓老会：

跨鼓，恐亦是一种玩艺，待查。

（癸）普通的进香及未详其意义者

（1）引善老会。

（2）妙峰山进香圣会。

（3）二人圣会。

（4）二顶兴隆圣会。

（5）二人老会。

以上五会，见峰顶娘娘庙所立碑。"二人老会"当即是"二人圣会"的改名。

（6）同香如意圣会。

（7）五圈万代吉庆奉台攒香圣会。

（8）攒香老会。

（9）万缘吉庆攒香圣会。

（10）平安圣会。

（11）天津西窑洼公议代香会。

（12）天津堤头村公议随路大乐会。

（13）天津阖郡公议大乐会。

我们看了以上的叙述，试闭目一想，在三月中，他们如何的在山前山后打平浮沙，扫除活石；一到四月初，就如何的在各条路上架起路灯，在各个站口开起茶棚；他们开了茶棚之后，如何的鞋匠来了，铜锡匠来了，施送拜垫围桌的人来了，施送茶盐的人来了。那时香客们如何的便利，一路上随处有人招待，如熟识的朋友一般。开茶棚的人也如何的便利，茶叶是有人送来的，供品设备是有人送来的，打破了的碗盏也自有人来修补的。大家虔诚，大家分工互助，大家做朋友！他们正在高兴结缘时，又如何的音乐班子来了，玩武艺的人来了，舞幡舞狮的人来了，他们眼中见的是生龙活虎般的健儿的好身手，耳中听的是豪迈勇壮的鼓乐之声。这一路的山光水色本已使人意中畅豁，感到自然界的有情，加以到处所见的人如朋友般的招呼，杂耍场般的游艺，一切的情谊与享乐都不关于金钱，更知道人类也是有情的，怎不使人得着无穷的安慰，仿佛到了另一个世界呢！

我们号称智识阶级的人真惭愧：好人只有空谈想像中的乐国，坏人便尽使阴谋来做出许多自私自利的事业。结果，我们看见的人不是奸险，便是高尚。奸险的人固然对于社会有损无益，就是高尚的人也和社会有什么关系呢。我们智识阶级的人实在太暮气了，我们的精神和体质实在太衰老了，如再不吸收多量的强壮的血液，我们民族的前途更不知要衰颓的成什么样子了！强壮的血液在那里？这并不难找，强壮的民族的文化是一种，自己民族中的下级社会的文化保存着一点人类的新鲜气象的是一种。

（七）香会的办事日期

我们若把这些香会，依了他们的办事日期，列出一表，便可知道进香的起讫的时间，和他们在进香前后的生活。可惜有许多会，没有把日期写明，我们得不到正确的调查，依然只能看到一个约略。

正月：

  十四日：

    设坛……（下文未看明）：

      平安圣会。

二月：

  初一日：

    祭山：

      遵王荡平修道圣会。

  初二日：

    通知：

      万寿善缘缝绽会（本日起）。

  初八日：

    启知发信：

      心缘同善巧炉圣会。

  十九日：

    发信：

      同议善缘诚献净饰香道圣会。

三月：

  初六日：

    发信：

      兴隆十八盘献粥茶老会。

  初十日：

    会集：

      仝议善缘诚献净饰香道圣会。

  二十日：

    起程：

      遵王荡平修道圣会（至寨尔峪落宿）。

二十一日：
　　兴工：
　　　　遵王荡平修道圣会。
二十三日：
　　起程：
　　　　同议善缘诚献净饰香道圣会。
二十五日：
　　呈表发信：
　　　　万寿善缘缝绽会。
二十七日：
　　前站先行：
　　　　兴隆十八盘献粥茶老会。
二十八日：
　　起程：
　　　　裱糊神堂佛殿窗户。
　　守晚：
　　　　普兴万缘净道圣会。
二十九日：
　　朝顶：
　　　　同议善缘诚献净饰香道圣会。
　　起程：
　　　　普兴万缘净道圣会（至金仙庵落宿）。
　　前站发信：
　　　　南道水泉降香粥茶老会。
　　　　公议乐善诚献粥茶棚花会。
三十日：
　　朝顶：
　　　　普兴万缘净道圣会（至灵感宫，净道完竣，复至回香亭斋宿，夜即谒圣）。
　　守晚：
　　　　南道水泉降香粥茶老会。
　　　　公议乐善诚献粥茶棚花会。

万寿善缘缝绽会。
缝绽老会。
前站先行：
同兴南庄诚献粥茶子孙圣会。

四月：
初一日：
回香：
普兴万缘净道圣会。
朝顶：
遵王荡平修道圣会。
天津全体联合会（本日起进香）。
起程：
南道水泉降香粥茶老会（至三家店仲伙）。
兴隆十八盘献粥茶老会。
同兴南庄诚献粥茶子孙圣会。
公议乐善诚献粥茶棚花会。
万寿善缘缝绽会（至北安河落宿）。
缝绽老会（至北安河落宿）。
开棚：
南道水泉降香粥茶老会。
（以下四会，均当日起程，晚至本棚，即时开棚）。
兴隆十八盘献粥茶老会。
同兴南庄诚献粥茶子孙圣会。
公议乐善诚献粥茶棚花会。
益善同缘茶棚圣会。
前站发信先行：
公议重整合义面茶老会。

初二日：
回香：
遵王荡平修道圣会。
开棚：
子孙万代粥茶路灯老会。

诚献缝绽：
　　万寿善缘缝绽会（初二起，安坛设驾，诚献缝绽十四昼夜）。
　　缝绽老会（至本棚安驾，诚献缝绽十四昼夜）。
起程：
　　同心乐善诚献粥茶（到孟尝岭）。
守晚：
　　公诸重整合义面茶老会。

初三日：
回香：
　　仝议善缘诚献净饰香道圣会。
朝顶：
　　子孙万代粥茶路灯老会。
开棚：
　　提灯乐善诚献粥茶。
起程：
　　子孙万代诚献粥茶盘香圣会（宿三家店马王庙）。
守晚：
　　同心万代巧炉圣会。
　　公议志善沿路缝绽圣会。

初四日：
朝顶：
　　天津西窑洼公议代香会。
　　天津堤头村公议随路大乐会。
进供：
　　公议呈供献盐圣会。
开棚：
　　子孙万代诚献粥茶盘香圣会。
　　同心乐善诚献粥会。
起程：
　　乐善同心献花圣会。
　　悟善同修清茶圣会。
　　一心乐善清茶圣会。

金峰普照燃灯老会。
公议呈献巧炉圣会。
心缘同善巧炉圣会（由得胜门[①]外头道行宫起）。
同心万代巧炉圣会（上北道，随意落宿）。
公议志善沿路缝绽圣会（沿路并山道来往缝绽）。

守晚：
同心长善清茶圣会。
亿善合缘清茶圣会。

初五日：

朝顶：
乐善同心献花圣会。
悟善同修清茶圣会。
一心乐善清茶圣会。
公议呈供献盐圣会。
公议呈献巧炉圣会。
心缘同善巧炉圣会（中道登山）。

开棚：
公议重整合义面茶老会。

起程：
同心长善清茶圣会（至樱桃沟落宿）。
亿善合缘清茶圣会（至樱桃沟落宿）。
德缘志善献盐圣会。

守晚：
万代同春少林五虎。
永乐同春五虎少林一堂。
万缘吉庆攒香圣会。
同心助善檀香老会。
恭献鲜花老会。
万寿长青献鲜老会。
静修乐善清茶圣会。

[①] 得胜门应为德胜门。——编者注。

万里云程踏车圣会。

万年永庆太狮一堂。

初六日：

回香：

乐善同心献花圣会（当日谢山）。

悟善同修清茶圣会。

一心乐善清茶圣会。

公议呈供献盐圣会。

公议呈献巧炉圣会。

心缘同善巧炉圣会。

朝顶：

同心长善清茶圣会。

亿善合缘清茶圣会。

德缘志善献盐圣会。

公议志善沿路缝绽圣会（当日回香，至灵官殿、守驾三昼夜）。

起程：

万代同春少林五虎（早至田村仲伙，午至三家店仲伙，晚至桃园落宿仲伙）。

永乐同春五虎少林一堂（由三家店，至樱桃沟落宿）。

天津阖郡公议大乐会。

万缘吉庆攒香圣会。

长寿白纸圣会。

同心助善檀香老会（至桃园落宿）。

恭献鲜花老会（巳刻扬详发信，候印起程；晚宿陈家庄）。

万善长青献鲜老会（至南庄落宿）。

长寿白纸神账圣会（至周家巷落宿）。

长寿清品神茶圣会（仝上）。

静修乐善清茶圣会（至北安河落宿）。

公议永善清茶圣会。

乐善合缘敬宾茶会。

万里云程踏车圣会（至北安河落宿）。

万年永庆太狮一堂（至北安河落宿）。

守晚：

    攒香老会。

    一心秉善毛掸清茶圣会。

    同心志善诚献茶粥圣会。

    永年志善献盐圣会。

    公议乐善巧炉圣会。

初七日：

回京：

    悟善同修清茶圣会（回香在昨日）。

回香：

    同心长善清茶圣会。

    亿善合缘清茶圣会（当日谢山）。

    德缘志善献盐圣会。

朝顶：

    万代同春少林五虎（仍宿桃园）。

    永乐同春五虎少林一堂（仍宿樱桃沟）。

    天津阖郡公议大乐会。

    万修吉庆攒香圣会。

    长寿白纸圣会。

    同心助善檀香老会（仍宿桃园）。

    恭献鲜花老会。

    万善长青献鲜老会（仍宿南庄）。

    长寿白纸神账圣会（由中北道登山，晚至涧沟落宿）。

    长寿清品神茶圣会（同上）。

    静修乐善清茶圣会（至涧沟落宿）。

    公议永善清茶圣会。

    万里云程踏车圣会（由北道登山朝顶，晚至沟沿落宿）。

    万年永庆太狮一堂（至沟沿落宿）。

登山：

    荣善合缘敬宾圣会。

起程：

    攒香老会（至南庄落宿）。

　　　　一心秉善毛掸清茶圣会（至桃园落宿）。
　　　　金善普缘如意子孙面鲜圣会。
　　　　善缘吉庆诚献果供（至南庄落宿）。
　　　　同心志善诚献茶烛圣会（至桃园落宿）。
　　　　永年志善献盐圣会（至桃园落宿）。
　　　　公议乐善巧炉圣会。
　　守晚：
　　　　公议重整拜席老会。
　　发信：
　　　　攒香如意老会。
　初八日：
　　回香：
　　　　万代同春少林五虎。
　　　　永乐同春五虎少林一堂（当日谢山）。
　　　　万缘吉庆攒香圣会。
　　　　长寿白纸圣会。
　　　　同心助善檀香老会。
　　　　恭献鲜花老会。
　　　　万善长青献鲜老会。
　　　　静修乐善清茶圣会（至北安河落宿）。
　　　　公议永善清茶圣会。
　　　　同心万代巧炉圣会（由中道回香，来往共五天）。
　　　　万里云程踏车圣会（由中道回香，仍宿北安河）。
　　下山：
　　　　万年永庆太狮一堂（仍宿北安河）。
　　朝顶：
　　　　南道水泉降香粥茶老会。
　　　　攒香老会（晚仍宿南庄）。
　　　　一心秉善毛掸清茶圣会（仍宿桃园）。
　　　　金善普缘如意子孙面鲜圣会。
　　　　善缘吉庆诚献果供。
　　　　长寿白纸神账圣会（仍宿周家巷）。

长寿清品神茶圣会（同上）。
　　同心志善诚献茶烛圣会（仍宿桃园）。
　　乐善合缘敬宾茶会。
　　永年志善献盐圣会（仍宿桃园）。
　　同心乐善诚献粥茶。
　　公议乐善诚献粥茶棚花会。
　　金峰普照燃灯老会。
　　公议乐善巧炉圣会。
起程：
　　攒香如意老会。
　　仝心秉善檀香素烛圣会。
　　公议重整拜席老会（至桃园落宿）。

初九日：
回京：
　　静修乐善清茶圣会（昨日回香）。
　　万里云程踏车圣会（同上，当日谢山）。
回香：
　　攒香老会（当日谢山）。
　　一人秉善毛掸清茶圣会（当日谢山）。
　　金善普缘如意子孙面鲜圣会。
　　善缘吉庆诚献果供。
　　长寿白纸神账圣会（当日谢山）。
　　长寿清品神茶圣会（同上）。
　　同心志善诚献茶烛圣会（当日谢山）。
　　乐善合缘敬宾茶会。
　　永年志善献盐圣会（当日谢山）。
　　公议乐善巧炉圣会。
　　公议志善沿路缝绽圣会（当日谢山）。
　　万年永庆太狮一堂。
朝顶：
　　攒香如意老会。
　　公议希贤惜字老会（至北安河落宿）。

　　　　仝心秉善檀香素烛圣会。
　　　　公议重整拜席老会（仍宿桃园）。
　　　　中幡圣会（以下五会朝顶，都是我们目见）。
　　　　音乐圣会。
　　　　大鼓圣会。
　　　　狮子圣会。
　　　　拨子圣会。
　初十日：
　　回香：
　　　　攒香如意老会。
　　　　仝心秉善檀香素烛圣会。
　　　　公议重整拜席老会。
　　落棚：
　　　　松棚秉意诚献粥茶圣会（目见）。
　　朝顶：
　　　　万诚童子跨鼓老会。
　　　　子孙万代诚献粥茶盘香圣会。
　　　　公议重整合议面茶老会。
　　伸信：
　　　　开山老会。
　十一日：
　　回京：
　　　　金峰普照燃灯老会（当日谢山）。
　　朝顶：
　　　　万寿善缘缝绽会（仍回棚）。
　　　　缝绽老会（仍回棚）。
　　起程：
　　　　开山老会。
　十二日：
　　朝顶：
　　　　开山老会。

十三日：
　　封表：
　　　　万寿善缘缝绽会。
　　　　缝绽老会。
　　朝顶：
　　　　同兴南庄诚献粥茶子孙圣会。
十四日
　　落棚：
　　　　子孙万代粥茶路灯老会。
　　　　兴隆十八盘献粥茶老会。
　　　　公议重整合义面茶老会。
十五日：
　　止供奉：
　　　　天津全体联合会。
　　落棚：
　　　　子孙万代诚献粥茶盘香圣会。
　　　　南道水泉降香粥茶老会。
　　　　益善同缘茶棚圣会。
　　　　子孙万代粥茶路灯老会。
　　　　兴隆十八盘献粥茶老会。
　　　　同兴南庄诚献粥茶子孙圣会。
　　　　公议重整合义面茶老会。
　　　　同心乐善诚献粥茶。
　　　　公议乐善诚献粥茶棚花会。
　　谢山：
　　　　万善长青献鲜老会。
十六日：
　　回京：
　　　　子孙万代诚献粥茶盘香圣会。
　　回香：
　　　　缝绽老会。
　　谢山：
　　　　万寿善缘缝绽会。

二十六日：
　　诚献惜字粥茶：
　　　　公议希贤惜字老会（彰仪门外看舟村普济宫本棚诚献四昼夜）。
二十八日至二十九日：
　　收焚沿途各棚香纸残文废字：
　　　　公议希贤惜字老会（至卢沟桥）。
七月（秋香）：
　二十四日：
　　起程：
　　　　公议希贤惜字老会。
　二十五日：
　　朝顶守驾：
　　　　公议希贤惜字老会。
　　起程：
　　　　金善普缘如意子孙面鲜圣会。
　　　　德缘志善献盐圣会。
　　　　同兴南庄诚献粥茶子孙圣会。
　二十六日：
　　进香：
　　　　金善普缘如意子孙面鲜圣会。
　二十七日：
　　回香：
　　　　金善普缘如意子孙面鲜圣会。
　　起程：
　　　　公议志善沿路缝绽圣会。
　二十八日：
　　进香：
　　　　公议希贤惜字老会。
八月：
　初一日：
　　回香：
　　　　德缘志善献盐圣会。

同兴南庄诚献粥茶子孙圣会。

公议志善沿路缝绽圣会。

普兴万缘净道圣会的会启上说，"在三月内将山径石坎用錾打平浮沙，扫除活石"。南道水泉降香老会说，"春秋二季举行"。万寿善缘缝绽会说，"春秋二次"。因为他们都没有把日期指出，所以都未写在里面。

这个表的不完备，只要看秋香就可知道。秋香固然不及春香盛，但何至只有寥寥的五个会呢？我们在这个表上，只能知道在春香以前，他们早有预备；在春香以后，他们还有些余兴；秋香的香市，大约以七月二十五至八月初一这七天为盛。

春香的热闹状况，我们在这个表上很可以看出，最热闹的是初六初七两天的起程，初七初八两天的朝顶，初八初九两天的回香。其次，是初一的起程与开棚，初四的起程，初五的朝顶与守晚，初六的回香与朝顶，初九的朝顶，十五的落棚。我们这一次去，实在是失计了：初八起程，初九朝顶，初十回香，都不是人数最多的时候。

总观他们进香的日期，可分两种。一种是茶棚，他们虽有迟至初五开棚，又有早至初九落棚的（涧沟的茶棚于初九落棚，我们所见；因不知会名，故未列入表中），但大部分都于初一开棚，十五落棚。至于普通的香客，都是来往三天；加以在会中守晚的半天，共三天半。其较为特别的，就现在所知，只有以下四会：

（1）万里云程踏车圣会——来往四天：

初五守晚。

初六起程，至北安河落宿。

初七由北道登山朝顶，晚宿沟沿。

初八由中道回香，仍宿北安河。

初九回京谢山。

（2）万年永庆太狮一堂——来往四天：

初五守晚。

初六起程，宿北安河。

初七朝顶，宿涧沟。

初八下山，仍宿北安河。

初九回香进京。

（3）同心万代巧炉圣会——来往五天：

初三守晚。

初四起程，上北道。回香中道。两道来往五日，随意落宿。

（4）公议志善沿路缝绽圣会——来往七天：

初三守晚。

初四起程沿路缝绽两天。

初六朝顶进香，当日回香至灵官殿，守驾三昼夜。

初九进京，安驾谢山。

（八）香会的办事项目

进香的项目是很多的，就以上所立的标题，加以我们在会启上看到的，汇集分类，有以下诸项：

（甲）进香前的预备

（1）设坛——平安圣会以正月十四日设坛。

（2）通知——万寿善缘缝绽会以二月初二日起通知，当是发出召集会众之柬帖。心缘同善巧炉圣会作"启知发信"。

（3）发信——信件事我至今还没有了解。如同议善缘诚献净饰香道圣会以二月十九日发信，三月初十日会集，心缘同善巧炉圣会以二月初八日启知发信，四月初四日起程，这发信当然即是通知，很容易懂得的。但万寿善缘缝绽会以二月初二日起通知三月二十五日呈表发信，发信与通知对举，这就不容易明白了。攒香如意老会于起程前一日"安坛设驾，扬香发信"，此发信于守晚同时，会众已集，用不到再作通知之举，可见这确不是通知了。恭献鲜花老会以"初五守晚，初六发信，候印起程"，发信在守晚之后，起程之前，更可知道这不是通知的性质了。依我想来，或者即是"前跕先行"，发信到山上的意思。又按，开山老会的"伸信"，当即是发信的异名。

（4）呈表——万寿善缘缝绽会云"呈表发信"，可见发信时要向神灵呈献表章的。攒香如意老会云"扬香发信"（恭献鲜花老会云"扬详发信"，当是字误），扬香或即是呈表时的一种礼节。

（5）前跕先行——这虽则不能知道它的实在情形，但就字义看，很可知道这是一个先锋队，先大队而行的。我们在路上常见有挑着会担，星霜星霜地走的，却并不和会众一起走，或者前跕即是这辈人亦未可知。南道水泉降香粥茶老会说"前跕发信"，合义面茶老会说"前跕发信先行"，均比守晚早一天，疑前跕先行与发信即是一事。

（6）会集——此见于同议善缘诚献净饰香道圣会会启，缝绽老会称为"聚集"；余会已包括于守晚中。

（7）设驾。

（8）拈香——此二项各会多包括于守晚中，惟恭献鲜花老会等特提之。

（9）守晚。

（乙）进香的程序

（1）起程　　恭献鲜花老会说"候印起程"，这印不知是什么印。

（2）沿路焚祠——见攒香如意老会会启。希贤惜字老会亦说"自得胜门外头道茶棚起，沿途香道焚化香纸残文废纸，交纳钱粮"。

（3）仲伙，落宿。

（4）登山——此见于乐善合缘敬宾茶会等会启，因其分登山与朝顶为两天事之故；余会多以登山日朝顶，故已并入朝顶中。

（5）报号——希贤惜字老会会启云，"至灵官殿报号"。

（6）朝顶——亦称"上顶"。

（7）守驾——希贤惜字老会会启于秋香云"朝顶守驾四昼夜，进香交纳心愿"，是他们守驾在进香之前。公议志善沿路缝绽圣会则云"朝顶进香，当日回香至灵官殿，守驾三昼夜"，是他们守驾又在回香之后。

（8）进供——此仅见于公议呈供献盐圣会，余会之进供已包括于朝顶中。

（9）进香——余会已包括于朝顶中，惟希贤惜字老会之秋香则朝顶守驾四昼夜而后进香。

（丙）进香后的余事

（10）下山。

（11）回香——此两名甚为难辨。如会启上先写下山，后写回香，则此回香系指回京；如单写回香，继言回京，则此回香系指下山。通常会启皆纳下山于回香中，惟万年永庆太狮一堂等分列之。

（12）回京——会启中包括于回香中者多；间有分列者，则以下山为回香，到城为回京。如住村中，则云"回村"。（回，亦作廻。）

（13）安驾——见希贤惜字老会，公议志善沿路缝绽圣会会启，余已包括于谢山中。

（14）谢山——亦作"酬山"。或归日，或间一日举行之。

（丁）茶棚的起讫

（1）开棚——起程前已见上。

（2）诚献粥茶。

（3）诚献缝绽——此系缝绽工所设之棚所独有。

（4）朝顶——茶棚之朝顶较迟，约在初八以后。

（5）封表——亦作"攒香封表"，以捐资人名及数目封表告神，作一结束。

（6）止供奉——此仅见于天津全体联合会，余会包括于落棚中。

（7）收粥茶——亦称"止茶"。

（8）落棚——亦称"落程"。其下与普通香会同。

（戊）特殊的工作

（1）祭山。

（2）兴工——以上二事，见遵王荡平修道圣会会启。

（3）诚献惜字粥茶。

（4）收焚沿途各棚香纸残文废字——以上二事，见希贤惜字老会会启。

（九）惜字老会会启说明

惜字老会的会启，我们向张贴的人索得两张，因此可以详细地发表在这里。但因板子太旧，印得模糊，仍旧有几个看不清的字；即在钞出的字中，说不定也有几个误字。

万寿无疆
仝议 希贤 惜字□会 老
仝议 希贤 惜字□会 老

兹因京都顺天府宛两县皇城内外关乡住户铺户官旗民众善人等诚起仝议希贤惜字会年例于三月二十六日在安坛设

苍颉至圣先师圣诞之辰虔备香烛供品启知恭祝

阖会惜字众善台同早降拈香烛敬

愿木会由齐化门外南小街后拐

黎明至北安文废河字交纳钱粮起沿途香道

程自德胜门内北安河道茶棚起早至青龙桥焚化

化纸残文废字交纳钱粮早道日富处敬纳心请

仲伙由中北安道登山晚至日

仲伙晚纸同胡拾香同富处焚

日丑刻大众朝顶进香恭谒

灵官殿座地报

号广佑

广碧霞元君懿前诚献香烛供品文方四宝

天仙圣母

眼光

子孙

明心吉祥表文等仪交纳当年钱粮

右启于四月二十六日由本会下

处起程前往彰仪门外看舟村

下处安

当日由中道回香下山晚仍至北安道

口至清龙桥仲伙当日进京仍至本会下

下处仲伙当日黎明起程由金山村

处起程前往彰仪门外看舟村

宫木棚诚献惜字粥茶四昼夜二十九日

下处起程前往彰仪门外看舟村

宝字灰伐内去岁五月至今岁五月一年所焚

桥伐收沿途各棚香纸残文废字并至卢沟

感应药王孙大真人驾前诚献香烛供品文方

宝明心吉祥表文等仪交纳当年钱粮各了心愿

右启

朝顶守驾四昼夜

请本会每月自二十二日为始出笼□收

残文废字在本会下处投炉焚化

会末众等全拜

| 本会并无簿外化不令资有君喜为善助须登衔入会 |
| 台请者施引乐遂诸若捐勒亦募在缘 |

启文中"惜字□会"中缺一字，篆额惟"老"字为填写的楷书。依我想来这会本名"惜字圣会"，只因年久重整，所以改名为"惜字老会"；而用的会启的版依然是旧版，所以把"圣"字挖去了。

"仲伙"二字不可解。依文义看，应是"打尖休息"之意。

"至卢沟桥伐内"的"伐内"二字疑是"投纳"之意，或文字有误。

三、游妙峰山杂记[①]

《妙峰山进香专号》，原意不过出两三期就完事，不意竟拖延到六期，由五月做到八月，再过几天秋香又要上市了。现在写成此文，作一个结束。从下月起，北京大学研究所国学门要出周刊了，所有继续得来的材料都将在周刊上发表；读者诸君如有讨论和投稿，都请寄到北大研究所为感。（周刊中风俗一部分材料，由孙伏园先生主编，件寄京报馆也可以。）

我们这一次游妙峰山，除了香会材料之外，还得到一点零星的东西。

我们从海甸雇人力车到北安河（从北安河以上都是山路，车道至此而止）。过了金山口，第一个村庄是西北旺，属宛平县的。第二个是太舟坞（坞，亦书作雾或务），村前有一道沟，沟南属宛平，沟北属昌平。这个沟实在是个车道。

我们在村中小茶馆里暂息。有一个茶桌上，围着几个娘儿们，正从妙峰走下来。我们听他们谈话，知道里边有一位闺女，是向来不出门，这次竟徒步往来，走得如此之远，因此旁边几位老婆子都诧叹她确能得到神灵的保佑。

有一位老人讲给我们听："'南有峨眉山，北有画眉山'，这是一句古话。画眉山下有个黑龙潭，慈禧太后喝潭水，觉得这水味和玉泉相同，所以把这山封了。"太舟坞到画眉山很近，我们便去游览一过，知道这个山是明朝时已经封了。

过了黑龙潭，是白家疃。但那边的人念作"ㄅㄜㄊㄞㄦ"，把"家"字吞没了。因念韩家潭念作"ㄏㄢㄊㄢㄦ"，正与此同例。

从此过去，到石窝村，经温泉村，到北安河。那里有长明寺茶棚和长明客栈。我们进了客栈，问询轿价。他们说，在初一二间，每乘轿只须二元二毛；到初六七间，来的人多了，便须三元二毛了。我们问他们"一送"怎么办，他们说一送和来回同价，因为回来的空轿并不比坐人的轻

[①] 原载 1925 年 8 月 27 日《京报副刊》第二五一号（妙峰山进香专号六）。

便多少。我们嫌太贵,没有坐。其实说来,从北安河到妙峰顶有三十二里,来回便六十四里,每乘轿由四人抬,每里每人的酬资不过一分二厘半,真算不得贵呢。

过了北安河,步行上金山(即旸台山),第一个茶棚是响福观。这里离北安河四里。他们说"八里一茶棚",实在并不是一定的。沿路有妇女席地坐着,用麦秆编制花圈花篮诸物出售。茶棚中每到一香客,就替他敲磬子赞礼,所以山中常听到磬声。我们进去时,他们竟不敲,可见我们的面目终究不像个香客。

路中常有乞丐,不讨上山人,单讨下山人。他们的乞辞是:"老爷(或太太)虔诚喽,带福回家喽!""带福回家"是祝辞,"虔诚"等于"可怜,可怜吧"。但香客相见,也说"您虔诚!"这虔诚的意思就等于说"您好呵!"了。有时几个香客正在道中走着,后面来了一乘轿子,他们要香客让路,也嚷"香客,您虔诚!"这虔诚的意思又变为"借光"了。寄语编纂字典的人们,你们应当在"虔诚"字下,注明妙峰山香市的言语中有这三种用法。

响福观上去是朝阳院茶棚;对着的金山庵,就是金仙汽水公司所在。再上去是玉仙台茶棚,又名瓜打石。从此,路益直益仄,都是在无路中硬凿出的路,茶棚也无从搭起,更没有歇足的地方了。听香客们说,这地唤做"三瞪眼",因为路太难走了,眼睛要瞪上三瞪呢。行十余里到庙儿洼。

庙儿洼在金山顶,有一所破庙,却没有茶棚。听人说,这几年大家穷了,承办这里茶棚的香会担负不起这笔费用了,所以今年是停施粥茶了。这真是可以忧虑的事情。从北安河到玉仙台十六里有四个茶棚,从玉仙台到涧沟(妙峰南麓)亦十六里,路最难走,而中间竟没有一个茶棚,这不是使香客太辛苦了吗?呜呼,妙峰山之香市其衰矣!

在山顶据石小憩,虽没有粥茶,却有几副小买卖的担子。我们买了些糖菜,又吃了几碗豆腐羹。见有一人上山,三步一拜,因此走得非常慢。这时已下午六点,恐怕他到涧沟时在半夜了。

自庙儿洼西路下山,一路杏花满山,比苏州邓尉山的梅花更要茂盛。杏花丛中又间以白杨,风来时萧萧作响。杏树下又有许多未发青的玫瑰,矮小的枝干很整齐的排列着。我们欣赏风景,因此走得愈缓了。到涧沟时,已近九点。

我们一路从微黯的煤油灯的道上摸到了涧沟，忽然间得到了一个异样的刺戟。涧沟灯光既多，又有一个高二三丈的木杆，上面挂着二尺见方的八个大灯，每一个灯上写一个"大"字，是"天—仙—圣—母—碧—霞—元—君—"。我的心竟给这个灯杆吸住了，只觉得神灵的伟大而庄严的仪态是应当崇拜的。

我们在这时都犯着饥渴了，想到茶棚里喝一碗粥。但要去喝粥似乎不应当不到神前叩头，因此相约去叩了。回转身来，取凉着的粥就喝，一喝就喝了三碗。听棚中司仪员唱道："先参驾，大家坐落再喝粥（有时喝茶）；老少都来喝，带着福儿回家！"

从涧沟上山（妙峰），路也很难走，灯光又甚微，只得买了火把上去。碰见了一组右安门来的女香客，她们没有火，就沾了我们的光走了。她们问我们是不是进香的，我们说是，她们露出诧异的样子，似乎因为我们数人手中没有捧一炷香，她们却打得大包裹呢。

走了八里，到"莲花金顶"（妙峰的正名）的灵感宫（娘娘庙的正名）。那里耀眼的是汽油灯，摩肩的是人，迷眼的是香烟，扑鼻的是烟香，塞耳的是钟磬鼓乐之声，只觉得自己迷迷胡胡的，不知到了什么世界里来了。在这一个世界里，是神秘得可爱，真挚得可爱，快乐得可爱，男女老少活泼得可爱。

娘娘庙的正殿上供着三尊圣母：中间是"天仙圣母碧霞元君"，左边是"眼光圣母明月元君"，右边是"子孙圣母广嗣元君"，颇与佛殿上三世佛、三清殿上三天尊相像。

但香会单子上写眼光子孙两圣母的很少，而除"天仙圣母懿前"之外，尚有"玉皇上帝御前""东岳大帝御前""关圣大帝驾前""应化天尊驾前""玄坛赵元师"等等。玉皇殿在涧沟南姚家岭上，是很小的三间屋子。东岳大帝殿在回香亭，关帝殿在涧沟松棚行宫，其余不知在那里。

回香亭在娘娘庙的西首，里面也有一个茶棚。正殿为东岳大帝，配殿为"速报"和"现报"。这使我想起朝阳门外东岳庙中这两司的香火情形来了。又有二配的：（一）科神殿，（二）鲁班、仓神、火神、库神、财神殿。正殿两壁悬着十殿阎王的画幅。

娘娘庙门上有一匾，是"普照五洲"。门口有一旗，是"天仙圣母碧霞宏德元君"。门内建着一个丈余长的高幡，写着"京西北金顶妙峰山（以上小字）天仙圣母有求必应（以上大字）"。殿前有慈禧太后写的

"功侔富媪"一匾。殿柱上贴着"长春曹荫堂年例呈献亲供一堂",可见妙峰山的信徒是吉林也有的。

在回香亭与娘娘庙之间有一个喜神殿,我们瞧不出供的神是谁。问茶棚中人,说是纣王。门外有一匾,是北京梨园全体送的。我们在那边歇息时,听他们唱道:"带福回家,吉祥语。先参驾,落了坐儿再喝粥。"

回香亭是张勋夫人重修的。去年游三家店,见工人正在修路,他们说:"曹总统的太太捐一万元,要造马路,通汽车到妙峰山呢。"自从曹锟幽禁以来,不知道此事怎么样了。这天(初九日)在山上,听得张作霖的如夫人也来了,但我们没瞧见,不知道有没有什么仪仗,还是全和普通香客一样的。听说西北旺一带,镇威军雇工修马路即为此事。

茶棚中人对我们说:"今年的香市是特别衰败,为的是冯玉祥的军队要来抢掠,吓得许多人不敢来了。"但我看着庙儿洼的停止施茶,恐怕理由没有这样的单纯吧。可惜冯玉祥是奉基督教的,不然,何妨请他的太太们也来进香修庙,消释他们的疑虑呢。

我们的同乡来进香的,除了窑子之外,极不易见。有一个江浙口音的闺秀,穿了黄衫黄裙黄鞋,挂着黄布袋,乘着肩舆而来。他非常诚心,进了庙门,有一个石槽中满积着秽水,秽的发黑了,他先在槽内洗了手,再去点香。我看了,除了感到神力无边之外再没有别的感想,因此再想起了太舟坞村前所见的向不出门而这回竟从高峰巉岩上往来七八十里的闺女。

在庙中看烧香,见有三步一拜而来的,也有一步一拜而来的。我们从北京来,一步不停的走,也须走上一天,他们要走多少天呢?在许多会单之中,见有特别的一纸,写着"双臂提炉,十年愿海,挂匾了愿",下写"西便门内费景瑞参拜"。这是提臂炉来的,更难能了。

庙僧对于香客,纯任自由,一点没有干系,除了投住他们的客堂。香会进香,自己雇了吹手去,在他们行礼时奏乐。这种乐声与丧事人家的乐声是一样的,听了使人兴起悲壮而严重的情感。会众进香时,也有燃爆竹的,在山中听之,宛如炮声。又有燃鞭炮的。

香客有挂小木牌于衣襟上的,往往挂至十余方,这是寄香。

娘娘正殿的右首有小间一,供王三奶奶。青布的衫裤,喜雀窠的发髻,完全是一个老妈子的形状。据人说,这是天津人,确是做老妈子的,因修行而成神。这里边一定有一件很大的故事,所以会得从天津传到北京。但北京人的崇拜的程度究不及天津人,所以天津人在会单上必以王三奶奶与天仙圣母并举，而北京的会单上便没有。

　　门内左首，有一个小若盦子的三教堂，供的是一僧一道一官，算做儒释道三教的象征。天仙圣母真阔气，三教都寄在她的宇下了。

　　正殿的两配殿为广生殿和财神殿，使我想起了朝阳门外东岳庙中香火特盛的广嗣神殿和阜神神殿，觉得这两神真是最切人生的，无论那一个大神必请了这两位配享，才可把自己的香火站稳了。

　　在店子港与茶棚中人谈话，可记得的很多。他说，烧香的人以北京、京西、天津人为最多，但多半是"苦烧香"。香客住在茶棚里，肯给多少就给多少，不给钱也可以。妙峰一带的出产，有玫瑰花、苦杏核、山楂，略有小米。玫瑰约卖四毫一斤。别的东西都没有，买东西要到北安河。因此物价都比北京贵。不知为什么，此地地气特别冷，山谷里到四月还有冻瀑，杏树也挨到香市才开花呢。香路有五道，中道大觉寺现在没有多少人走，一天来往的只有十余人。中北道北安河人最多。北道沙河来的会少，但后山街（在妙峰北四十余里）上有一个万人老会是极盛的。

　　我们到涧沟吃饭。饭馆分荤素两种，都是支布帐，铺地席的，桌子就是炕儿。我们进的是素馆，席地而坐，颇有新意味。听他们说，今年生意不好，所以到十三日就要收了。对面的茶棚却已经收去了。我们进会时，恰巧打拳的如意老会来进香，他们要到松棚行宫里演武后才上山，因此我们吃完了就跟着去。

　　松棚行宫内祀协天大帝，即关帝，故俗称老爷庙。如意老会会众们到了，先在庙中参拜，后在庙内广场上试身手，也算是娱神的意思。当下看客聚了一院子，满头载福的巡警也来看热闹。他们上场了，先演枪，再演棍，再演刀；先单身演，然后两人合打。因为这是不拿钱的，所以比了拿钱的更加出力好看。

　　我们正在看比武时，松棚茶棚的主者林君看我们装束特异，屡次邀我们去喝茶，情不可却，只得到内堂坐了。他们既煮了香茗，又命厨子备了点心请我们吃。说是点心，其实是很好一顿饭：十六个冷碟子，五个菜，两道面点，说是西四牌楼白肉馆的烹饪呢。我们很觉得过意不去，但又拿不出多少钱来，只给与他们两元钱。他们起先不受，后来受了，拿了一张红纸来，请我们写上姓名，说收棚焚表时要把我们姓名粘在表上，通告神灵，祝祷我们的吉利哩。

　　我们上山时，看见下山的轿都是倒抬的，不由得一齐想起了"妄自倒行郎自看,省郎一步一回头"的句子,虽然大家不记得是那一人的诗。这次下山,我不幸曲了左腿的筋,很不能走路,只得雇轿。但乍坐在一个绳捆破板的椅子中,杠子太长,坐椅很颤,下望层峦深壑,不由得脚软起来。轿下抢风岭,他们并不倒抬,仿佛要把我这个人从椅子里直倒出来似的,我的心又禁不住突突地跳起来了。此时没有别的念头,只怨地心为什么有吸力。但这时正在极窄的石壁之下,要把轿子掉一个方向是做不到的。我喊轿夫道,"你们停下吧,我自己走吧!"但他们不肯听,只说"没有事"。我没有办法,只得紧紧的握住了杠子,闭了眼,听他们走去。后来到了孟尝岭,地方宽了一点。才掉了转来倒抬了。

孟尝岭云聚寺是一个破庙,里面有一个茶棚。由此至樱桃沟,路极难走,但风景极好。樱桃沟的饭铺子搭在清冽活泼的泉水旁边,我们坐下吃了些粥点,泉声和泉色早已把我的胸中的烦恶涤除得干净了。往东是药王殿,我们没有去。由此经南庄、桃园,而至大水泉,再息。因为我们六点许即下山,所以走了一半路还只有九点五十分。茶棚中供的是观音大士,棚的四面挂满了二十八宿及十二生肖画像。(画像各棚中均有之,但数目似有多少。)

由此至望山和十八盘。十八盘的岭上有一砖门,上镌"孟尝岭云聚寺"一额。云聚寺离此二十里,刻在这里算什么呢?过去不多路,就是西北涧茶棚。棚柱悬绣联云"茶棚提灯,申刻敬送","各堂贵会,概不诚献"。提灯是这一个茶棚(提灯乐善诚献粥茶圣会)的特务,不知道是怎么样的。概不诚献,同于其他茶棚的"不迎不送,不参不拜"的布告。其实茶棚里的事情无非是迎送参拜,而他们所以这样说,为的是香会人多,恐有不周到之处,启人责备,所以先假作挡驾。这和为了收礼而派出讦来,上面却写"鼎惠恳辞"很有些相像。(这件事当时曾询得他们的解释,现在记忆不详了,未知所言有误否。)

我们的轿子到了浑河,上渡船。渡船有二,一是普通买钱的,一是龙泉雾村捐给香客们乘坐的。我们头上戴着红花,所以轿夫更把我们送到香客的船去。

渡了三次浑河,就到三家店。我们在茶馆里落了坐,等步行的同伴还不来,便向轿夫打听各路的重要站口和里数。他们说的如下:

北道—妙峰—(四里)—苇子港—(四)—磕头岭—(四)—

大峰口—（四）—花儿洞—（三）—双龙岭—（三）—磨石河—（四）—双水泉—（一）—车营—（三）—聂家庄—（二五）—沙河—共五十五里。

中北道—妙峰—（八）—涧沟—（八）—庙儿洼—（八）—瓜打石—（八）—金仙庵—（一）—朝阳院—（三）—响福观—（四）—北安河—共四十里。

中道—妙峰—（八）—涧沟—（八）—罗布地—（四）—上平台—（四）—塞儿峪—（八）—大觉寺—（三）—北安河—共三十五里。

北安河至西直门—北安河—（八）—温泉—（六）—杨家庄—（四）—冷泉—（十）—红山口—（三）—安河桥—（八）海淀—（十二）—西直门—共五十一里。

南道—妙峰—（八）—涧沟—（十二）—樱桃沟—（二）—南庄—（二）—桃园—（五）—大水泉—（五）—西北涧—（二）—陈家庄—（六）—攒子沟—（四）—琉璃渠—（二）—三家店—共四十八里。

三家店至香山—三家店—（五）—五里陀—（二）—高井—（五）—磨石口—（八）—黄村—（五）—夏庄—（三）—嘉庆寺—（二）—杏山口—（四）—魏家村—（六）—门头村—（三）红山口—蓝旗营……—共约五十里。

可惜我们没有明细的地图可以依据，我们无法画成一幅《妙峰山进香地图》。

归来之后，又听得一句关于妙峰山的歇后语："妙峰山的娘娘，照远不照近。"又听得妙峰山有跳沟的事，凡是诚心求一件事的，竟从山上跳下沟涧去，以表示自己的决心，如此，可以得到神灵的保佑，他会命鬼使神差送回家，不受丝毫的伤损。但是若与上句话联合起来看，还是留心着自己的籍贯，提防这位娘娘的忍心不照近，听你活活的跌死的好呢。

十四，八，二十四。

四、(奉宽)《妙峰山琐记》序①

妙峰山是北平一带的民众信仰中心。自从明代造了碧霞元君庙以来，直到现在约三百年，不知去了多少万人，磕了多少万头，烧了多少万香烛，费了多少万金钱。这着实是社会上的一件大事。可是要找一篇关于妙峰山的记载，除了京朝官在笔记里偶然提起几句之外，是找不到的。这没有什么可怪，烧香的民众和作文的士大夫们站在两个世界里，他们本来是各不相关的。

我自民国元年到北平，直到九年在北京大学毕业，时间不为不久，但绝不知道有妙峰山进香的一回事。这也难怪，这座庙离城百里，太远了，接触不到。虽是城内墙上每年必贴着许多香会的报帖，阴历四月初旬又有无数"带福回家"的特殊人物，但天下的事情不入我们的意识的何啻万千，这一点事情熟视无睹有什么希罕呢！

自从民国九年的秋天我和陈万里先生游西山，入山很深了，方始走到妙峰山。那边的庙，因为筑在很小的山顶上，没有多少屋宇，那时又不是进香的时候，人迹很稀，所以也没有引起我的注意。只有从三家店到妙峰山的一条路上屡屡看见小而新的庙，一座座地关着门，觉得有些奇怪。问驴夫，说是茶棚。山里为什么要有茶棚呢？茶棚为什么要造得这样讲究呢？当时曾起这些疑问。可是，世界上的事情我们不明白的太多了。我哪得一一去问个究竟呢，所以也就搁着了。

隔了四年，我又和吴缉熙先生游三家店，渡浑河。那时恰巧是阴历的四月初八，来来往往的人非常多，每座小庙——即四年前的驴夫告我的茶棚——又都击着磬，唱着喝茶喝粥的歌，庙内外歇着无数进香的人，每到一个人就到神座前磕一个头，这才引起了我的好奇心。我很想跟他们一同上妙峰山去看看了，可是过夜的东西一些没有带，只得回家。这次回家之

---

① 原载奉宽《妙峰山琐记》卷首（"民俗学会丛书"之三十六），国立中山大学语言历史学研究所，1929年12月。先载《民俗》周刊第六十九、七十期合刊，1929年7月24日。

后，街坊上贴着的会帖便一一地映入了我的眼帘。

忍了一年，会帖又出来了，这个好奇心再也不能制止，就请求北京大学研究所国学门主任沈兼士先生，派我们去调查。承兼士先生的允可，我们的调查团于十四年四月三十日（阴历四月初八）出发了。这一次虽仅仅首尾三天，没有尽量调查，但获得的材料都是新的，整理这些新的材料感到无穷的快乐。整理的结果，在《京报副刊》上连出了六次的《妙峰山进香专号》。那时颇激起社会的注意。

又隔了三年，我们在中山大学的语言历史学研究所里编印"民俗丛书"，就把这几个专号编成一册《妙峰山》。十七年九月，这本书出版了。

我常想，能够注意这个问题的，怕全国只有我们几个人吧？我们调查的固然不详细，但比我们详细的还有谁呢？倘使我们不作这一次的调查，将来这件事情消灭了之后，再有什么方法可以使人知道那些情形呢？所以我在这书的序里说：

> 我们这一年去得真巧！次年的进香期，正是奉军初打下北京，人民极恐慌的时候，听说烧香的只剩数十人了。这两年中，北方人民宛转于军阀的铁蹄之下，那有展眉的日子。今年虽把军阀驱除了，但因迁都之故，报纸上常说北平快成一座废城了，无限的失业者把这座大城点缀得更荒凉了。妙峰山娘娘之神，从前托了国都之福，受了无穷的香火；自今以往，怕要忍着馁吧？明年我北返，当再去看一下。如果山上殿宇竟衰落得成了一座枯庙，则这本《妙峰山》真是可以宝贵了：我们这件工作总算抢到了一些进香的事实，保存了这二百数十年来的盛烈的余影！

因为这个缘故，所以有人批评这本《妙峰山》编得不好的时候，我总回答道，"这是仅有的一部书了！这不是编制的好坏问题，乃是材料的有无问题！"

今年五月，回到北平，访容希白先生，见他书架上放着一册《妙峰山琐记》的稿本。拿来一看，其中讲地理、讲古迹、讲风俗、讲道路、讲庙宇，都非常精密；而香会一项比我们所钞的竟多出了两倍余，尤出我的意外。把我们出版的《妙峰山》和它一比，显见得我们的质料太单薄了。我惊奇世上竟有这样一本正式研究妙峰山的著作。我又欣喜世上竟有这样一个注意民众信仰问题的学者！忙问希白，"这本书是怎么来的？"希白说，"那是满洲人奉宽先生做的，他已有五十余岁了，他把这部著作送到燕京大学来，是希望大学里替他出版的，但未必能如他的愿。"我说，"那好极了，可以让给了中山大学的民俗学会了！"于是请于中大当局，这部书就和我们《妙峰山》同收在"民俗丛书"里了。

这书分四卷：第一卷讲的是从德胜门、西直门到阳台山一路的风物；第二卷讲的是中道和中北道；第三卷讲的是南道、滴水岩、北道和中南道；第四卷讲的是妙峰、灵感宫、五元君及各处的茶棚社火。书名虽为《琐记》，其实是很有系统的著作。

作者的游踪，在书里可以看见的，他于光绪丙申（二二，公元一八九六）即已奉母朝山；那时是由中北道上，由中道下的。（见页三三。）从民国甲寅（三，一九一四）以后又连年与妻和子同去，走的大抵是中北道和南道，北道也走过。（见页七一，一〇二等处。）因为他有了这三十余年的见闻和经验，加以他的浓厚的历史兴趣，到处寻访古迹，一碑一碣都经过他的摩挲，所以他讲得头头是道，引用书证物证数百种，记载再切实不过。书中时有辨方志及传说的谬误。如"杨家将"的故事盛传北方，因其势力之大，弄得到处留着他们的遗迹，一班人已决不能不信他们曾经到过北平一带作战了。但他说：

〔火焰头〕此处有小山脉从南来，逶迤接地而伏。土人因半天云岭下有地名水源头，故连类及此，呼为火源头。"源"字不伦，易以"焰"字；且谓孟良盗骨烧昊天塔，由此纵火。按孟良盗杨无敌骨于昊天塔事，见元人所撰杂剧。……特昊天塔速在京城西便门内，安能由此纵火？则荒诞矣！（页一一）

考百望山，俗呼望儿山，云是佘太君望杨六郎处。……西殿石佛一尊，……其首为人盗去。据手印，为释迦牟尼像。俗谓佘太君像，非也。杨无敌父子与契丹交战，初未尝一至幽燕，则太君望儿，六郎挂甲，孟良放火等事，固皆子虚乌有。（页一六）

这样辨证，不必费辞而传说之虚妄已立见。又如考阳台山云：

大觉寺……内西北院为龙王堂，有辽咸雍四年《阳台山清水院创造藏经记碑》。……碑中语及碑阴题额,阳台皆"阴阳"之"阳"。而陈天祥《金山寺碑》《日下旧闻》、王昶《金石萃编》、光绪《顺天府志》,皆作"旸谷"之"旸",盖相沿于明宣德三年四月初七日,正统十一年十一月初一日《御制大觉寺碑》。《萃编》按语且云,"曾于乾隆戊戌亲见此碑。"乃亦误书"旸"字,殊不可解。(页二五—二七)

这种一字不苟的精神,不值得我们佩服吗!

书中记古迹的,如石佛殿的魏太和十三年阎惠端造像,考正《顺天府志》书,"阎"为"闫"之误;(页七一—七二)大云寺的辽大康九年舍利经版塔,指出史书中书"大康"为"太康"之误,且于"定光佛"一名证明辽代不以帝讳(辽太宗名德光)缺佛号的末笔(页八五—八六),这都与史学和考古学有裨益的。其记传说的,如灵官驱山兽以安香客(页八四),灵感宫钟由高阳飞来(页五八)等等,更是我辈研究民俗时的好资料了。

我们从前去调查,见了材料就钞,自以为已很细密。但一方碑,一张会帖,文字太多时,我们只有摘要写下,因为全钞了费时太久,而且围看我们钞写的人来了一群也有些不耐烦。今观此书所录材料,几十字的固然不缺,几百字的也不加刊删;一件东西的行格、尺寸、地位,记得一丝不苟。这在材料的确实程度上比我们高了多少?在工作的困难程度上又比我们增加了多少?这才是正式的调查!这才是调查的型式!因为这样,所以这五条路上的茶棚名目、会帖,及其废兴的情形,他都能记完全了;妙峰山及其附近的庙宇、村庄、碑碣、塔像、风景,他都能记清楚了。我们从前整理这些材料时,很有人笑我们是"小题大做"。哪知读了这本书,我们正不胜"小巫见大巫"之感呢!奉宽先生又有《燕京故城考》一篇(登载《燕京学报》第五期),把辽、金、元、明的故城沿革一一亲勘,再加上无数的书证物证,写出极严密的考证与说明。他不冀奖励,不畏穷饿,随着自己的兴趣,对于某几个问题作为数十年的专攻,这真是我们学界的"鲁灵光",我们忍使他埋没了吗?

书中有许多处很有遗老的口气,似乎不适宜出现于我们的出版物上。但他在旧教育、旧信仰之下是真有做遗老的资格的,我们应当原谅他,不必求全责备。

承魏建功先生的好意，为中山大学民俗学会标点此书，校印此书，并加进了许多手摄的照片，又替作者记出了引用书目，使得有志研究这方面的事物的人容易找得材料。他费去很多的功夫在这本书上，敬为民俗学会表示极度的感谢！

今年五月中，我和建功先生们又到妙峰山去了。进香的人萧条得很，远比不上那一年。大约这种风俗，一因生计的艰难，再因民智的开通，快要消灭了。我们还是赶紧起来注意这垂尽的余焰罢！尤其有这本书作了指南之后，对于我们的工作利便不少，这还不够鼓起我们的勇气来吗？本书的读者们，你们若不继续着奉宽先生的脚步而前进，你们真是辱没了这时代的使命了！

顾颉刚

十八年，十二月，廿五日。

第三编 其他

一、"二十四孝"[①]

"二十四孝",是含有严重的训诫意味的一组故事。中国的道德最重"孝"。孝经中说,"夫孝,始于事亲,中于事君,终于立身",就是把孝道看成人生道德的惟一标准。在"举孝廉""旌表孝子""割股疗亲""雷击忤逆""天下无不是的父母"……种种空气之下,于是有人把许多孝子的故事集合起来,编成两打,名之曰"二十四孝"。

这二十四孝的名目的起源,我们还未能知道。但看他终于黄庭坚,可以说是起于宋代以后。

现在,我所得到的"二十四孝",是乐善堂刻的"增广日记故事"的本子。其中排列如次:

一、帝王二人
(1) 虞舜——标题为"孝感动天"。
(2) 汉文帝——"亲尝汤药"。
二、周五人
(3) 曾参——"啮指心痛"。
(4) 闵损——"单衣顺母"。
(5) 仲由——"为母负米"。
(6) 郯子——"鹿乳奉亲"。
(7) 老莱子——"戏彩娱亲"。
三、西汉五人
(8) 董永——"卖身葬父"。
(9) 郭巨——"为母埋儿"。
(10) 姜诗——"涌泉跃鲤"。
(11) 蔡顺——"拾葚供亲"。

[①] 原载《新生周刊》第一卷第二十四、二十五期合刊,1927年。

(12) 丁兰——"刻木事亲"。
四、后汉三人
(13) 陆绩——"怀橘遗亲"。
(14) 江革——"行佣供母"。
(15) 黄香——"扇枕温衾"。
五、魏一人
(16) 王裒——"闻雷泣墓"。
六、晋三人
(17) 吴猛——"恣蚊饱血"。
(18) 王祥——"卧冰求鲤"。
(19) 杨香——"搤虎救亲"。
七、吴一人
(20) 孟宗——"哭竹生笋"。
八、南齐一人
(21) 庾黔娄——"尝粪忧心"。
九、唐一人
(22) 唐夫人（崔山南祖母）——"乳姑不怠"。
十、宋二人
(23) 朱寿昌——"弃官寻母"。
(24) 黄庭坚——"涤亲溺器"。

别种本子的二十四孝的名目是否与此全同，我觅到的材料不多，不敢说定。

在《传奇汇考》（上海广益书局石印本）的"孝顺歌传奇"条下，也列有这二十四人的名字，但替他们分成了九类：

一、"帝孝"二人
虞舜　汉文帝
二、"贤孝"三人
曾参　闵损　仲由
三、"病孝"四人
郯子　孟宗　庾黔娄　黄庭坚

四、"顺孝"二人

老莱子　姜诗

五、"苦孝"五人

董永　郭巨　吴猛　王祥　朱寿昌

六、"难孝"三人

蔡顺　江革　杨香

七、"追孝"二人

丁兰　王褒

八、"幼孝"二人

陆绩　黄香

九、"女孝"一人

唐夫人

这本孝顺歌传奇也许有些好的描写，可惜现在觅不到了。

前年，广西刘策奇先生寄给我一本《歌钱临风》（桂林文茂堂刻本），很像是市廛间卖唱者的曲本。其中有一段是叙述二十四孝的，和上面所写不同得多：

我唱二十四孝人：——

第一行孝舜明君，离山耕田顺双亲。二十四孝为第一，因孝得做帝皇身。

第二行孝是目连，目连救母往西天。观音娘娘亲点化，阴司救娘得回还。

第三行孝赵匡胤，有忠有孝有德行。德行千里送金娘，因此有个帝王分。

第四行孝是王祥，继母久病思鱼汤。将身睡在寒冰上，天赐金丝鱼一双。

第五行孝是孟宗，忤逆之人天不容。孟宗哭竹生冬笋，愿亲寿如松柏同。

第六行孝是丁兰，丁兰刻木为亲娘，朝夕焚香供父母，至今孝名天下扬。

第七行孝是王香，王香扇枕许温床，冬天温被亲娘睡，新物定要母先尝。

　　第八行孝命不通，割股救亲孟日红。彦贞招了梁氏女，我倒容你天不容。

　　第九行孝是曹安，曹安杀子救亲娘。孝心感动天和地，万古留名四海扬。

　　第十行孝蔡伯喈，幸遇有恩张广才。苦了贞烈赵氏女，麻裙兜土筑坟台。

　　十一行孝孟姜女，丈夫去春万里墙。亲自哭到长城地，寻得骸骨转还乡。

　　十二行孝姜秀才，姜诗逐妻好伤怀。芦林相会方知苦，即着安安送米来。

　　十三行孝王五娘，朝日只想诵金刚。侯七只想王氏女，不知错杀自家娘。

　　十四行孝是埋儿，郭巨孝顺埋儿身。只想孝顺来孝母，孝感天地赐黄金。

　　十五行孝董秀才，董永卖身买棺材。卖身买棺葬父母，复有仙姬送子来。

　　十六行孝五子郎，寻到告化老婆娘，即拜老婆为亲母，五子行孝永传扬。

　　十七行孝孟圣人，孟子作了多少文。孟母为儿三千教，后来儿子做贤人。

　　十八行孝窦燕山，燕山为人有义方，五子仪俨侃偁僖，弟兄五个名俱扬。

　　十九行孝香九龄，秋凉冬寒能温席。九龄本是行孝子，孝于亲来所常执。

　　二十行孝贺担名，贺担大孝孝娘亲。母亲真心朝佛祖，正往灵山见世尊。

　　二一行孝开宗君，行孝数载家不分。上天赐柯摇钱树，日落黄金夜落银。

　　二二行孝孝感天，要求鹿乳母病全，身背鹿皮上山去，险些射死在外边。

　　二三行孝田三郎，弟兄三人不分张。三嫂锥死紫荆树，臭名万载田三娘。

二四行孝满堂红，九世不分是张公。家中挂了百忍字，后来儿孙个个同。

——二十四孝唱完了，将歌付与会歌兄。会歌人来会歌人，二十四孝表得清。

这个二十四孝是民众编集的，比较了上面的二十四孝由士大夫们从故书雅记中抄出的自是不同，但可怪的，他们把孝的范围放得太宽了，无论是友于兄弟（如田三郎），挚于夫妇（如孟姜女），睦于族人（如张公艺），谨于男女（如赵匡胤），都算作"孝"。甚至于连违背了"父母在，不远游"的教训，并且"苦了贞烈赵氏女"的蔡伯喈，也算作"孝"。这颇使人难解。或者二十四个人太多了，唱歌者的记忆力不佳，记不全，所以拉杂地凑数吧？

在这首歌词里，和刻本廿四孝相同的人，是：舜、王祥、孟宗、丁兰、黄香（歌中作王香）、姜诗、郭巨、董永、郯子（第廿二人），凡九人。又第十九首"秋凉冬寒能温席"的"香九龄"，怕即是第七首"冬天温被"的"王香"。至于这首歌词所有而刻本没有的人，是：目连、赵匡胤、孟日红、曹安、蔡伯喈、孟姜女、王五娘、五子郎、孟圣人、窦燕山、贺担、开宗君、田三郎、张公，凡十四人。其中如孟日红、曹安、五子郎、贺担、开宗君等的故事，我们还不能详细知道。

这种民众传说的二十四孝，想来还有许多。我们若能对它注意一下，必可得到很好的收获。

此外，我又在北京买到一册《女二十四孝》（民国壬戌，北京永盛斋重刻本）。里边的人，是：

一、缇萦（汉）——"上书赎罪"。

一、陈孝妇（汉）——"纺织养姑"。

三、曹娥（汉）——"投江抱父"。

四、张李氏（唐）——"乞丐养姑"。

五、木兰（晋）——"代父从军"。

六、谢小娥（唐）——"手刃父仇"。

七、崔志女（宋）——"孝比王祥"。

八、聂瑞云（宋）——"斫虎救母"。
九、张氏（顾德谦妻，宋）——"雷击凤孽"。
十、詹氏女（宋）——"智释父兄"。
十一、周氏（王槐庭妻，明）——"典衣疗姑"。
十二、刘兰姐（明）——"童媳善谏"。
十三、缪玉华（清）——"孝女全贞"。
十四、陈氏（王宗洛妻，明）——"剖肝疗姑"。
十五、王氏（夏诚明妻，明）——"糟糠自厌"。
十六、储范氏（明）——"剪发守节"。
十七、程瑞莲（明）——"为母解冤"。
十八、杨秀贞（明）——"谏母溺女"。
十九，王兰（□）——"直言谏父"。
一十、刘女（□）——"劝母止虐"。
廿一、赵王氏（明）——"孝媳却鬼"。
廿二、卢氏（郑宗义妻，唐）——"冒刃卫姑"。
廿三、孙氏（吴子恬妻，□）——"分家劝夫"。
廿四、张素真（明）——"诚孝度亲"。

　　这二十四人中有一大半不听得人们提起，想来编集的人是个读书人，他从府县志里钞出来的。这书编次很乱，综计汉三人，晋一人，唐三人，宋四人，明九人，清一人，不著朝代者三人（想来也是清）。缪玉华是清道光间人，可见此书作于道光之后。书中著明籍贯的凡十二人，中有常州人三，无锡人一，江阴人一，或许此书是常州府人做的。

　　之前在北京大学研究所国学门的考古学室里，见唐代墓碑数方，上面刻有曾参"啮指思亲"和孟宗"哭竹生笋"等故事。可见二十四孝故事的事的结集，在唐代已经酝酿了。

十六，十，廿七，广州东山。

二、苏州的歌谣①

歌谣是以前不注意的东西，所以书籍里保存得极少。只有给当时人看作有关国家休咎的，才肯尽量登载在国史的"五行志"里。这一方面的损失，实在很大。近来中国人感受世界潮流，北京大学于民国七年即着手征集歌谣。到现在，已经征集到二万多首，都放在研究所国学门的歌谣研究会中。但因学校经费困难，未能整理印行。

苏州是中国近古的一个文化中心，那里的歌唱也很有名。翻开《辞源》来看，上面就写："山歌，榜人（即舟子）所歌，吴（苏州一带）人多能之，即所谓水调也。"其实山歌（民歌）何地没有，不过苏州人受了水乡的陶冶，声调靡曼缠绵，容易使得听众爱好罢了。

从历史上考查苏州歌谣，最早见于记载的是《楚辞·招魂》篇的"吴愉蔡讴，奏'大吕'些"。《汉书·艺文志》歌诗类中有《吴楚汝南歌诗》一种。但是这些都是乐曲，不是徒歌；而且吴的地域没有一定，或为国，或为郡，不能确说是苏州的作品。宋郭茂倩的《乐府诗集》里有《吴声歌曲》四卷，是六朝至唐的乐曲，大约是以金陵（六朝的国都）为中心的。

我们现在所要说的歌谣，是以吴县的苏州市为中心而旁及于太湖区域（江苏的东南部和浙江的西北部）的。在这一个区域中，我们搜集到的歌谣以五代时吴越国王钱镠所唱的为最早。宋僧文莹所作的《湘山野录》中记钱镠还乡，与乡人宴会，他先唱一首文言的歌（三节还乡兮挂锦衣，吴越一王驷马归……），乡人都不懂。他觉得不能尽兴，就用吴音唱着山歌。这首歌词是：

    你辈见侬底欢喜，

---

① 原载日本《改造杂志》第八卷第八号，1926 年 7 月；又载《民俗》周刊第十一、十二期合刊，1928 年 6 月 13 日。

>   别是一般滋味子，
>   永在我侬心子里！

歌毕，大家欢喜非常。这是平民文学胜过贵族文学的一段故事。

明王世贞的《艺苑卮言》里说：

>   吴中人棹歌，虽俚字乡语，不能离俗，而得古风人遗意；其辞亦有可采者。如：
>   月子弯弯照九州，
>   几家欢乐几家愁？
>   几人夫妇同罗帐？
>   几人飘流在他州？
>   又：
>   约郎约到月上时，
>   只见月上东方不见渠。
>   不知奴处山低月上早？
>   又不知郎处山高月上迟？
>   即使子建、太白降为俚谈，恐亦不能过也。

他这个批评确不是过分的话，民间不识字的天才诗人真多着呢。

民国八年，我住在苏州本乡，曾收得苏州市及附近乡镇的歌谣二百余首。可惜不久离乡，这个工作没有继续进行，否则，经过了七八年的工夫，一定可以收到一千首以上了。这些歌词，现已写定一百首，加上注音、释义、考证，编为《吴歌甲集》一种，由北京大学歌谣研究会付印，不久可以出版。现就我收得的苏州歌谣和他人收得的太湖区域的歌谣选出若干首如下：

歌谣中最有趣味的当然是情歌。但这些歌只在乡间发达，城市中人因为受了礼教的束缚，情爱变成了秘密的东西了。

（一）
    姐拉田里摘菜心，
    田岸头上丢条裙。

"郎呵，郎呵，
要吃菜心拿一把去；
要想私情别起心。
长裙短裙爷娘撑，
着仔倷个红裙卖仔我个身！"
　　　（二）
吃吃粥，呷呷汤，
看看情哥看看郎：
情哥好像正月里个梅花，
二月里个杏花，
三月里个桃花，
白里泛红，
红里泛白能样好，
我郎好像四月里个菜花黄！
　　　（三）
结识私情结识恩对恩，
做双快鞋送郎君。
薄薄哩个底来密密哩扎，
情哥郎着仔脚头轻！
　　　（四）
结识私情结识隔条河，
手攀杨柳望情哥。
娘问女儿"你拉浪望啥个？"
"我望水面上穿条能个多！"
　　　（五）
昨日夜里满天星，
今朝落雨弗该应。
情哥郎孬带钉鞋伞，
小奴奴急断肚肠根！
　　　（六）
一只小船弯勒弯，
两边花树到南海。

千叶牡丹种拉蔷薇里，
看花容易采花难！

城市中女子唱的歌，大都偏于家庭生活方面。家庭生活中有姑媳的不合，姑嫂的不合，夫妻的不合，妻妾的不合，所以歌唱的大都是这些痛苦之情。

（一）
油菜花，簇簇黄。
嫁了女儿哭杀娘。
娘说嫁了心肝女，
嫂说嫁了孽舌姑！

（二）
月亮圆圆，
荷花囡囡，
出来张娘。
娘说道，"金和宝转来哉"！
爷说道，"宝和金转来哉"！
阿爹说道，"敲背囡转来哉"！
阿婆说道，"荷花囝转来哉"！
嫂嫂说道，"败家精转来哉"！
哥哥说道，"搅家精转来哉！
搅得黄河水弗清"！
"吃爷饭，着娘衣，
孬吃哥哥窠里米，
孬着嫂嫂嫁时衣"！

（三）
阳山头上花小篮，
新做新妇多许难。
朝晨提水烧粥饭，
下昼提水烧浴汤。
姑娘氽浴娘拖背，

阿嫂忽浴自添汤。
一双新鞋尽踏湿,
眼泪汪汪哭进房。
丈夫说道,"㾕哭哉!㾕哭哉!
廿年新妇廿年婆,
再歇廿年做太婆"!
"太婆弗是容易做,
想想前前后后一段苦"!
　　　（四）
堂上一对小夫妻,
说说谈谈把家事提:
"娘子呀!
才上茶坊多听话,
两个浮生说我妻。
娘子呀!
劝你腰结汗巾秋香色,
劝你娘子依不依?
芙蓉面上何必搽脂粉;
小口樱桃何必用胭脂点;
三寸金莲算不得大,
绣花鞋内衬什么内高底!
娘子呀!
你四季鲜花何必戴;
家常何必穿新衣!
空闲何必门前立;
不可对人笑微微,——
你是无心他有意"。
"相公呀!
我穿的衣都是件件嫁时衣,
若说不穿衣,
在家箱笼贴封皮,——
封皮出拉何方地?

> 女人不足穿新衣，
> 何等人家穿何等的衣？
> 四季鲜花娘家多插惯；
> 胭脂花粉原是年轻搨。
> 相公呀！
> 你自己不要引人看，
> 别人不希奇你妻。
> 劝君莫要太多疑！"

这类闺阁中的歌，篇幅长的极多。因为这些女子大都识几个字，能看弹词唱本，所以它的风格就和弹词唱本接近了。

现在太湖区域中最通行的歌，要算是孟姜女十二月花名了，几乎没有一个女子不会唱的。孟姜女故事的大意，是：秦始皇造万里长城，万喜良被捉去做工，死了就葬在城里。他的妻孟姜女望他归来，久无信息，不得已自到长城寻找。到长城后知道丈夫已死，向城痛哭，把城墙哭倒了。这十二月花名原是"唱春调"的乐歌，因为它写的并不是孟姜女的故事，而是孟姜女的思夫之情，能够刺入妇女的心坎，所以会得极流行，把乐歌变成了徒歌，今在十二首中节录数首于下：

> 正月梅花是新春，
> 家家户户点红灯。
> "别家丈夫团圆聚，
> 奴家的丈夫去造长城。"
>
> 四月蔷薇养蚕忙，
> 姑嫂双双去采桑。
> 桑篮挂拉桑树上，
> 勒把眼泪勒把桑。
>
> 六月荷花热难当，
> 蚊虫飞来叮胸膛。
> "宁可吃奴千口血，

莫叮奴夫万喜良!"

九月菊花是重阳,
重阳美酒菊花香。
"满满斟杯奴不喝,
无夫饮酒不成双!"

这些话都是泛写夫妻离别的悲伤的,和四季相思诸歌正同。若在唐人诗中,就是"闺怨"了。
  儿歌里面,有许多是声调极谐和而无意义的,有许多是富于滑稽的成分的。

　　　　(一)
小人小山歌,
大人大山歌。
蚌壳里摇船出太湖。
燕子衔泥丢断海;
鳑鲏跳过洞庭山。
　　　　(二)
摇摇船,
摇到外婆家。
外婆出来留吃茶;
娘舅上山采枇杷。
枇杷园里刚开花,
胡蜂蜇子半爿巴。
折仔天来补仔花;
折仔地来补仔天;
拿块方砖补仔地。
　　　　(三)
和尚,和尚!
光头浪汤。
一记耳光,

打到里床。
里床一只缸；
缸里一个蛋；
蛋里一个黄；
黄里一个小和尚，
吘呀吘呀要吃绿豆汤！
　　　（四）
一个小娘三寸长，
茄科树底下乘风凉。
拨拉长脚蚂蚁扛仔去，
笑杀仔亲夫哭杀仔娘。
　　　（五）
婴阿婴阿踏水车，
水车沟里一条蛇，
游来游去捉虾蟆。
虾蟆伴拉青草里；
青草开花结牡丹。
牡丹娘子要嫁人；
石榴姐姐做媒人。
桃花园里铺行嫁；
梅花园里结成亲。

夏秋间的夜里，青年男女在豆棚瓜架下纳凉，往往唱山歌相应答，谓之"对山歌"。甲方唱了发问的歌，乙方回答不出，算输了。乙方回答出来，甲方不能再问下去，也算输了。因此，会唱歌的人往往问答得很长很长。只因没有人记录，所以保存的极少。今试举一例：

　　甲唱
山歌好唱口难开。
樱桃好吃树难攀。
白米饭好吃田难种。
鲜鱼汤好吃网难张。

乙问一
啥人对俫说"山歌好唱口难开?"
啥人对俫说"樱桃好吃树难攀?"
啥人对俫说"白米饭好吃田难种?"
啥人对俫说"鲜鱼汤好吃网难张?"

甲答一
唱歌郎对我说"山歌好唱口难开。"
贩桃郎对我说"樱桃好吃树难攀。"
种田汉对我说"白米饭好吃田难种。"
捉鱼郎对我说"鲜鱼汤好吃网难张"。

乙问二
落里碰着唱歌郎?
落里碰着贩桃郎?
落里碰着种田汉?
落里碰着捉鱼郎?

甲答二
上山碰着唱歌郎。
下山碰着贩桃郎。
田角落里碰着种田汉。
西太湖里碰着捉鱼郎。

乙问三
纳亨样式唱歌郎?
纳亨样式贩桃郎?
纳亨样式种田汉?
纳亨样式捉鱼郎?

甲答三
长长大大唱歌郎。
矮矮短短贩桃郎。
黑铁袜搭种田汉。
赤脚零丁捉鱼郎。

乙问四
迭样啥个唱歌郎?

送样啥个贩桃郎？
送样啥个种田汉？
送样啥个捉鱼郎？

甲答四
送本小书唱歌郎。
送只猫篮贩桃郎。
送双蒲鞋种田汉。
送两生丝捉鱼郎。

乙问五
一本小书几许瓣？
一只猫篮几许眼？
一双蒲鞋几许根？
一两生丝几许头？

甲答五
只买小书䌷数瓣。
只买猫篮䌷数眼。
只买蒲鞋䌷数根。
只买生丝䌷数头。

乙问六
纳亨死法唱歌郎？
纳亨死法贩桃郎？
纳亨死法种田汉？
纳亨死法捉鱼郎？

甲答六
唱歌郎死起来烂牙床。
贩桃郎死起来掼桥上。
种田汉死起来下泥潭。
捉鱼郎死起来佘长江。

我虽写到这里为止，但擅长对山歌的人依然可以就"牙床，桥上，泥潭，长江"生发些别种问句而再唱下去。这种歌词写在书本上看，固然觉得很单调，但在他们清夜高歌的时候，我们听着实在是非常美丽的。

苏州歌谣的种类和形式，大概如此，别地方的歌谣，大体也都相同。以中国地方之大，人民之多，如能尽力搜集，依我们的豫计，二十万首是可以收到的。自从设立学校以来，都市中的小孩子大都唱着学校中的歌词了。教育日渐普及，乡间也都要这样。所以在现在二三十年中不去搜集，这些可爱的东西便有失传的危险。关于这一方面，我们真是十分担忧。

十五，六，八。

三、泉州的土地神
——泉州风俗调查记之一

数年来，因为我辩论古史，注意到禹，又注意到社，又注意到社中奉祀的土地，只缘这个问题太大了，一时不能得到一个研究的结果。

江苏南部的土地神是各各不同的，有的是有名的古人，有的是离奇怪诞的封号。但北方的土地神似乎不是这样的复杂，或为白胡须的无姓名的神（即正式的土地神），或为韩文公，说是韩湘子要度他成仙，不幸他过蓝关时走入了一所小庙，于是他只得成为小庙的神了。

自来厦门，看看厦门的土地神，似和江苏的相近。但是此地很不一律，有的是一间小屋，塑上一尊白须神像，题为"福德正神"；有的祀奉"保生大帝""协天大帝""金府王爷""黄大帝"等，而福德正神仅仅是配享。

这回到泉州，进了不少的铺神祠，使我对于泉州的土地神有一个浅近的观察。

泉州城内和附郭的地方，共分为三十六铺。据《晋江县志》卷一《舆地志》，页八都里内所载铺名如下：

城东隅——五铺
（1）中华　（2）行春　（3）衮绣　（4）胜果　（以上城内）
（5）驿路　（城外）
城西隅——十铺
（6）清平　（7）文锦　（8）曾井　（9）奉圣　（10）铁炉
（11）三朝　（12）万厚　（13）华仕　（14）节孝　（以上城内）

---

① 原载《厦门大学国学研究院周刊》第一卷第一、二期，1927年1月5日、12日。又载《民俗》周刊第二、三期，1928年3月28日、4月4日。

（15）锦墩　（城外）

　　城南隅——十四铺

（16）阳义　（17）崇名　（18）大门　（19）溪亭　（20）登贤　（21）集贤　（22）三教　（23）宽仁　（24）惠义　（25）文山　（26）胜得　（27）善济　（28）育才（以上城内）（29）语渡（城外）

　　城北隅——五铺

（30）云山　（31）萼辉　（32）清源　（33）盛贤　（以上城内）　（34）（泉山）　（城外）

　　新门外——一铺

（35）柳通

　　水门外——一铺

（36）慈济

凡是一铺中地方大一点的，又分为数境（大约二个至三个），例如中华铺就分为中和与妙华两境。只因县志中没有登载境名，所以我们也不容易详细知道。然而我们看了神祠中粘贴的红片子，便可以知道一个分铺分境的约略。

这些红片子，是神灵出巡经过别的神祠的时候投递的，正如我们活人谒客的名片。片上写的是宫名（此地称神祠为"宫"，也称为"古地"和"福地"），底下是一个"敬"字。就我所钞得的有以下诸宫：

　　镇西紫云　镇西奉圣　镇北彩华　真济　镇东桂坛　镇新文圣　华里奇仕　会通　镇新佑圣　三朝容傅　三教厚诚　甲第　浦东一堡　厂口后山　镇南紫江　熙春龙宫　龙潭　仙店　小泉涧　生韩　孝悌　通津　蓝桥　凤阁　（以上自城内祠中钞出）

　　锦溪　潘山宫霞　正延陵　延陵　过掘　金榜　妙因　水仙　龙步　董浦　圣公　南后衡山　忠义　石坑　桂香　（以上从城外祠中钞出）

假使城外的神不到城内去，城内的神也不出来，倒可就上面诸名分出城内外的境名来。但可惜这一点没有问明。

这里所说的"镇东""镇西",就是上面所说的"城东隅""城西隅"。"三朝容傅"就是三朝铺中的容傅境。"华里奇仕"恐怕就是华仕铺中的两境。文圣和佑圣既均标为"镇新",大约是新门外柳通铺的两境。

听说这许多城内的神祠又分为"东佛"和"西佛"。这并不是就城的东西分别的,乃是地方上的两个大党派。这党派起于两个大户人家。清初,泉州城内有两个名人,一是打平台湾封为靖海侯的施琅,一是翰林富鸿基。富鸿基嫁女于施家,问施琅行民礼呢,还是行官礼。施琅是位极人臣的人,听了此话很生气;在婚娶的那天,他便供了皇上的黄衣,使富鸿基见了不能不跪。哪里知道富鸿基家中有"五日权君"的铁鼻,施琅去的时候,他也高高供着,施琅也只得跪了。从此两家交恶,亲家变成了怨家。他们俩一文一武,很得地方上人民的信仰,就各各植起党来;富家在西,施家在东,因此把各铺境分成了东佛和西佛两派。每逢迎神赛会的时候,东西两派遇见,各不相让,常至打架,以至流血毙命。

泉州人对于铺境看得很重,所以门牌上只写铺名而不写街巷名。在这一点上,可以知道他们对于祠铺中神灵的信仰心。不像我们苏州,虽也由土地祠分了乡隅(我家在东北隅道义乡,属于任大明王土地),但除了写疏之外是没有用处的。

这些祠里所祀的神,种类很不同。可惜这次住泉州的日子不多,不能做详细的调查。就所见的写出来,有以下诸神:

> 郑大帝及苏夫人(奏魁)
> 秦大帝(生韩)　　吴大帝(紫云)
> 温圣君及苏夫人(古榕)　　杨大帝(约所)
> 文武尊王(津瀛)　　通天文武尊王(通天)　　西坡大元帅(西坡)
> 义全大元帅(义全)　　广泽尊王(西坡)　　高桂大元帅(古榕)
> 天霆吴大人(古榕)　　太子爷(溥泉)　　方官爷(紫云及东鲁)
> 赵天君(古榕)　　勤氏仙姑(真济)　　广灵万氏娘娘(袞绣)
> 顺天圣母(奇仕)　　临水娘娘(奇仕)　　黄狄李三夫人(西坡)
> 狄娘娘(约所)　　刘星官(许坑)　　七大巡(许坑)
> 古灵殿四王(许坑及安海)　　张文照七王(安海)
> 祀公,祀公妈(灵永)

此外又有"佛祖"（一峰书）、"关圣夫子"（约所）、"福德正神"（淇园）等。

这许多神，我们一望而知是没有历史根据的。里面当然有许多是有民众的传说做背景的（例如张文照七王等，闻临水娘娘是古田人），有的恐怕只有学人家的样，随便立出一个神道而已（例如西坡大元帅、义全大元帅等）。

通天文武尊王，这个名目是怎样来的呢？当洪承畯降了清廷之后，他的弟弟洪承畯瞧他不起，以忠节自守，在宅旁盖了一所唐忠烈祠，祀张巡、许远。道光年间，有人上一匾额，文为"道通天地"，但这祠成了铺神祠之后，民众不能知道张巡和许远是何如人，而他们所要求的乃是圣神文武萃于一身的神，于是上他的尊号为文武尊王。但文武尊王是一个普通的尊号，何以分别于他处的文武尊王呢？于是又在匾额上摘下了"通天"二字加在上面，而这一个境也就名为通天境了。

读者看了以上许多话，说不定要怀疑道"这些神只是民间的杂祀，或者竟可以说淫祀。至于土地神，自有福德正神在。如何可以把这些神归在土地神的范围之内呢？"这个怀疑确是很有理的，但民众的信仰本不能适合于我们的理性。我们要解释它，原只能顺了它的演进的历史去解释，而不能用了我们的理性去解释。

社本是古代的庙宇，除了祭地以外含有很多的任务，其中的一项是附祀有功德于民的贤人。古书上所见甚多，兹举两例：

> 畏垒之民相与言曰："庚桑子……庶几其圣人乎？子胡不相与尸而祝之，社而稷之乎？"……庚桑子曰："……今以畏垒之细民而窃窃焉欲俎豆予于贤人之间。……"（《庄子·庚桑楚》篇）
>
> 为颍川太守，市无二价，道不拾遗。病免卒于家。汝阴人配社祀之。（《后汉书·宋登传》）

不知何时社庙变成了土地庙，社神变成了土地神，更规定尊号为福德正神。我们从历史上看土地神的原有的地位是很高的，他是后土，是和皇天上帝受同等崇奉的神。安海的鳌头宫有一副对联，叫做：

> 天下无双大老　世间第一正神

这实在不是过分的称誉。但自从变成了土地庙之后，学士大夫是不屑过问的了，凡是应该配祀于社的名贤，都是学士大夫替他建立专祠，或合设乡贤祠和名宦祠。在民众方面呢，他们的知识是很浅薄的，除了口耳相传的传说之外不能再有历史。但是他们虽没有历史的知识，而他们一样的要求有配社的名贤，所以他们除了福德正神以外，还有他们的某大帝、某圣贤、某元帅和某夫人。这些大帝、圣君……原是配祀于土地庙的，意义甚为显著。只因为福德正神的样子太柔懦了，神迹太平庸了，他虽然为民众所托命，但终不能获得民众的热烈的信仰。配祀的神既为民众的自由想象所建立，当然极适合于民众的脾胃。威严的是大帝，雄武的是元帅，俊秀的是太子，美丽的是仙姑，神的个性既甚发展，人的感情也自然满足。于是民众信仰土地庙中的配祀的神比正神深切得多，寖假而配祀的神占夺了正神的地位，升为土地庙中的主祀，把正式的土地神排挤到庑间或阶下去了。久假不归，由来久矣！但是我们何必替福德正神抱不平呢，新鬼大而故鬼小原是世界上的一条公理。

知道了这一点，便可明白这些大帝元帅他所以不能和土地神分家的缘故。

泉州的土地庙，在热闹的市街上的都修得殿庭严整，两庑有"班头爷"（皂隶）二十四名；而在荒丘败园之间的仅仅是一所小屋，除了一尊小偶像之外什么都没有。有几处大庙是有碑记的，摘录一些以见他们崇奉的大概：

(1) 重修奏魁宫记

吾泉附郭四隅分为各铺，每铺皆有祀神之所，春秋于此祈报焉。其区域稍大者，一铺之中复分数境，或境自为祀，或附于铺中之所祀，规制不一。奏魁宫即宽仁铺之主。神宫之举废可觇乎铺之兴衰，安可坐视倾圮而不重为葺修乎！……（民国十年黄鹤撰）

(2) 重修溥泉宫记

溥泉古地，崇祀中坛太子神像，由来旧矣。里之人休咎必祷，水旱必祈，朔望签卜，岁时祭祀，荷神庥者几二百年，而未悉起崇祀之缘起也。及采故老传闻，乃知宫地为兵宪故衙之福德祠，后因都中大水，祠之对门左畔有井，俗呼溥泉井。方水涌时，神像从井中浮出，里人收而置之祠中。犹未有以崇奉也。而神乃数化为人，以医药疗人

疾病，并自募资塑新其像，神灵由是赫焉。香火云集，有求必应，里中人于是仍其初地，为宫而祀之。……（咸丰丁巳黄廷赞撰）

有几座庙里，收藏地方上的古物。如奏魁宫中有古代天主教徒坟上的天使石像，砌入左庑。这块石像，本来流落在奏魁宫附近，有一个美国人肯出五百元买去，宽仁铺中人不肯，乘重修的机会索性砌入壁中，与关圣一龛相对，现在烧香到天使像前的也颇有其人了。又如西坡宫墙壁上嵌有古刻石佛像一方，也是在附近荒烟蔓草中找来的。生韩宫里藏有韩琦出胎的血迹石，固然未必可信，但民众要在土地庙里保存古迹的心即此可见。

这些庙中，常有建醮、演剧、宴神的事。我们近回到泉州，也碰到了几次，非常热闹。今把墙壁上黏贴的狭长红条子钞出几张，以见一斑：

(1)
奉铺主郑大帝示，阳月初三四日叩答天恩，各家交天金九金神金黄红钞，是夜各家门前犒赏神兵，以昭诚敬。
谨白。

(2)
泉郡许坑古灵殿四王府刘星官七大巡择十月十四日寅时起鼓，演唱目莲全部，谨白。

(3)
涓阳月初三日，演唱庆司五名家全枰，叩答天恩。铺中诸蝼蚁叩答。

(4)
本月廿八日，喜敬邢、朱、李三王府大筵一席，掌中班一枰。弟子某某同敬。

(5)
义泉唐陵烟阁功臣张真君示谕，择十月初六七日建设保安请醮，并叩答上苍。铺中各家交桶金，男丁一桶，九金一千，黄红钞各三千，代人名一身；女人随愿。是夜各家门首犒赏神兵，以昭诚敬。

在这些条子上，很可见民众对于铺主的信仰的热烈。他们每一铺里的人能够团结，恐怕也是铺主的力量呢。

铺主与铺主之间怎么称呼，这也是很有趣的一个问题。我初到奏魁宫，看见殿上的楹联写道：

奏鼓迎府，重新庙貌。
魁杓献瑞，上应奎星。
　　民国辛酉仲冬，弟孝悌敬贺。
庙貌仰巍峨，轮奂常新垂万世。
神灵昭赫濯，宽仁大道美千秋。
　　中华民国壬戌正月旦，弟生韩敬贺。

这颇使我发呆：如何郑大帝有了弟兄呢？如何他的弟兄是民国时代的人呢？问了一问，才知道孝悌和生韩都是宫名，因为他们和奏魁宫的地位平等，所以称起弟兄来了。生韩宫的神是秦大帝，为什么不写"弟秦大帝敬贺"呢？

祀神的杂乱，看奏魁宫就可知。宫名奏魁，联上又说"魁杓献瑞"，则阁上应祀魁星。但是我们上去一看，祀的神却是观音，桌围上写的字也是"奏魁大慈悲"。祀观音也罢了，而神龛的匾额却又是"蕊榜文衡"，难道他们去请观音大士看文章吗？

这一次的游览，全仗刘谷苇先生的领导；他又告我许多传说。这文中的材料有许多是从先生的口中得到的，我真是非常的感谢。但写出之后，不知道有没有错误。周刊发刊在即，不及寄去审览，敬在此志歉。希望刘先生和泉州同志肯加以切实的指正和增补！

一五，一二，廿六。

四、天后[①]

宗教里很有女神的需要，所以观世音菩萨会从男身转成女身。在道教里，碧霞元君是一个很伟大的女神，相传她是东岳大帝的女儿。但是她的势力只限于北方；到了南方，天后就起而代之了。（在古代，占势力的女神有女娲、西王母、湘夫人等；但现在只有妇人做寿时才用得着西王母了。）

天后一称天妃，说是五代末莆田人林愿的女儿，殁为海神。说是沿海一带以舟楫为生的人莫不供奉她为他们惟一的主宰。我在苏州，看见她的弘壮的庙宇；游上海，她的庙宇更弘壮了，听说清代大官过上海，都要以那地为行辕。可惜这时我还没有研究神道的志愿，所以不曾得到什么材料。

天后的历史，姚福均编的《铸鼎余闻》里钞了几则，兹转钞如下：

> 神为五代时闽王统军兵马使林愿第六女，能乘席渡海，人称龙女。宋太宗雍熙四年升化湄州。常衣朱衣飞翻海上，土人祀之。（宋潜说友《临安志》）

> 兴化境内地名海口，有林夫人庙，莫知何年所立。（宋洪迈《夷坚志》）

> 神姓林氏，兴化莆田都巡君之季女。生而神异，能力拯人患难。室居未三十而卒。宋元祐间，邑人祠之。水，旱，疠疫，舟航危急，有祷辄应。宣和五年，给事中路允迪以八舟使高丽，风溺其七，独允迪舟见神女降于樯而免。事闻于朝，锡庙额曰"顺济"。绍兴二十六年，封"灵惠夫人"。三十年，海寇啸聚江口，居民祷之，神见空中，起风涛烟雾，寇溃就获。泉州上其事，封"灵惠昭应夫人"。乾

[①] 1927年1月10日作。原载《民俗》周刊第四十一、四十二期合刊（神的专号），1929年1月9日。又载魏应麒《福建三神考》（《民俗学会丛书》之二十五），1929年5月。

道三年，兴化大疫，神降曰："去庙丈余，有泉可愈。"居民掘斥卤，甘泉涌出，饮者立愈。又海寇作乱，官兵不能捕；神迷其道，俾至庙前就擒。封"灵惠昭应崇福夫人"。淳熙十一年，福兴都巡检使姜特立捕温台海寇，祷之，即获。封"灵惠昭应崇福善利夫人"。既而民疫夏旱，祷之，愈且雨。绍熙三年，特封"灵惠妃"。庆元四年，瓯闽诸郡苦雨，惟莆三邑祷之霁，且有年。封"灵惠助顺妃"。时方发闽禺舟师平大奚寇，神复效灵起大雾；我明彼暗，盗悉扫灭。嘉定元年，金人寇淮甸，宋兵载神主战于花靥镇，仰见云间皆神兵旗帜，大捷。及战紫金山，复见神像，又战三捷。遂解合肥之围。封"灵惠助顺显卫妃"。嘉定十年，亢旱，祷之雨；海寇犯境，祷之获。封"灵惠助顺显卫英烈妃"。嘉熙三年，以钱塘潮决，陡至艮山祠，若有限而退。封"灵惠助顺嘉应英烈妃"。宝祐二年旱，祷之雨。封"助顺嘉应英烈协正妃"。三年，封"灵惠助顺嘉应慈济妃"。四年，封"灵惠协正嘉应慈济妃"。是岁又以浙江堤成筑，封"灵惠协正嘉应善庆妃"。景定三年，祷捕海寇，得反风，胶舟就擒，封"灵惠显济嘉应善庆妃"。宝祐之封，神之父母女兄以及神佐皆有锡命。皇元至元十八年，封"护国明著天妃"。大德三年，以漕运效灵，封"护国庇民明著天妃"。延祐元年，封"护国庇民广济明著天妃"。（元代王元恭《四明续志》卷九《祠天祀》篇引程端学《妃庙记》）

至正十年，加封天妃父"种德积庆侯"，母"育圣显庆夫人"。十四年，加号"海神辅国护圣庇民广济福惠明著天妃"。（《元史·顺帝纪》）

元天历二年，加封"福惠"。（光绪《鄞县志》十二引闻性道康熙《鄞县志》）

程端学的《妃庙记》写她的履历最详，我们在这一则里可以看出她的偶像一步一步制造成功的事实。今参以他条，为之做一年表于下：

年代（耶稣纪元）	事　　实	相距年数
建隆（960—962）中	林氏女生	
雍熙四（987）	林氏女卒	未30
元祐（1086—1093）中	莆田人祀之	100

续上表

年代（耶稣纪元）	事　　实		相距年数
宣和五（1123）	以救路允迪，宋徽宗赐额顺济		30
绍兴二十六（1156）	南宋高宗封为灵惠夫人		33
绍兴三十（1160）	以获海寇，高宗封为灵惠昭应夫人		4
乾道三（1167）	以平海寇，孝宗封为灵惠昭应崇福夫人		7
淳熙十一（1184）	以平海寇，孝宗封为灵惠昭应崇福善利夫人		17
绍熙三（1192）	光宗特封为灵惠妃		8
庆元四（1198）	以雨霁，宁宗封为灵惠助顺妃		6
嘉定元（1208）	以助宋与金战，宁宗封为灵惠助顺显卫妃		10
嘉定十（1217）	以解旱及获寇，封为灵惠助顺显卫英烈妃		9
嘉熙三（1239）	以退钱塘潮，理宗封为灵惠助顺嘉应英烈妃		22
宝祐二（1254）	以解旱，理宗封为助顺嘉应英烈协正妃	神之父母女兄以及神佐皆有锡命	15
宝祐三（1255）	理宗封为灵惠助顺嘉应慈济妃		1
宝祐四（1256）	理宗封为灵惠协正嘉应慈济妃		1
宝祐四（1256）	以浙江堤成，理宗封马灵惠协正嘉应善庆妃		0
景定三（1262）	以获海寇，理宗封为灵惠显济嘉应善庆妃		6
至元十八（1281）	元世祖封为护国明著天妃		19
大德三（1299）	以漕运效灵，成宗封为护国庇民明著天妃		18
延祐元（1314）	仁宗封为护国庇民广济明著天妃		15
天历二（1329）	文宗封为护国庇民广济福惠明著天妃		15
至正十（1350）	顺帝加封天妃父为种德积庆侯，母为育圣显庆夫人		21
至正十四（1354）	顺帝封为海神辅国护圣庇民广济福惠明著天妃		4

在这一个年表里，我们可以说明几件事实：

（1）林氏女卒后，经一百年的酝酿，她的偶像始在莆田本乡成立。

（2）又经了三十年，她的势力推广到北面的沿海一带，得朝廷的正式承认。

（3）北宋时，朝廷仅仅赐给她一方匾额。到了南宋，几乎没有一朝皇帝不加给她封号，甚至于理宗在八年之中加封了五回。这为什么？因为她的故事从福建传到浙江，得着民众的强烈的信仰；同时宋朝迁都到临安（杭州），使得她得着君主的倚赖，于是她负有救水旱瘟疫和平海寇的两大责任。我们在此可以知道：宋朝若不迁都到近闽的海边，她的势力是不会这样伟大的。

（4）蒙古人主中原以后，随顺了民众的偶像，依旧给与她封号；但是这封号是从头改过的，不和宋代的相袭。

（5）宋高宗始封她为"夫人"，光宗始封她为"妃"，元世祖始封她为"天妃"（现在又称为"天后"，不知是什么时候晋封的）。

在《三教搜神大全》（宣统元年叶德辉翻刻明本）卷四，页一六至一七里又有"天妃娘娘"一节，叙述得很生动。文如下：

妃林姓，旧在兴化路宁海镇，即莆田县治八十里，滨海湄洲地也。母陈氏，尝梦南海观音与以优钵花，吞之；已而孕，十四月始免娩身，得妃。以唐天宝元年三月二十三日诞。诞之日，异香闻里许，经旬不散。

幼而颖异。甫周岁，在襁褓中见诸神像，又手作欲拜状。五岁能诵《观音经》。十一岁，能婆娑按节乐神，如会稽吴望子蒋子文事。然以衣冠族，不欲得此声于里闬间。即妃亦且韬迹用晦，栉沐自嗛而已。

兄弟四人，业商，往来海岛间。忽一日，妃手足若有所失，瞑目移时。父母以为暴风疾，急呼之。妃醒而悔曰："何不使我保全兄弟无恙乎！"父母不解其意，亦不之问。既，兄弟赢胜而归，哭言前三日飓风大作，巨浪接天，弟兄各异船，其长兄船飘没水中耳。且各言当风作之时，见一女子牵五两（舡篷桅索也）而行，渡波涛若平地。父母始知妃向之瞑目，乃出元神救弟兄也；其长兄不得救者，以其呼之疾而神不及护也。懊恨无已。

年及笄，誓不适人；即父母亦不敢强其醮。居无何，俨然端坐而逝。芳香闻数里，亦犹诞之日焉。自是往往见神于先后，人亦多见其舆从侍女拟西王母云。

然尤善司孕嗣，一邑共奉之。邑有某妇，醮于人十年不孕，万方高禖,终无有应者。卒祷于妃,即产男子。嗣是凡有不育者随祷随应。

至宋,路允迪李富从中贵人使高丽,道湄洲;飓风作,船几覆溺。忽明霞散绮,见有人登樯竿旋舞持舵甚力,久之获安济。中贵人诘于众,允迪李富具列对。南面谢拜曰:"夫此金筒玉书所不黩鲸腹而能宣雨露于殊方重译之地,保君纶不辱命者。圣明力哉,亦妃之灵呵护不浅也。公等志之!"还朝具奏,诏封"灵惠夫人",立庙于湄洲,致守香火百家,斲朴梓材,丹臒张矣。

我国初,成祖文皇帝七年,中贵人郑和通西南夷,祷妃庙,征应如宋。归命,遂敕封"护国庇民妙灵昭应弘仁普济天妃",赐词京师,尸祝者遍天下焉。

夫妃生而禀纯灵之精,怀神妙之慧,死而司胤则人无阙,司海则水不扬波,其造福于人岂浅鲜哉!余尝考之《兴化郡诗》,并采之费鼍《采碑记》,因略为之传者如此。

这一段文字很有和前几条不同的地方:

(1)说她是天宝元年(742)生的,比了《临安志》所说的提前了二百二十年。

(2)说她司孕嗣,这是前数条所没有的。

(3)程端学《庙记》屡言她能捍御水旱疫疠之灾,这里却没有说。

(4)北宋建都开封,派使臣到高丽,为什么要从莆田走?这是很可疑的。

(5)说她生前是一个女巫,这似是可信的。古来一定有许多女神从女巫变成的。

(6)说路允迪归国后便奏封为灵惠夫人,和程端学所说的宋徽宗因此事而赐额,到宋高宗时始封为灵惠夫人的不同。

在这一段里最可注意的,是她因默佑了郑和而受明成祖的封。宋朝因路允迪等出使高丽而崇奉她,明朝因郑和的出使南洋而崇奉她,可见她的势力的发展和海外的交通有很大的关系。可惜现在有了轮船,渡越重洋无甚危险,使得她失掉了受人膜拜的神力;不然,派赴各国的公使和随员,以及留学生和洋商侨工们,岂不是都要成为她的门下的信徒了。时势变迁,物质文明进步,古来辛苦造成的偶像不打而自倒,有心人闻之得无一叹乎？

  这篇文字是我前年在厦门写的。这两年中我知道的天后事实较前多了，可是永永得不到作文的时间，所以不能加上许多新材料，作成一篇较为完备的论文，真是怅恨万状。书此志歉。

十七，十二，二，颉刚记。

五、《民俗》周刊发刊辞[①]

本刊原名《民间文艺》，因放宽范围，收及宗教风俗材料，嫌原名不称，故易名《民俗》而重为发刊辞。

我们读尽了经史百家，得到的是什么印象？呵，是皇帝、士大夫、贞节妇女、僧道——这些圣贤们的故事和礼法！

人间社会只有这一点么？呸，这说哪里话！人间社会大得很，这仅占了很小的一部分而且大半是虚伪的！尚有一大部分是农夫、工匠、商贩、兵卒、妇女、游侠、优伶、娼妓、仆婢、堕民、罪犯、小孩……们，他们有无穷广大的生活，他们有热烈的情感，有爽直的性子，他们的生活除了模仿士大夫之外是真诚的！

这些人的生活为什么我们不看见呢？唉，可怜，历代的政治、教育、文艺，都给圣贤们包办了，那里容得这一班小民露脸，固然圣贤们也会说"爱民如子""留意民间疾苦"的话来，但他们只要这班小民守着本分，低了头吃饭，也就完了，那里容得他们由着自己的心情活动！

这班小民永远低了头守着卑贱的本分吗？不，皇帝打倒了，士大夫们随着跌翻了，小民的地位却提高了；到了现在，他们自己的面目和心情都可以透露出来了！

我们秉着时代的使命，高声喊几句口号：

我们要站在民众的立场上来认识民众！

我们要探检各种民众的生活，民众的欲求，来认识整个的社会！

我们自己就是民众，应该各各体验自己的生活！

我们要把几千年埋没着的民众艺术、民众信仰、民众习惯，一层一层地发掘出来！

我们要打破以圣贤为中心的历史，建设全民众的历史！

---

① 1928年3月7日作。原载《民俗》周刊第一期，1928年3月28日。

六、圣贤文化与民众文化[①]
——一九二八年三月二十日在岭南大学学术研究会演讲

我今天所以演讲这个题目——圣贤文化与民众文化，——是因我研究历史感着痛苦的缘故。我们现在研究历史，最没法措置的是记载的偏畸。譬如《史记》这书，在中国历史界的地位总是很重要的了，但这书中所标举的本纪、世家、列传等，都是关于贵族方面的材料——本纪记帝王，世家记诸侯，列传记士大夫；——要找到一般民众生活文化的材料，很不容易。《史记》尚是比较能留心民众的，它肯记及货殖与游侠；其他的史书便连这一点也没有了。就是记载地方情形的志书——省志、县志等——所标举的门类，如选举、仕宦、列女、第宅、坟墓之类，又何尝不是为贵族做记载，为贵族的家谱做汇合的记载呢？

贵族的护身符是圣贤文化。什么是圣贤文化？我们把它分析一下，大约可分为三项：

（1）圣道。

（2）王功。

（3）经典。

这三种东西，在民众方面可说是没有多大关系的；但在一般圣贤文化的传承者看来，却是神圣不可侵犯的天经地义。所谓圣道，就是所谓从羲、农传到尧、舜，从尧、舜传到禹、汤，从禹、汤传到文、武，从文、武传到孔子，更从孔子传到孟子，传到周、程、张、朱的道统。所谓王功，就是尧、舜的禅让，汤、武的征诛。所谓经典，就是《诗》《书》《礼》《乐》《易》《春秋》六种书。

道是什么？就是主义。主义是跟着时势变的。各时代有各时代的时势，所以各时代有各时代的道。因此，孟子的道已非孔子的道（孟子专

[①] 原载《民俗》周刊第五期，1928 年 4 月 17 日。

言王道，孔子推重霸主；孟子专志圣人，孔子好言君子），孔子的道如何可以算是羲、农、尧、舜、禹、汤、文、武的道呢（假定羲、农们真有其人，汤、武们真有其道）。所以"天不变，道亦不变"，不过是一句夸诞的梦话！至于禅让制度，是战国时的"士"想出来的道德与阶位合一的制度，希望道德最好的成为阶位最高的，使得平民有做帝王的资格，而天下国家永得平治。汤伐夏，武王伐商，这原是一出后代历史所惯演的争地夺国的把戏，没有什么特别可以歌颂的地方，不过他们既有意把圣道拍合到帝王身上，所以把他粉饰得惊人地漂亮罢了。说到《六经》，那更是没有什么神圣的意思。我们只要看古代的智识阶级，便可知道这些经典的由来。古代的智识阶级并没有崇高的地位，他们只是一班贵族的寄生虫。贵族要祭祀行礼，于是有祝宗。贵族要听音乐，于是有师工，贵族要占卜，要书写公牍，于是有巫史（古代巫与史并无严密的界限）。有了这一班人，就有了《六经》：《诗》与《乐》由师工来，《书》与《春秋》由史来，《礼》由祝宗来，《易》由巫来。这些书和孔子有什么关系？它们所以会得和孔子发生关系，只为孔子以后的儒者把这几部书当作他们的课本（说也可怜，那时可读的书实在只有这几种），因为重视它，便把它和先师的圣道（这圣道当然也是后儒的理想）胶合为一物，于是《六经》就都成了孔子的创作了！

由此看来，圣贤文化的中心，并不是真的羲、农、尧、舜、禹、汤、文、武，也不是真的孔子，只是秦、汉以来的儒家积累而成的几件假史实（假的圣道王功，假的圣人的经典）！

我们现在平心而论，圣贤们所想象的世界并非不好，只是不适合于人性，不能实行。试举数例，如汉代行了举孝廉的制度，那时民间就有一句谚语，说道"举孝廉，父别居"，这不是很滑稽的事吗？又如《儒林外史》所记王举人迫着女儿殉节去求旌表的故事，更可以做圣贤文化的失败的铁证。在礼教之下，不知残害了多少人的生命。更如尧、舜的禅让，在书本上看真是好到不能再好的地步，但后世实行的只有王莽及六朝时代的许多伪禅让而已，"伪道学"何以成为一句通行的谚语？只为想做道学家的非矫揉造作便做不像。我们要堂堂地做个人，为什么甘愿在作伪的世界中打圈子！

民众的数目比圣贤多出了多少，民众的工作比圣贤复杂了多少，民众的行动比圣贤真诚了多少，然而他们在历史上是没有地位的。他们虽是努力创造了些活文化，但久已湮没在深潭暗室之中，有什么人肯理会它呢，——理了它不是要倒却自己的士大夫的架子吗！直到现在，中华民国成立，阶级制度可以根本推翻了，我们才得公然起来把它表彰。我们研究历史的人，受着时势的激荡，建立明白的意志：要打破以贵族为中心的历史，打破以圣贤文化为固定的生活方式的历史，而要揭发全民众的历史。

但是我们并不愿呼"打倒圣贤文化，改用民众文化"的口号，因为民众文化虽是近于天真，但也有许多很粗劣、许多不适于新时代的，我们并不要拥戴了谁去打倒谁，我们要喊的口号只是：

研究旧文化，

创造新文化。

所谓旧文化，圣贤文化是一端，民众文化也是一端。以前对于圣贤文化，只许崇拜，不许批评，我们现在偏要把它当作一个研究的对象。以前对于民众文化，只取"目笑存之"的态度，我们现在偏要向它平视，把它和圣贤文化平等研究。可是，研究圣贤文化时，材料是很丰富的，中国古来的载籍差不多十之八九是属于这一方面的；说到民众文化方面的材料，那真是缺乏极了，我们要研究它，向哪个学术机关去索取材料呢？别人既不能帮助我们，所以非我们自己去下手收集不可。以前我们在北京大学，曾开手做过这种运动，设立了一个风俗调查会和一个歌谣研究会。后来因经济及种种关系，没有干出很好的成绩。现在中山大学有民俗学会的组织，就是立意再继续北大同人所要做而未成功的工作。我们现在所要调查收集的材料，约可分为三个方面：

（1）风俗方面（如衣服、食物、建筑、婚嫁、丧葬、时令的礼节……）。

（2）宗教方面（如神道、庙宇、巫祝、星相、香会、赛会……）。

（3）文艺方面（如戏剧、歌曲、歌谣、谜语、故事、谚语、谐语……）。

这种材料，随处皆是，并且无论谁都是知道一点，只要肯去收集，就会有相当的成绩表现。我希望各学校都立一个同样的学会，一同致力于此种工作。我更希望贵校——岭南大学——早日成立这种学会，与我们中山大学提携并进，因为我们两校是广东全省最高的学府，容易造成空气。我们能搜集文化的材料，才能批评文化的价值；能批评文化的价值，才能创造出新文化的方式。

八年前的五四运动，大家称为新文化运动。但这是只有几个教员学生（就是以前的士大夫阶级）做工作，这运动是浮面的。到现在，新文化运动并未成功，而呼声则早已沉寂了。我们的使命，就在继续呼声，在圣贤文化之外解放出民众文化；从民众文化的解放，使得民众觉悟到自身的地位，发生享受文化的要求，把以前不自觉的创造的文化更经一番自觉的修改与进展，向着新生活的目标而猛进。能够这样，将来新文化运动就由全民众自己起来运动，自然蔚成极大的势力，而有彻底成功的一天了。

我今天没有预备，又向来不善于说话，所以只得约略地说了这一点，请诸位原谅！

约莫两个星期前，颉刚应岭南大学学术研究会之请去演讲，我和绍孟也一道儿去玩玩。颉刚演讲，我也在座，因颉刚自己没有打稿底，而那边的朋友，又很少人笔记，就随听随记，略为草录出一个大概。昨天，将所记稿交颉刚自己改削一顿，便成现在此篇。颉刚这回的演讲，因时间仓促，所说虽未免有些粗略，但其批评"圣贤文化"一段，实为深中要害之语！愿读者勿以随意应付的话视之。

敬文附记。四月四夜。

七、《民俗周刊·传说专号》序[①]

传说，这是从前人瞧不起的东西。"我们要晓得的是真实的事情；这种信口开河的说话，有什么闲精神去管它呢？"这是一般人对于传说的见解。

但是，我们现在要改变态度了。第一，我们如果要知道实事的，就不能不去知道传说，因为有许多实事的记载里夹杂着传说，而许多传说里也夹杂着实事。我们要确实知道一方面，就不得不兼顾两方面。第二，就是靠不住的传说也是一宗研究的材料呵。何以这件事实会成为一种传说？从这个人到那个人，从这个时代到那个时代，从这个地方到那个地方，这件传说是怎样变的？为什么要这般那般的变？这都是可以研究的。研究的结果，归纳出各种传说变化的方式，列举出各种传说变迁的程序，这便是一件历史学和民俗学上的大贡献。

以中国立国之久，地方之大，传说不知有几千万件，有的早已发展而今衰落，有的还日在发展之中，旧的和新的，大的和小的，普遍的和地方的，民族的和国家的，家庭的和恋爱的，材料的丰富决不是随便可以估计。要搜集起来，总须费上几十年的努力。至于研究完成更不是数十年内的事了。为什么？因为一个小传说往往牵涉到许多大问题，这些大问题不得解决时，这个小传说中所说的事情便没法完全了解的。整千整万的中国传说，牵涉的问题是全部的世界历史。所以我们在这方面的研究，决不能希望及身的成功，我们只能得到一点材料做一点。我们并不是不知道系统完备的可贵可矜夸，也不是不愿这个学问早日成就一个大系，但是我们深知研究学问是不能躐等的，我们只得就眼前见到的境界一步一步地走向前去。

现在我们出这个传说专号，是表示我们的能力还不过在搜集材料的时期，希望大家能体会这个意思，对我们表同情，为我们搜集材料。等到材

[①] 1929年2月2日作。原载《民俗》周刊第四十七期，1929年2月13日。

料多了之后，我们要做综合的研究了。就是我们才力不足，一时做不好，好在我们搜集的材料已经公之于学术界，读者中必有能力丰富的人起来作综合的研究的。学问必须这样做，才是有生命，才可一天比一天进步。

八、(钟敬文)《粤风》序①

民国十年的冬天,我在北京大学研究所国学门里翻看李调元辑刻的《函海》。无意中在第二十三函里发现了《粤风》一种,里面都是当时粤中各民族的歌谣。这使我诧异得很,因为我常觉得搜集歌谣是我们一班人破天荒的工作,如何在一百多年以前竟有人先我而为之呢。

过了一年,到上海服务。《小说月报》的编辑郑振铎先生嘱我写些文字,我便从札记里钞出文学性质的短札若干条送去,其中的一条是介绍《粤风》的。这便是引起钟敬文先生注意此书的由来。

现在钟先生已把此书整理完工了。我真高兴,想不到五年以前一瞥中的惊讶竟造成了这个结果!所可惜的,《狼歌》和《獞歌》为了需要翻译之故,不能即和《粤歌》和《瑶歌》合并。

《粤风》凡四卷,总题"罗江李调元辑解",但每卷之首又各有原辑的人名:《粤歌》是睢阳修和,《瑶歌》是濠水赵龙文,《狼歌》是东楼吴代,《獞歌》是四明黄道原。他们是河南、安徽、浙江人,如何会去搜集粤中各民族的歌谣?更如何想得到去搜集粤中各民族的歌谣?我颇疑他们是李调元的幕僚,在李氏游宦粤中的时候,得他的指导而辑成的。

以前中国学界,正统派的势力太强了。不但是理学考据学方面,崖岸极高,范围极狭,就是文学方面,也是十之八九在摹古之中,极少和民众们接近的。说到歌谣,固然古书里常有得看见,然而所以记载之故哪里为的是歌谣的本身,只因要证实它的豫言的应验,或因要利用它的对于政界人物的讥评。他们注意的结果,徒然造成了许多假的歌谣。例如《汉书·王莽传》说的:"莽每欲有所为,不明言,但微示风采;而诸奸党悉承其意指行。采风使王恽等八人诈造歌谣,凡三万言,称颂莽功德;莽皆封为列侯。"因为民众的歌谣是士大夫们所代办的,所以歌谣也就变成了

---

① 原载钟敬文《粤风》首,朴社,1927年6月。先载(北大)《新生周刊》第一卷第十三期,1927年4月28日。

"谣言"。什么"太师陈诗以观民风",什么"行人振木铎徇于路以采诗",都是点缀升平,为君主装面子的举动,离歌谣的本意不啻十万八千里。

现在人常说《诗经》是古代的歌谣集,这是大错的。《诗经》只是一部乐歌集,是乐工们的曲本,应用于祭祀和宴享之间的;不过《国风》里的若干篇富有歌谣的成分而已。不幸这若干篇富有歌谣成分的乐章又给儒者尽量附会,使得篇篇和国君卿大夫们发生关系。例如《静女》和《将仲子》,明明都是情诗,却说是刺卫宣公和郑庄公。自汉代闹到清代,二千余年,总不能解去这个束缚。这一点极平常的歌谣意味还不能了解,如何会得去赏鉴真的歌谣!

在这种杜造歌谣以应合政治,更用政治事实来解释歌谣的漫天烟雾之中,要寻求双眼不矇的人,那只有几个具有文艺天才的才子。惟有才子,才能不受传统思想的束缚,独去寻求沙漠里的绿洲、荒园中的芳草。金圣叹和袁子才在诗文上的特殊的见解,是大家知道的。在歌谣上,则有明代的杨慎和清代的李调元。杨慎著有《古今风谣》一书,是歌谣专书的鼻祖。不过他只从书本上搜辑,实际仅有古歌。到了李调元,才敢更进一步,从民众口中写录出来。这事在我们看,虽觉得平平无奇,但在百余年前学术专制的时候,不能不说是一件极大胆的创作。他一任歌谣的自然,不加上任何崇隐,而所录的以情歌为特多,这可给与读者一种看歌谣的正当的眼光。而且他分了民族去搜辑,使人约略窥见猺、獞诸族的文化;他又不因言语的隔膜而束手,引起读者研究方言的兴趣;这都是极可佩服的事情。《诗经》的训解咧,历代的童谣咧,二千年来的乌烟瘴气到此书而始一洗。读了此书,再去读《诗经》和童谣时,便不致受以前的人的骗了。

可怜这一本小小的书,被圣贤文化所压迫,经过了一百多年,没有人提起过;还幸而放在丛书里,不致散失。李调元的故事固然同杨状元的故事一样地在民众间流行,可是杨慎还有《丹铅总录》一类的书给士流引用而李调元没有,所以他依然不为士流所注意。这是我很为他呼冤的。杨状元的故事,已给北新书局编入《徐文长故事》中去了。李氏的故事,一年前《京报》附刊的《民众周刊》里也登了许多。希望有人把它汇编起来,使得这一个为正统派所唾弃而和民众们接近的才子有出头的时候。

现在学术界的范围是放宽了;歌谣方面,不限于才子才能欣赏它、搜辑它了。我们应当顺了自己的才性和兴趣，或从文学上的观点去看它，批评它的艺术和情感，或从史学上的观点去看它，研究它的语言、文字、故事和风俗等。能够这样，我们将来可以开辟的新世界正多着呢。

"九层之台，起于累土。"李调元在歌谣界上已经行了奠基礼了。对于歌谣有兴趣的人们：我们应该怎样地努力？尤其是钟先生：你看了四川人搜集广东歌谣的成绩，你以土著的资格，将如何造成一座九层的粤风台，来报答这位客官的好意呵！

十六，四，三。

九、(刘万章)《广州儿歌甲集》序①

广东的民间文艺，因为方言的独特，自成一个发展的系统。戏剧有粤剧，歌词有粤讴，民众作家和士流作家通力合作，成功了不少的作品。歌谣、谚语、故事等等，以前人虽没有搜集，但材料的丰富是一样的。这些东西，外方人虽不容易完全懂得，而民族性的强固，表现力的真挚，总也可以粗粗地感到。

我的《吴歌甲集》写成的时候，胡适之先生替它作上一篇序，其中有一段，大意是：中国各地的方言已经产生了三种方言文学：第一是北京话，第二是苏州话（吴语），第三是广州话（粤语）。北京话产的文学最多，传播也最远，这是建都的关系。吴语文学因昆曲而成立，到今已有三百余年了。粤语文学以粤讴为中心，起于民间而仿作于文人，百余年来在韵文方面可算是很有成绩的。

但是，我们要明白，外方人所以能知道粤讴这个名词，就因为文人的仿作。假使没有招子庸一班文人大胆仿作，就是粤讴在广东民间风行过十倍，外方人也未必知道。正似竹枝词本是巴、渝的民间歌曲，自从刘禹锡们仿作之后，在文坛上就成了一个重要的格式。我们翻开无论何人的诗集差不多总可以找几首；我们说出竹枝词这个名词来，凡是读书人差不多都可以回报出它的意义和形式。这个调子是做得烂了！可是原来在巴、渝民间风行的竹枝词，我们能找到一首吗？我们只能泛舟于潢污行潦之水，而不能乘槎直达星宿海，这是何等烦闷的事！

所以，我们既知道方言文学有建立的理由，我们便当尽力搜求真正的民间材料，从扮演的戏剧到随口称说的故事，从合乐的讴到徒歌的谣，一切收取，使得方言文学永远保存新生的活气。要保住川流的清洁，惟有常开上游的闸呀！

---

① 原载刘万章《广州儿歌甲集》卷首（《民俗学会丛书》之十），国立中山大学语言历史学研究所，1928年6月。又载《民俗》周刊第十七、十八期合刊，1928年7月25日。

刘万章先生是一个极能搜集材料的人，他标点了粤讴，调查了广州婚丧风俗，更编成这册《广州儿歌甲集》。我们一向看不到的粤中小孩子的歌谣，现在是看到一部分了，它们是第一次露脸！

万章先生给我看这本稿子，我翻读一过，很使我惊异，因为其中有许多和苏州的儿歌太相像了。今举出数则于下：

一

（粤）排排坐，吃果果，……猫儿担凳姑婆坐。（本集第八十九首《排排坐》）

（苏）排排坐，吃果果，爹爹转来割耳朵。（《吴歌甲集》第十首）

二

（粤）长手巾，搭房门；短手巾，抹茶盘，抹到茶盆光了光，照见新娘搬嫁裳。（本集第六十首《一被树仔》）

（苏）长毛巾，挂房门；短毛巾，抹茶盆，揩个茶盘亮晶晶。（甲集第廿四首）

三

（粤）摇橹橹，卖橹橹，阿爷撑船过海娶心抱（媳妇）。（本集第八十六首《摇橹橹》）

（苏）摇大船，摆过渡，大哥船上讨新妇。（甲集第十七首）

四

（粤）鸡公仔，尾弯弯，做人心抱（媳妇）甚艰难；早早起身都话晏，眼泪唔干入下间。（本集第二十一首《鸡公仔》）

（苏）阳山头上花小篮，新做新妇多许难；朝晨提水烧粥饭，……眼泪汪汪哭进房。（甲集第六十二首）

五

（粤）月光月白，小摸偷萝卜。盲公睇见；哑佬喊贼；跛手打锣；折脚追贼。（本集第八首《月光月白》）

（苏）亮月白堂堂，贼来偷酱缸。聋聋听见仔；瞎子看见仔；哑子喝起来；直脚追上去。（丙集）

又如《一个月光照九州》一首，即古代吴歌《月子弯弯照九州》之变相；苏州已失传了，而广东还留着。其中最相同的是接字的歌。本书中有接字歌多首（本集第八十五首《姑丈担凳》，第三十五首《打掌仔》，第一首《月光光》），今钞一首作例：

六

（粤）月光光，照地塘。年卅晚，摘槟榔。槟榔香，摘子姜。子姜辣，买葡达，葡达苦，买猪肚。猪肚肥，买牛皮。牛皮薄，买菱角。菱角尖，买马鞭。马鞭长，起屋梁。屋梁高，买张刀。刀切叶，买笋盖。笋盖圆，买只船。船底漏，沉死两个番鬼仔！（《月光光》）

（苏）天上星，地上星，太太叫我吃点心。弗高兴，买糕饼。糕饼甜，买斤盐。盐末咸，买只篮。篮末漏，买升苴。苴末香，买块姜。姜末辣，买只鸭。鸭末叫，买只鸟。鸟末飞，买只鸡。鸡末啼，买只扦光梨。（甲集第十三首）

从上面这些证据看来，我们知道歌谣是会走路的；它会从江苏浮南海而至广东，也会从广东超东海而至江苏。究竟哪一首是从哪里出发的呢？这未经详细的研究，我们不敢随便武断。我们只能说这两个地方的民间文化确有互相流转的事实。

其实，岂独江苏呢，广东的民间文化同任何地方都有互相流转的事实。试读下面这首《老鸦》：

老鸦，老鸦，叫喳喳。提篮进城卖香花。一卖卖到太婆家。又是扯，又是拉，拉我拉来拉去吃饭（此句疑有缺文）。风吹帐子看见她：乌头发，白玉牙。回到家里对妈说："快用花轿娶来家！"

这首歌可以断言，不是广州土产。广州话中，第三身代名词是"佢"，所以这一册儿歌中言佢处甚多，例如相思仔"大哥打佢三巴掌"，一个细蚊"爹娘问佢咁细食"为什么在这首歌里竟称起"她"来？呵，这歌原是董作宾先生用全力研究过的"看见她"呵！董先生研究此歌，从北京大学歌谣研究会中所藏一万余首歌谣中钞出类似的四十五首，研究出它的流传的系统，假定这首歌发源于陕西中部，传到山西、直隶、河南、山东，遍及黄河流域；又从陕西传到四川而至湖北、湖南，又从江苏而至安徽、江西，差不多也传遍了长江流域。惟独珠江流域，他没有觅到一首。他在统计表中说：北大所有广东歌谣六百四十首，照北方的比例，应当找出此歌三首！现在一首也没有，足见是没有的了。那知万章先生辑录这书，马上把这个假说推翻了——"看见她"的歌，广东是有的！于是我们要研究，这歌是从哪里传到广东的呢，我把董先生所集的四十五首（北京大学《歌谣周刊》第六十二号）翻看一篇，觉得和这首最相似的是湖南江华县的一首：

> 喜鹊叫，尾巴喳。我到南京卖翠花。一卖卖到丈母家。丈母拉，舅嫂扯，拉我家去吃杯茶。风吹门帘看见她：乌头发，白脸巴。回家向我爹娘说："快用花轿娶来家！"

江华县是在湖南南部，正和广东西北部的连山县接境，那么，这歌一定是从北江流进来的了。（将来粤汉铁路通了之后，从湖北、湖南传进来的东西多着呢！）

但是，我又要下一个假说：这歌在广州民间是不十分流行的。所以有此猜想之故，因为第三身代言词称他（或她）的区域，想到未婚妻，说到看见"她"，便觉得很亲切，很感受愉快。因此，这歌的韵脚的中心是"她"，从"她"化开来才有"鸦""喳""花""家""扯""拉""茶""巴""牙""家"诸韵。若对于这个韵脚中心并不感到亲切有味，则对于此歌本身便形隔膜而减少了流传的能力。例如江苏，这首歌可以传到南京，传到如皋，而传不到苏州，只因苏州人不称"她"而称"娌"了。广州既称"佢"，则其对于此歌之不亲切正与苏州相同，恐怕这歌是偶然流来的，或者限于有某种特殊情形的儿童歌唱着。如果这个假设不误，则董先生的说话还是不能推翻。

要研究歌谣，必须有歌谣的材料，又必须有帮助研究歌谣的材料。北京大学设立了歌谣研究会之后，所以继续设立风俗调查会，方言调查会，就是希望觅得这些帮助研究的材料来完成歌谣的研究。但这些帮助研究的材料一经独立之后，又需要许多许多他种帮助研究的材料了。学问必要这样做，才可使研究者的趣味一天浓过一天，研究者脑中所怀的问题一天多过一天，而学问的重量才得一天超过一天。本校民俗学会初事兴办，我们深深地祝颂它的发达。因为以前北大所藏，困于经费，未能印出，大家要见这种材料很不容易，所以我们主张多出刊物，使得见这些材料。更希望各地的人看了我们的工作，都肯把自己在家乡最感趣味的民间文艺尽量地搜集，编成专册，寄给我们出版。

万章先生，这册儿歌不是我怂恿你付印的吗？现在又要怂恿你了：广州的妇女们的歌、农工们的歌，以及他们传说的故事，常常引在口头的谚语，总是很多的，盼望你努力搜采，陆续整理，完成你的事业，完成你在这个时代所负的使命！

十七年六月三日。

十、（杨成志）《民俗学问题格》序①

五六年前，我们听见了一句口号："到民间去！"当时我们的神经很受震动，许多人想向这一方面努力。但是，到了现在，我们的成绩怎样呢？

三年来，我们日读总理遗嘱，其中有一句："必先唤起民众……共同奋斗。"我们读了这句话，自然想秉承总理的意志做去。但是，民众如何而后可唤起呢？这个问题不但没有解决，并且曾有哪几个人对于它想过一番，定过一个计划，也是疑问。

唉！世界潮流这样的急剧，民众是不能不唤起的了，向时所谓士流阶级的也不能不到民间去了，然而大家只有开口空喊，没有实地工作。难道只要这样喊喊就可以收唤起民众的实效吗？还是自己也知道喊喊只是聊尽人事呢？

唉，不长进的民族才会干出这样不长进的举动，我们要雪耻，惟有把这种召耻的性质根本铲掉才是。不然，"由今之道，无变今之俗"，这些可怜的口号的效用不过是供将来的人的凭吊耳！

大凡学术有两方面：一方面是理论，一方面是应用。没有理论，应用的泉源就要干竭。没有应用，理论也不会发生实际的效果。所以我们倘使果真要"到民间去"，"唤起民众"，也应当有两部分人分工做：其一是专门做研究调查的工作的，其一是把研究调查的结果拿去设施的，前一种人是社会学家、经济学家、宗教学家、语言学家、民俗学家；后一种人是政治家、教育家、社会运动家。

两月前，不是有一群猺民到过广州吗？如果一个政治家，确是政治家，他看见了他们，便要想：我们将如何增进他们的文化？如何在猺山里造马路？如何定了官制去废掉他们的酋长制度？如果一个教育家，确是教

---

① 原载杨成志《民俗学问题格》卷首（《民俗学会丛书》之九），国立中山大学语言历史学研究所，1928年6月。又载《民俗》周刊第廿一、廿二期合刊，1928年8月22日。

育家，他看见了他们，也应该想：我们将如何在他们那边立学校？如何养成一班师资去教育他们？如何编成许多通俗的读物给他们读？但是这种问题在现在都是没法解决的，因为中国从来不曾养好一班人去研究他们，也从来没有人自告奋勇去研究他们，所以他们的种族如何，经济如何，习惯如何，思想如何，言语如何，地理如何，一切不知道，正如没有斧斤而入山林，只好空手而归。但是外国人呢，他们因为研究人种和传教的需要，对于这方面已经有些调查。我们所能够得到的一点材料，还是靠着他们。唉，这真是我们中国的耻辱！我们为了有了这些耻辱而又自己不知道，才招来了五七，五卅，六二三……的许多次耻辱！

现在我们醒悟了！我们知道，要不受外面来的侮慢，必先自己站得起。外国人能的，我们为什么不能！外国人想得到的，我们为什么想不到！外国人肯剔除了骨里的懒虫，勤勤恳恳，各人就着一方面勉力做去，我们为什么不肯！我们一定要审察自己的才力，是做研究调查的工作适当呢？还是在实际社会上工作的适当呢？自己很慎重地问，问明白了再选。选定将来的任务种类后，又要问，在这一种任务里有多少重要的工作呢？又有多少可以提出的问题呢？自己很慎重地问，问明白了再选。我们一生的命运，必须这样自己决定，而后可以不为他人所决定。

我们中山大学语言历史学研究所中附设的"民俗学会"，是集合许多有志研究民俗学的人同组织的。民俗学是这一班人自己选定的工作，自己担承的任务。这一班人不说致用，因为依照分工的道理，措实际社会的应当另有一班人。他们对于实际社会，只负供给材料的责任。他们确信担负了这个责任，一定可以使"到民间去""唤起民众"的朋友得到多量的方便。

凡是办一件事，总须具备一个或几个方案。凡是研究学问，总须提出许许多多问题。所以研究民俗学的人，在着手调查之初，应当先征求方案；在得到材料之后，应当自己提出问题。从此一步一步地走进去，方能得到研究的结果。这一本《民俗学问题格》是西洋的民俗学者积了数十年的经验写出来的，我们正可以借了他们的方案来做自己的方案，而从此提出了更新的问题。

杨成志先生译好了这部书，拿给我看。我看了一遍，觉得作者的注意力非常周到，凡是应当注意的几已完全提出，即此可见西洋人的不随便的精神。固然，本书的读者也许嫌它沉闷而干燥；但这一方面不想做工作则已,如其想的,那么,当你实地试验时便是一部金科玉律的书了。也许有人说:"这书里提出的问题太繁重了,顾不了这许多。"如果他有这句话,他依然是给一条懒虫钻着心。天下的工作那有一件是舒服的,是不费心的?天下的事只有"劳而不获",没有"不劳而获"!你要做,便得尽你的力做,便得超过这书所举的问题!世界上没有现成饭可吃;你想吃现成饭,只应当没饭吃!你在饥饿的时候可不要怨!

临了,希望成志先生本翻译这书的精神,就用了这书从事于实地的调查,做一个榜样给大家看!更希望编纂地方志的人肯照着这书去调查,使得将来的地方志确成了那地的民众记载!

十七,六,廿五。

十一、(周振鹤)《苏州风俗》序①

今年春间,我的同乡周振鹤先生寄来《吴中山水风土记》的稿子一厚册。那时我适在编印"民俗丛书",就把这书中的山水方面去掉而把风土方面付印,并换了一个单纯的名字,题为《苏州风俗》。这个擅专之罪是我不应不向周先生自请责罚的。

我觉得我们民俗学会亟应举办的事,就是离开了书本的知识而到各处去实地调查。必须自己找来的材料始有自己驾驭的方法。必须用了自己的方法所驾驭的材料才是真实的自己享有的知识。可是要这样做,范围太大了,决不是一个学会的人力财力所能济事。所以我们热烈的希望各地方的人士一齐起来做,我们只要在这个时候完成了开风气的责任也就好了。

各处的地方志本负着实地调查的义务,可是这些编辑先生的眼光只照到皇帝和缙绅,照不到民众。所谓地方志者,不过集合了缙绅们的家谱——科第、仕宦、冢墓、诗文、烈女——加上了皇帝的家产——城郭、坛庙、关津、田赋、户口——而已。什么盈千累万的蚩蚩之民,都是生无闻而死无传的,他们的生活理他作甚!

这些地方志的基础不建筑于民众上,不能算做真实的地方志。这固是以前人的过失,但他们的时代原只许他们具着这种眼光,编成这些书籍,正也不能苛责。到了如今,眼光是变了,工作可以改换一种样子了,但不但很少新的地方志出版,连旧的志书也难找得很。这是什么道理。在这种情形之下,岂不是使我们对于贵族和民众的记录都将一些得不到吗?

在这三民主义的改革没有完成的时候,人们兢兢求温饱而不可得,衣食之外什么都想不到。我们幸得温饱而又有学术兴味的人若再不起来努力担负文化上的责任,数十年之后真要回复到草昧洪荒之世了!我们自己觉得只能担负这个责任,所以只得起来大声疾呼:一、要改变旧观念,旧态

---

① 原载周振鹤《苏州风俗》卷首(《民俗学会丛书》之十四),国立中山大学语言历史学研究所,1928年7月。又载《民俗》周刊第廿一、廿二期合刊,1928年8月22日。

度；二、要幸得温饱的人在这个艰难的时代中各认一种艰难的工作。

我们几个民俗学会的人，充其量不过计划几件调查的方案，做出几个调查的榜样。我们决不能包办调查的事业。我们酷望各地方的人给我们同情，和我们走在一条路上，使得十年、二十年之后有新的全国的地方志出现，在平民图书馆中藏着平民的记载！

这一本《苏州风俗》是周先生第一部调查苏州的书。这本书是一部从旧式的地方志变到新式的地方志的过渡的书，其中沿用旧式志书的体例和记载的很多。但此不足为周先生病，因为一件工作的完成有赖于长期的训练和修改。所以我很希望周先生在此书出版之后，便拟一个调查的计划（在文化的迁流和事实的因果上着眼），用十年的功夫实地搜集材料而加以研究。材料是无穷无尽的，不怕许多的好材料不会陆续发现。待到周先生编成第二册《苏州风俗》时，我深信这一定是一部新式的地方志的模范了！

十七，七，十二。

十二、（钟敬文）《两广地方传说》序[①]
——论地方传说

人们对于一切事物都有作解释的要求，大而日月星辰，小而一木一石，都希望懂得它的来历，这是好奇心的驱使，这是历史兴味的发展。但一般人的要求解释事物和科学家不同，科学家要从旁静观，徐徐体察它的真实，一般人则只要在想象中觉得那种最美妙、最能满足自己和别人的情感，便是最好的解释。他们最美妙的想象是神，所以他们的事物解释就是他们的泛神论。他们在无数古人中只认得几个古人，所以他们所解释的事物的主人说来说去总是这几个。事物是最美妙的，人物是大家认识的，所以一种解释出来，便会给大众所乐道，成为世代相传的传说。

从前的学者不明白这个情形，以为民间的传说是村语俚言，而学者所传的古籍中记着的古事则是典论雅记，至于各地志书里记的古迹也是真实的。从我们看来，这是强生分别，它们的不同除了已写出来和未写出来的一点以外再没有什么。

我记得我对于古迹最早的怀疑，是吴王试剑石。这在虎邱山上已看见了，到虞山上又看见。我想，难道吴王铸了一把剑，从梅里（吴国的都）赶了六十里到虎丘试一下，再从虎丘赶了七十里到虞山试一下吗？因此我猜想，大约凡是一块石头划然中断的，只要它在那时的吴国境界以内，便都可算作吴王试剑的成绩，刻上"试剑石"三字，算作定案。

前数年研究孟姜女故事，更使我窥破此中的秘密。她的捣多少地方有着，她的望夫石多少地方有着，她的捣衣石也是多少地方有着。难道她竟使了分身术到各地去立纪念吗？关于这点，从前的学者也感到解释的困难，他们唯一的圆谎方法是把某一处定为真地而把其他许多处算作传误的。在我们看来实在多此一举，天下哪有真的孟姜女遗迹呢！

---

① 原载《文学周报》第三三七期，1928 年 9 月 3 日。

钟敬文先生编好了《两广地方传说》，拿给我看。我觉得这部书确是一部别开生面的书，他把民间的地方古迹的传说集在一起，很可看出那地人对于这些东西的想象的境界和解释的方法；同时也可以和地方志书中所记的古迹对看，知道士流所承认的古迹只是把这些传说文雅化了的，换句话说，就是有几个士人肯承认它，替它做上一两篇诗文罢了。

本书所载的传说发生于两广，当然保存许多地方色彩；但和他处的传说也多相类，说不定有些是从别地方传过来的。例如南山泪竹就是湘妃竹，不过把舜妃换作文天祥而已。逃石、狮子山、鸡笼山等都说山会走路，和杭州飞来峰的传说也极相像。穿山箭，和苏州的试箭石相同，都是想象中的兵具的锐利。娘子坟和别处的罗隐秀才的故事也相似，都因触了神怒以致做不成皇帝。

从这本书里，可以归纳出许多故事的型式。例如说神力的迅速，便在一昼夜造好一座宝塔，一夜筑成一座泥城。说神鬼的怕鸡啼，就有许多可以成功而不得成功的工作。说堪舆术的灵验，就有许多科第仕宦和那地风水的种种关系出来。说人力可以克制神鬼，就有黑狗血、海棠油等等药方。说机会的恰巧和恰不巧，就有三望冈的方僵而夫归和望夫冈的将僵而夫归的若同而大不同的事。这些传说，就为一般民众思想的反映，可以当作他们的思想史看。

历史家是最煞风景的，他用了考证的方法来拆穿许多美丽的想象。文学家却很近人情，他会把许多美丽的故事渲染得更加美丽。但无论是送给历史家考证，或是送给文学家渲染，反正不能不有许多到民间去搜集故事的人。这类的故事各地都很多，盈千累万地储藏在各地的民众的口里，大家读这书时如果有兴趣，还是自己努力去寻取罢！

十七，八，卅一。

十三、(谢云声)《闽歌甲集》序[①]

我们现在提倡民俗学,为的是这是以前的人所没有开发的宝藏,而给我们首先发现,我们眼见得将有无数的珍珠美玉落入自己的手中,禁不住心头一阵阵的高兴,喊了出来,希望激起许多人的同情,来一同开发这个宝藏。

凡是一种学问的建立总需要有丰富的材料。有了丰富的材料方才可以引起人家的研究兴味,也方才可以使得人家研究时有所凭藉。学问会得一天比一天进步,并不是后人比前人聪明,乃是后人比前人的凭藉加厚。我们现在研究古书,为什么可以钻入图书馆里不出来,就因为我们的祖先和父老已有很多的遗产传给我们了,我们已是席丰履厚的贵公子。若说到研究民俗学呢,唉,这真可怜,我们乃是陋巷中的赤贫之子,只有仗着自己的气力和血汗去干;固然干的结果可以像到南洋种橡树般成为一个富豪,但在现在时候的确还是一个无产阶级呵!所以若有人问我们:"你们的基础如何?"我们应当答道:"是不稳固的。""你们的材料如何?"也只有回答:"是寒俭得很的。"实在今日的民俗学,还是在搜集材料的时代,不是在研究的时代。

所以我们现在,应当认定自己的工作,向某一个小范围内去努力搜集材料。

我最悲伤的,北京大学自从成立歌谣研究会以来,至今十年,收到的歌谣谚语有二万余首,故事和风俗调查有数千篇,但以经费不充足的缘故,没有印出来。凡是不到北京大学的人便没有看见的机会,有了同没有一样!两年前,厦门大学开办国学研究院,招我们去,我们去的半年之中,在厦门、泉州、福州等处搜罗的风俗物品也有数百件。但给我们同情的人太少了,我们走了之后,说不定大家以为这是儿戏的举动,把这些东

---

① 原载谢云声《闽歌甲集》卷首(《民俗学会丛书》之十五),国立中山大学语言历史学研究所,1928年7月。又载《民俗》周刊第廿三、廿四期合刊,1928年9月5日。

西丢弃在灰堆上了，或者烧了！

我因为有了这几次的创痕和怅念，所以到了中山大学之后发起民俗学会，就主张把收到的材料多多刊印，使得中山大学所藏的材料成为学术界中公有的材料。在学术界中这种的材料丰富，自然会得引起许多人的研究的兴味来。即使我们这个团体遭逢不幸，但这些初露面的材料靠了印刷的传布是不会灭亡的了，这些种子散播出去，将来也许成为长林丰草呢！所以人家责备我们不该无限制地印刷时，我往往回答道："你看，殷墟贞卜的甲骨，若罗振玉先生买到之后只供自己的赏玩，或者要待自己的研究完成之后再行发表，那么，这些东西便至今不能为人所知，有了同没有一样。惟其他肯尽量地印，供给别人研究的利便，所以会得造成一个新风气，在文字学和史学上开出一个新天地。你们还是把民俗材料和甲骨文字一例看罢！"

在我们印出的《民俗丛书》中，谢云声先生的贡献最多。半年之内，他寄来了整理完工的《台湾情歌》二百首，《闽南歌谣》二百五十首。他又正在搜集福建省的风俗、故事、谜语、谚语。如果各省区中都能有像他这样的人三四位，十年之内一定可以编成一部很完全的"中华民国民俗志"了。有了这一部民俗志，我们再来谈研究民俗学时，自然名实相副了。

我和云声先生的相识，是在将离厦门大学的时候。在未晤面时，他已殷殷地向我借取北京大学的《歌谣周刊》，索取我所著的《吴歌甲集》。我感到他的热诚，我很欣幸地和他缔交。——人生最快乐的是交友，因为他自然有一种同气相求的合拍。到了现在，他的缜密的成绩已经贡献于大众之前了。

凡是民间文艺，以前的人差不多都是看不见的，不屑看的。但也有例外，例如古代因乐官的采风而有十五国风诗以及汉乐府的"代、赵之讴，秦、楚之风"。其后采风的制度废了，十五国风诗成为圣经了，汉乐府都失传了，于是只有文化中心地的歌谣偶然邀文人的一盼，例如苏州的"月子弯弯照九州"一首歌见于许多种的笔记。我们翻开《辞源》寅集一三三页"山歌"条，上面写着：

> 山歌，榜人所歌，吴人都能之，即古所谓水调也。宋《王元之集》有唱山歌诗。又《湘山野录》载钱武肃还乡见父老，揭吴喉唱

山歌"你辈见侬底欢喜"云云，是山歌实起于五代矣。

我是吴人，我实在不敢掠人之美，说山歌只有苏州有。我又不敢替苏州的古人谦虚，说苏州的山歌到了五代时才有。推原他们所以有这样的过情之誉和无端的减损的缘故，只因苏州是宋以后的一个文化中心，苏州的歌谣尚能见之于宋以后的文人的典册，他们既认典册所载的为完全，所以便错认典册所不载的为没有了。

福建是古所谓闽蛮之地，那边的歌谣不载于《诗》三百篇，不录于汉乐府，不见于宋人所编的《乐府诗集》，不用说了；就到近代，也因方言的钩輈，交通的艰阻，要看见他们的一首歌还是不容易。所以自从有史以来，福建人唱了三四千年的歌，只同没有唱一样，它们都已随古人而埋葬了！数年前，董作宾先生到了福州协和大学，开讲歌谣概论，激起那地学生的注意，陈锡襄先生又发起闽学会，征集风俗材料和歌谣，所以那时有一位江鼎伊先生，他在福州搜集了数百首歌谣，编成一部集子。可惜没有地方出版，也就没有人知道。现在云声先生搜集福建歌谣，在东南部方面（即清代的泉州、兴化两府及永春州，前数年的厦门道），有厦门、金门、同安、安溪、泉州、南安、安海、惠安、德化、永春、仙游诸地；在西南部方面（即清代的漳州、汀州两府及龙岩州，前数年的汀漳道），有漳州、海澄、云霄、平和、龙岩、东山、汀州、上杭、永定诸地。又因台湾民族以闽南人为多，故连带搜及台湾。许多地方的大同小异的歌谣，更为比较其字句。在短时期之内能够搜集得这样广远，编辑得这样精密，实在是一件可以称赞的工作。虽然江先生的《闽歌集》的编成在此书之前，但出版则以此书为最早。这是福建民间文艺的第一部，是很可纪念的。

凡是一地的民间文艺，很少地是一独立创造的，大都是各地互相迁流，互相改变。闽南歌谣虽因方言的特殊，一时不易比较研究，寻出它的迁流和改变的痕迹，但是这条通例是不会失其效用的。试举两例：

蝽蜅蛴，吼兮兮，吼要嫁。嫁倒落？……嫁乎秀才。秀才要中举，嫁乎乌鼠。乌鼠要剐空，嫁乎钓鱼翁。……什细要叮当，嫁乎司公。司公卜念经，嫁乎奶。……（第五十一首）

在我的《吴歌甲集》里便有一首相类的歌：

> 萤火虫，弹弹开，千金小姐嫁秀才。秀才瘦，嫁只狗。狗要咬人，嫁个道人。道人会念经，胡里胡里念经。（第十九首）

这首歌不晓得是从闽南传到苏州去的，还是从苏州传到闽南去的。要证明这个问题，须俟将来材料丰富之后方可做到。又如：

> 月光光，照寺堂。年三晚，切槟榔。槟榔香，切指姜。指姜辣，买羊胆。羊胆苦，买猪肚。猪肚肥，买牛皮。牛皮薄，买菱角。菱角尖，买马鞭，马鞭长。建屋梁。屋梁高，买张刀。刀切菜，买锡盖。锡盖圆，买只船。船没有底，浸死两个小孩子。哈，哈，哈，一个变海豚，一个变海豹！（第九首）

这更和刘万章先生所辑的《广州儿歌甲集》中的一首相似：

> 月光光，照地塘。年卅晚，摘槟榔。槟榔香，摘子姜。子姜辣，买蒲突。蒲突苦，买猪肚。猪肚肥，买牛皮。牛皮薄，买菱角。菱角尖，买马鞭，马鞭长。起屋梁。屋梁高，买张刀。刀切菜，买箩盖。箩盖圆，买只船。船漏底，沉死两个番鬼仔：一个蒲头，一个沉底，一个匿埋门扇底。恶恶食孖油炸烩。（第一首）

这明明白白是一首歌而分传在两地的。我们要研究它，不但要注意它们的同，而且要注意它们的异。例如闽南的说"指姜辣，买羊胆"，何以广州的却说"子姜辣，买蒲突"？这当然是因方言的关系："胆"字与"辣"字不协韵了，不得不换作"突"字；或是"突"字与"辣"字不协韵了，不得不换作"胆"字。但是这首歌传到苏州之后，又要改字了，因为"胆"与"突"都不能和"辣"字协韵。所以《吴歌甲集》里的一首便说：

> 姜末辣，买只鸭。（第十三首）

从这种例子看去，歌谣的研究裨益于方言、方音的研究的地方真大，因为歌谣中表现方言、方音的时候是丝毫不肯假借的。

云声先生专力搜求闽南的民间文艺，而以歌谣为发轫点，将来的成就自必继长增高，得到许多人的佩仰。但是贪黩的我，又要责望他扩张研究的范围了。

　　福建的乐歌，我在别地方从没有听见过，似乎它只在本省内发展。我前年到厦门，在几处看见搭了小台唱的小戏，声调酷似高腔。高腔起于浙东，或者这种乐调是浙江沿海传过去的。这一种戏班里一定有许多戏本，不知道觅得到否？又厦门的清唱有"御前清音"一种，我还没有听过。看会文堂印出的十二小集，大都取材于元、明的杂剧和散套。所以称为"御前"者，传说曾于康熙帝时供奉内廷之故。这一种清唱的起源或在明代，能保留到今日也很足珍重。会文堂印的阕数不多，或者还能搜集到若干。它的音乐也是值得研究的。又我在厦门大学的时候，常看见学校里的工人弹着月琴唱小曲。这种小曲每首四句，每句七字，声调委婉可听，可是没有变化。本集和《台湾情歌集》中很多类似七绝一般的歌，不知道就是弹着月琴唱出来的吗？如其不是，那么，这一类的"新琴操"也是值得收取的。

　　年来研究民间徒歌的人渐多，而研究乐歌的人还不多见。希望云声先生对于闽南乐歌的研究也做一个开山祖师！

十七，七，十九。

十四、（钱南扬）《谜史》序①
——关于谜史

当我研究孟姜女故事的时候，钱南扬先生供给我无数材料，书本上的和民众口头上的都很多。我很惊讶他的注意范围的广博。后来知道他正在编纂两部书：《宋元南戏考》和《谜史》。到现在，《谜史》竟依了我的请求而在我们的民俗学会出版了。我敢说，今日研究古代民众艺术的，南扬先生是第一人，他是一个开辟这条道路的人。

戴季陶先生说得好："无论是怎样反对他，攻击他，总而言之，非晓得他不可！"（《日本论》）我们对于小孩子猜谜的事情或者以为无足道，对于学士大夫打灯谜的事情或者以为耗费精神于无益之地，对于下等社会的专说隐语也或者以为可厌恶，但是，我们总非晓得他不可。我们必须晓得了他，才可讨论对付他的方法。（我在此郑重声明一句话：我们民俗学会同人是只管"知"而不管"行"的，所以一件事实的美丑善恶同我们没有关系，我们的职务不过说明这一件事实而已。但是政治家要发扬民族精神，教育家要改良风俗，都可以从我们这里取材料去，由他们别择了应用。进一步说，他们要应用时不该不向我们这里取材料。若是他们闭着眼睛不管事实的真相如何，单从他们的想像中构成一件事实而去发扬他或改变他，那便是无根之谈，非失败不可。）

我们要求知道民众的生活，言语便是民众的生活中很重要的一种。他们的谚语是他们的道德、法律；他们的成语是他们的词藻；他们的谜语、隐语是他们的智慧的钥匙。谜语和隐语，他们可以用来表现自己的智慧，用来量度别人的智慧，用来做出种种秘密的符记。

我们这一班会写字、会作文的人，文字便成了我们的言语。我们的精

---

① 原载钱南扬《谜史》卷首（《民俗学会丛书》之十一），国立中山大学语言历史学研究所，1928年7月。又载《民俗》周刊第廿三、廿四期合刊，1928年9月5日。

神用在修饰文字的功夫上的既多,我们的言语自然日趋钝拙,日益平淡无奇,远不及一班不识字的民众滑稽而多风趣。我每回到家乡,到茶馆里听说书,觉得这班评话家在说话中真能移转听者的思虑,操纵听者的感情,他们的说话的技术真是高到了绝顶。所以然者何?只因他们说的是方言,是最道地的方言,凡是方言中的谚语、成语、谜语、隐话,他们都会得尽量地使用,用得又恰当,所以座上的客人也就因所操方言之相同而感到最亲切的激刺。

在下级社会里,使用谜语和隐语的能力真大。一个特别的团体(例如走江湖的技士,礼斗的瞽者),他们有特别的言语,或者完全用反切说话而与普通的反切迥然不同,使得在这个团体以外的人们无法侦探他们的秘密。一般的民众,则欢喜用歇后语。他们不愿意明明白白地说一件事,凡是可以转弯的总要转上几个弯。让我拿所知的苏州话举出数例。譬如说:

　　这人的父亲做了官,纳了一个妾。

这句话太直捷了,不妨改作:

　　俚格(他的)"城隍老"(爷)做仔"秃头判"(官),讨仔一个"七大八"(小=妾)。

这样把四字的成语只说了前三字而实际上应用其隐去的末一字的,叫做"缩脚字"。又如用了《红楼梦》上冷子兴的口气批评一家人家:

　　这家人家渐渐虚有其名,但他们自己不觉得,排场还是照旧;架子虽没有倒,内囊却尽上来了。这且不必说,连养的儿孙也一代不如一代了。

这也可以用了比上面更繁复的"缩脚语"来说:

　　格家(这家)人家慢慢交(渐渐)拉笃(在)"月亮里点灯"(空挂明;明=名),俚笃(他们)"肉骨头敲鼓"(荤蓁蓁;荤=

昏，瞾＝懂），还要"外甥点灯笼"（照旧；舅＝旧）；虽则"荷叶包沙角菱"（艠戳穿；艠＝不曾），然而"阿元戴帽子"（完）亦快哉（了）。格（这）还勤（不要）讲，连养格（的）子孙亦是"黄鼠狼养老鼠"（一代不如一代）哉。

固然他们说的话比我上面写的一定漂亮得多。但他们说隐语的方式可以说是大概如此的。

这还是文字写得出的，再有许多是文字所不能表现的。文字所不能表现的有许多还是我所听得懂的，再有许多是没法理解的。我们不能完全理解他们的精微窈眇的语言，正似他们不能完全理解我们的高文典册一样。

从这本《谜史》上看，似乎谜事创始于春秋而大盛于两宋；其实这全因觅得到的材料的关系。春秋以前的材料找不到了，宋以后则笔记流传较多，在书籍上看只有这一些事实而已。民众的事实能够侥幸写上书籍的，未必有十万分之一，书籍又因日久而渐失传，我们不能起古人于九原而问之，这许多好材料是终于埋没的了。例如汉、魏间的离合诗，我不信是士大夫们所创作，我以为也是先由民众们造成了风气而后传入士大夫阶级的。这只要看许慎在《说文解字序》中所骂的"马头人为长，人持十为斗"等说，便可见这种拆字法的风气的普遍，很可以作孔融、魏伯阳辈不合字义的离合字体的先声了。

此书因受印刷上的限制，有许多地方不能表现出来（例如九一页的"月斜三更门半开"一诗）其中又有许多误字，未及校正。敬对于南扬先生及许多读者表示歉意！

看了古代的谜，应当设法采集现代的谜。看了采集谜语，应当设法采集其它民间的特殊言语。这是我对于许多读者的两种责望！读者诸君肯收受我这个责望吗？

一七，七，二〇。

十五、（刘万章）《广州谜语》序[①]

刘万章先生在《广州儿歌甲集》出版之后，续编《广州谜语》，得到一百三十首，列为第一集。

收集谜语的工作，我也做过，在苏州年中曾集到百余首。人事困迫，到今尚未整理。日前看到白启明先生的《河南民众文艺丛录》的遗稿的一部分，其中收集的谜语约有六百首，分为动物、植物、用物、天、地……等类。我所见的收集谜语成绩最多的，要算白先生了。可惜他已于三年前逝世，不然，河南的民众文艺岂不要由他一手搜完了吗？

万章先生这册，数量虽不多，但发刊的民众谜语的专集，这还是第一回（书铺里出版的谜语集，是小学生的补充读物，说不定有许多是编辑先生做出来的）。唉，我们创始的事业实在太多了，差不多无论做什么事情都是"前无古人"！这句话反说过来，便是古人太不济事了。以民众文艺之丰富和体裁之多方面，而古人竟绝不瞧见，岂非说他们生着耳目也罪过呢！

谜语是民众们最精练的写生手段，它能在三两句话中把一件东西的特别性质指出，而又以隐语的方式表现之，使说穿了不值什么的话竟费了对方的大力去猜。这是民众的聪敏，民众的滑稽，民众的狡狯！

我们要认识民众文艺也罢，要认识民众心理也罢，反正不能不去寻材料。从最真切的材料上加以最精细的整理，方能有最公允的批评。我们现在要打好民俗学的根底，只要先去努力搜集材料，而又尽量流通。即如谜语，我们如能都有白启明先生的勤，则三四年后，二十余行省合起来，当有三万首了。有了三万首的谜语，而又都得刊出，我们的研究资料就多了，我们研究起来就方便了，我们才得说，我们在研究谜语了。

十七，九，十六。

[①] 原载刘万章《广州谜语》卷首（《民俗学会丛书》之十九），国立中山大学语言历史学研究所，1928 年 9 月。

十六、（陈元柱）《台山歌谣集》序①

中国搜集歌谣，已有十年的历史了。民国六年，周作人、刘半农、沈尹默诸先生在北京大学里发起歌谣研究会，征集歌谣，一时投稿的人很多，由刘先生整理稿件，他把最有趣味的先在《北京大学日刊》上发表，每天一首，看《日刊》的都看得高兴，因此投寄的稿更多。到民国十一年，他们已经征集到二万首了，系出了一个《歌谣周刊》，分类登载。不幸出了两年半，因经费支绌而停版；到近来这几年，北平的政局翻覆了许多次，北京大学无形停顿了，他们的歌谣研究会也自然消沉下去了。

可是北京大学的人运动了这几年，虽然受了政潮的压迫以至消沉，终于薪尽火传，这个运动扩大到全国了。最显著的，便是中山大学语言历史学研究所出版的《民俗周刊》和《民俗丛书》，接续了这个运动，其他杂志里，日报里，也常有数首以至数十首的登载，无论是文学家、民俗家、教育家，对于歌谣是一例地注意了。

陈元柱先生在北京大学读书时，已深切地感受了这个潮流，学成之后，回到本省，在台山中学担任教席，就在台山征集歌谣，不到半年，编成了这一册。

凡是一种运动，开始的时候固然有赖于几个领袖，但是一件事情要做得完满，工程总是很大的，决不是几个人可以包办。到这时，必须各地方人自己起来干，才有成功的希望。搜集歌谣的运动，最初不过北大几个教授而已；他们开创责任已经尽了，我们如果对于他们表同情，必须切切实实地做成一小部分的工作，等到部分的工作做得多了，自然会生出若干个综合研究的人，到了综合研究成功时，我们才可以说这个运动是成功了！

所以我们现在，对于这个运动应当认清一个目标，便是：各就近便的地方（或本乡，或服务所在）尽量地搜集，以待将来的人的综合研究。

---

① 原载陈元柱《台山歌谣集》卷首（《民俗学会丛书》之二十四），国立中山大学语言历史研究所，1929 年 4 月。先载《民俗》周刊第四十九、五十期合刊，1929 年 3 月 6 日。

新式学校设立多了，小孩子都唱学校的歌了。生计压迫日甚，壮年的人也无心唱歌了。所以现在不搜集，数十年之后即有完全失传的危险，我们生当这个存亡绝续之交，如果不忍使他们失传的，还是赶快起来干罢！

　　广东省的歌谣集，依我所知，刘万章先生的《广州儿歌甲集》第一种，陈元柱先生的这本书是第二种；以广东省地方之大，人物之多，难道只让他们两位专美吗？广东的文学家、民俗学家、教育学家呵，你们快起来，快起来，十年之内把广东全省的歌谣都编好印出了！

十八，一，二。

十七、(魏应麒)《福州歌谣甲集》序[①]

当民国八、九年间,北京大学初征集歌谣时,原没有想到歌谣内容的复杂,数量的众多,所以只希望于短时期内编成"汇编"及"选粹"两种;汇编是中国歌谣的全份,选粹是用文学眼光抉择的选本。因为那时征求歌谣的动机不过想供文艺界的参考,为白纻歌、竹枝词等多一旁证而已。

不料一经工作,昔日的设想再也支持不下。五六年中虽然征集到两万首,但把地图一比勘就知道只有很寥落的几处地方供给我们材料,况且这几处地方的材料尚是很零星的,哪里说得到"汇编"。歌谣的研究只使我们感觉到它在民俗学中的地位比较在文学中的地位为重要,逼得我们自愧民俗学方面的知识的缺乏而激起努力寻求的志愿,文学一义简直顾不到,更那里说得到"选粹"。

于是我们把原来的计划放弃了,从事于较有条理的搜集,这便是分了地方出专集。

当我们出了几册专集之后,就有人劝我们道:"照这样子出下去,就是出到一千册也是不会完的。你们何不研究完了再出版呢?"说这话的人,固然是一番好意,但他没有亲身工作,实在不知道工作上的需要。

凡是一说到学问,大家就责望它有系统,这本是不错的。但系统何自来呢?它能像天书一般的掉下来吗?既没有现成的系统可用,于是不得不努力研究,在事事物物的各个体中去寻出它们的关系和因果,列成一个系统。但是事事物物在哪里呢?它们也不会说来就来的,有待于我们努力搜集。所以在研究学问上,搜集材料是第一步,整理材料,求出其系统是第二步。这虽说是两步,其实距离远得很,经没有材料到材料完备不知道要费多少力,从粗疏的系统到精密的系统也不知道要费多少力。一般人徒见

[①] 原载魏应麒《福州歌谣甲集》卷首(《民俗学会丛书》之二十七),国立中山大学语言历史学研究所,1929年6月。先载《民俗》周刊第四十九、五十期合刊,1929年3月6日。

结果的可羡而忘却创业的艰难，只想一脚跨上天，天下哪里有这种便宜事！弄到底，他们的系统不过是教科书式的系统而已。但教科书式的系统也是学校教师从无数学者研究学问的结果里撷取得的常识，假使没有各种专门学者辛辛苦苦把许多个别的事物作琐细的研究，他们又何从得到教科书式的系统来敷衍学问门面！

上面这一段话，并不是我离题太远，实在我要大家知道：研究学问是一件极难的事，起初要搜集材料，后来要从繁杂的材料里求出简单的系统，这才是真实的学问工作。没有材料的系统是假系统，就是从许多专家的研究结果里撷取出来的系统也只能算常识，说不到学问。

所以我们现在，范围小一点研究歌谣，范围大一点研究民俗学，暂时只能低着头寻材料，从所得的材料里随时贯以粗疏的系统，千万不要希望早日成功。——成功是我们的目的，然而达到这个目的须有必经的路程的，这路程只得一步一步地走去，心急不来。如果到你命终时还没有走到，只要你有成绩，你不用恼，反正有人继续了你的脚迹而前进的。

分了地方出专集，这是搜集歌谣的最好办法。因为这样做去，有固定的小范围，有固定的工作者。只要这一个人肯对于这个地方负责任，并且托定几个人帮助工作，奏效是极快的。一本一本地出下去，总有搜集略备之一日。你这样出，邻地自然也会闻风兴起。你得到了本地的材料，可用本地的风俗、传说、方言等等作注解，进而作分类的研究；你得到了邻地的材料，便可和本地的材料作比较的研究。愈推愈远，研究的工作便可继日增高了。

何以一定要把这些材料印出来？因为这是保存材料的一个最好方法，又是提起别人研究兴趣的一个最好方法，也是供给别人研究材料的一个最好方法。你弄到若干材料，关在书桌里，这些材料的生命也被幽闭着。或许过了几时，你的兴趣衰息了，把这些材料丢弃了，别人始终瞧不见。你若肯把这些材料印出来，一方面当然要加上自己整理之功，一方面又是把这些材料公诸社会，它的生命永在扩大之中，不像放在家里的易致亡佚了。专集出得多时，有志研究的人自然会因取得材料的方便而逐渐完成研究的工作。到这时才有真的"歌谣专家"出来——现在这个名号任何人都不配称！

在现代研究学问，应当把自己看作学术界中工作的一员。不论是大将和小卒，工程师和小工，都是一员，都有工作可做。分地编录歌谣专集，就是在这民俗学运动的时候尽一员的责任。这个责任是大家有资格担当的。

朋友，你肯担当这个责任吗？你有志作奠定民俗学基础的一块石头吗？如果你是点首的，那么，取法不远，就在魏应麒先生这一本《福州歌谣集》上！

十八，二，一。

十八、(姚逸之)《湖南唱本提要》序①

当北京大学征集歌谣之后,我就注意到小摊子上的唱本。苏州的唱本听说是刻在晒干的豆腐块上的,所以很模糊。每本不过二三页,至多也不过五页;如果有篇幅较长的就分成几册,取其每本有一定的价钱,容易买卖。里面的材料,大都是拾取流行的故事或刚发生的新闻。著作的人,大都是以唱歌为业的(苏州有一种露天唱歌者,名为小热昏,专唱新发生的有趣的事件;又有宣卷者、唱摊簧者,亦为制造此等唱本的人物)。我曾经在几个摊子上买了几次全份,删去重复,得二百余册。

但是当我整理这类唱本时,许多朋友不以为然。他们说:"歌谣是儿童妇女们矢口而成的,合于天籁,文学趣味很丰富。唱本则是下等作家特地做出来为营业之用,价值不高,何苦在这一方面去费精神呢!"因为这个缘故,我的工作便以得不到同情者而停顿。就是已写成的苏州唱本叙录若干条也没有地方发表。

这几年来,我多到了几处地方,看见各地方的形形色色的唱本,屡屡打动我去搜集的兴味。我总觉得它们是一种可以研究的东西,倘使我们不注目于文章的好坏上而注目于民俗的材料上,那么唱本的内涵实在比歌谣为复杂。歌谣固然有天趣,但是它大都偏向于抒情方面;要在里边求出民间的风俗习惯宗教信仰以及民众们脑中的历史,它实在及不上唱本。唱本是民众里的知识阶级作成的,他们尽量把自己所有的知识写在唱本里,他们会保存祖先口传下来的故事,他们会清楚的认识下级社会的生活而表现他们的意欲要求,他们会略具戏剧的雏形而使戏剧作家有取资的方便。并且从唱本进一步便是长篇的弹词和大鼓书,所以唱本也是这些史诗的辅佐。

可是这几年来,我的生活烦忙极了,我的搜集材料的兴趣终究敌不过

---

① 原载姚逸之《湖南唱本提要》卷首(《民俗学会丛书》之二十二),国立中山大学语言历史学研究所,1929年3月。又载《民俗》周刊第六十四期,1929年6月12日。

生活的压迫，所以还没有做什么工作。自从到了广州，在中山大学里创办了民俗学会，设备了风俗物品陈列室，始竭力在广东各地搜集唱本，先后得到数千册。理科教授辛树帜先生见了，很表同情，当他去年暑假中回到湖南的时候就和石声汉先生一同搜集本地的唱本，并由石先生按篇作一提要。开学回校时，拿给我看，这真使我欢喜欲狂，想不到我多年理想中整理唱本的事业竟于一刹那间实现了！我们非常感谢两位先生，他们为中山大学的民俗学会开辟出一条新道路！

但他们两位一回到学校，研究生物的任务就忙了，这件事只得搁下。幸而有姚逸之先生起来自任，继续他们的工作，以半年内的努力，终于把这许多唱本整理完工。姚先生也是湖南人，所以对于里面的风俗和传说俱有深挚的了解，作为亲切的说明。湖南的唱本在这一册提要里固然还没有搜集完全，但我敢说这一部分的材料的整理必可鼓动湖南人搜集全份唱本的勇气，也必可唤起他地人同样工作的热诚！

我们生于现在这个时代，初打破传统思想的黑幕，面前不知有多少条新路可走。我们不看见吗？我们看见了忍不走吗？我们还要恋恋于残破的旧幕中的生活吗？大家起来！仗着你的能力，提着你的精神，拣着你的道路，各各走去，走到你自己以为可以经营田园的地方！

十八，四，十七，苏州。

十九、（吴藻汀）《泉州民间传说》序[①]

民间传说，是民众们的历史。他们所要知道的历史只是这一点，并不是像士人们要求四五千年来有系统，有证据的历史。这些传说，向来因为得不到士人们的同情，所以没有写上书本的权利；可是他们势力真大，它们能够使得一般民众把它们习熟于口耳之间，一代一代地传衍下去，经过了数千百年而不失坠，它们并不靠着书本的保障。

现在我们的眼光和以前的士人们不同了，我们要知道民众的心声，于是从他们的生活上反映出来的各种传说俱有搜集的必要。我们在这些传说上，可以知道他们的烦闷的现实和希望中的快乐，可以知道他们的单调的起居和想象中的神秘，可以知道他们的浅陋的智识和所崇拜的天才。总而言之，我们若要接近民众，为他们谋福利，或要研究民众，解释他们一切事实，那么他们的传说都是极贵重的材料。

这数千年来埋积的宝藏，现在是到了发掘的时候了。自从民国七、八年间，北京大学设立了歌谣研究会，振臂一呼，全国响应，这发掘的工作已开始了。到处有宝藏，到处可工作，这是何等地快乐的一件事！

晋江吴藻汀先生搜集泉州传说甚多，先编成一册，寄给我读。其中保存的传说，有的是出于本地的，有的是从他处流传来而可以寻出它的转变的痕迹的，他都随着民众的口气做细密的记录。现在地方的歌谣集虽有多种，而地方的传说集还不多，藻汀先生此书足以开出一个新风气，使我非常敬佩。

晋江自晋朝南渡之后，成为中国南部文化的中心。后唐、宋到元朝为与外国接触最盛时期，国外事物的介绍，国内文化的传布，为书本所不载而留存在民众口耳间的，政治方面如南宋幼主的播迁，留、陈两氏的立业，宗教方面如佛教、回教、摩尼教的神迹，交通方面如阿剌伯人、南洋

[①] 原载吴藻汀《泉州民间传说》卷首（《民俗学会丛书》之三十三），国立中山大学语言历史学研究所，1929年11月。先载《民俗》周刊第六十七期，1929年7月3日。

岛国人的居留，建筑方面如东西塔、洛阳桥的工程，以及名人的轶闻，如李卓吾、施琅等辈，当不知有多少。这都是泉州地方所特有的，更属藻汀先生的责任了。

我们希望藻汀先生和表同情于藻汀先生的工作的人，从这一册出版以后，努力进行陆续搜集、陆续出版，使得泉州的这所宝藏有完全裸露的一天！使得全国的同志见此榜样都能闻风兴起，就自己所在地发掘宝藏，得到最后的大成功！

十八，三，廿九。

编后记

研究中国民俗学，一定绕不过顾颉刚、孟姜女和妙峰山。作为中国民俗学的主要创始者，顾颉刚先生在20世纪20年代所作的孟姜女故事和妙峰山香会研究，开拓了中国民俗学的两大核心领域：民间文学和民间信仰。这两项研究不仅在选题上独具特色：一个是贯穿中国两千多年历史并为口头与书面文学中诸多文体所青睐的传说故事，一个是中国北方最有代表性的民间神灵信仰及相关组织的案例，而且它们在方法论上又如此超前，以至于直到今天都还是民俗学者们效仿与追随的典范。

作为中山大学民俗学人，我们深感骄傲的是，1927年，顾颉刚先生带着这两项重要研究成果南下，来到羊城广州，在新建不久的中山大学开始了他酝酿已久的工作——创建民俗学学科。在他与诸多同人的共同努力下，中山大学成立了中国第一个民俗学研究组织——中山大学民俗学会，创办了最早的民俗学杂志——《民俗》周刊，出版了最早的民俗学丛书——"民俗学会（小）丛书"。他也将自己撰写于北大时期的上述两项成果在丛书中结集出版。

顾先生任职于中山大学时期（1927年4月—1929年2月），也许是他一生中工作精力最为旺盛的阶段了。除去日常的教学与研究，他在担任语言历史学研究所主任等行政职务的同时，还兼任《民俗》周刊的主编，负责民俗学会的组织及其丛书的出版等工作。无怪乎他为姚逸之《湖南唱本提要》所写的序言中会说："可是这几年来，我的生活烦忙极了，我的搜集材料的兴趣终究敌不过生活的压迫……"在这短短的不到两年的时间里，他用自己的辛勤劳动，为我们中大民俗学积累了一笔十分宝贵的历史财富！

正值《民俗》周刊创刊九十周年之际，现将顾颉刚先生在中山大学时期出版的《孟姜女故事研究集》中的部分篇章、发表于《民俗》周刊的论文《妙峰山香会研究》以及其他一些文章汇编成册，以表达我们对顾颉刚先生及其他中大民俗学先贤的敬意。愿书中这位力主"到民间去"

"要深澈猛烈的真实""最富为学问而学问的趣味者"能够让我们这些后学于景仰中汲取治学的智慧、精神的营养与奋进的力量,取得无愧于时代的学术成就。

本书的出版印行得益于中山大学中文系的"中国语言文学文库"之"典藏文库"系列出版计划的资助以及顾颉刚先生的女儿顾潮老师的慨然允准。中国社会科学院文学研究所施爱东研究员、中山大学出版社副总编嵇春霞老师在编选过程中给予了诸多指导和建议。同时,施爱东先生拨冗为本书撰写了精彩的序言,并提供多张顾颉刚在中山大学时期的珍贵照片。来自广西大学的访问学者岳兰竹老师热忱帮忙校对书稿;林海聪等几位研究生也为此书奔走联系,出力不少。在此一并致以深深的谢意!

从 2018 年 1 月开始着手收集资料,其间黄媛曾到北京妙峰山、广州东山适庐进行回访,直到 8 月底选编校稿完成,前后不过数月。校稿时,我们本着尊重历史与作者的原则,除了改正错误外,尽量保持原貌。如《孟姜女故事研究》中引用的诗句"骨若不流水,四海有还魂"(现行版本多为"骨若比流水,四海有还魂");如字词异体、通假混用:文中多处的"做"与"作"、"钞"与"抄"、"发见"(发现)、"藉"(借)、"那末"(那么)、"瞭解"(了解)等,此不一一列举。当然,因编者学识有限,文字繁简有别,版本各异,此书必有不尽如人意之处,还望读者海涵。若此书于当代硕彦有些许助益,则不胜荣幸。

王霄冰　黄　媛

2018 年 9 月 10 日于广州